观史明智

大清第一帝：努尔哈赤传

林蕨◎著

远方出版社

图书在版编目（CIP）数据

大清第一帝：努尔哈赤传 / 林葳著. -- 呼和浩特：远方出版社，2018. 9

（“观史明智”传记丛书）

ISBN 978-7-5555-1163-2

Ⅰ. ①大… Ⅱ. ①林… Ⅲ. ①努尔哈赤（1559-1626）-传记 Ⅳ. ①K827=49

中国版本图书馆 CIP 数据核字（2018）第 209170 号

大清第一帝：努尔哈赤传

DAQING DI-YI DI NU'ERHACHI ZHUAN

作　　者 林　葳
责任编辑 董美鲜　奥丽雅
责任校对 心　妍
封面设计 胡椒书衣
版式设计 赵艳霞
出版发行 远方出版社
社　　址 呼和浩特市乌兰察布东路 666 号　邮编：010010
电　　话 （0471）2236470 总编室　2236460 发行部
经　　销 新华书店
印　　刷 天津雅泽印刷有限公司
开　　本 170mm×240mm　1/16
字　　数 290 千
印　　张 20
版　　次 2018 年 9 月第 1 版
印　　次 2019 年 1 月第 1 次印刷
印　　数 1—5 000 册
标准书号 ISBN 978-7-5555-1163-2
定　　价 42.00 元

【序　言】

大清王朝的开创者

中国历史上最后一个封建王朝——清朝，是离我们最近，也是遗留历史谜案最多的一个朝代。

明朝末年，天下大乱，民不聊生，群雄纷起，烽火遍地。与此同时，辽东女真在一个人的领导下突然崛起，这个人就是大清帝国的开国皇帝——清太祖爱新觉罗·努尔哈赤。

努尔哈赤的一生极富传奇色彩，他原本是附属于明朝的女真人，在大明王朝摇摇欲坠之际，整个女真部落也正处于部族积怨的混战和激荡之中。努尔哈赤的父亲作为一个小部落的首领，时常为家道的振兴和部落的生存而忧心忡忡。因为母亲早逝，努尔哈赤的童年过得苦涩而艰辛，继母的压迫和父亲的冷淡，使他不得不投靠外祖父王杲。王杲为人精明英武、富于韬略，在他的影响下，努尔哈赤对当时纷乱繁杂的社会和各部落的割据势力有了些许了解。

随着建州女真部落之间的矛盾日益激化，努尔哈赤的家族也遭遇了不幸——他的外祖父、父亲和祖父相继惨死。而这时的努尔哈赤已经成长为勇猛果敢、富有谋略的有为青年，面对家仇国恨，他发誓要重振家业。

苦心人，天不负；有志者，事竟成。努尔哈赤以十三副铠甲起兵，出生入死，戎马倥偬数十载，横扫白山黑水，用十年时间使分崩离析、内战不断的建州女真重新整合归一；用近三十年时间，利用女真各部落之间，以及女真与其他民族部落之间的矛盾，纵横捭阖，杀伐征战，励精图治，革故鼎新。1616 年，努尔哈赤在赫图阿拉城举行了隆重的称汗仪式，建国大金（史称后金），建元天命。从此，历史掀开了新的一页。

人们不禁要问：群雄争霸，在相同的历史条件下，为何独独努尔哈赤能够统一女真，历经百战而创立大业？历史的选择扑朔迷离，本书力求展示明末清初那段波诡云谲、激荡人心的传奇故事。

作为一位具有传奇色彩的民族英雄，努尔哈赤统一女真各部，成为威震辽东的一代铁血汗王！在四十四年的戎马生涯中，他身历数十次战争，尽管时常处于战略劣势，但总能以少胜多，以弱克强。他缔造的八旗军，“野战则克，攻城则取”“立则不动摇，进则不回顾，威名震慑，莫与争锋”，是我国古代战斗力较强的一支军队，也是当时世界上攻击力较强的一支骑兵。他亲自指挥了十一次重大战役，十胜一负，堪称杰出的统帅。

除此之外，努尔哈赤还是一位杰出的政治家，有着远大的政治理想和抱负。他以自己的聪明才智，在实现女真统一、改革女真社会的过程中，主持制定了无圈点满文，创立了一套与女真社会生产力发展相适应的政治和经济制度。他通过四大贝勒和五大臣，以八旗制度为纽带，把女真各部分散力量的涓涓细流，集合成冲决明朝辽东政治堤坝的滔滔江河，史书记载："太祖创业之初，日与四大贝勒、五大臣讨论政事得失，咨访士民疾苦，上下交孚，鲜有壅蔽，故能扫清群雄，肇兴大业。"

八旗制度是创新之举，它将整个社会的成员组织成一个整体，并且集军事、生产与政治于一个组织之内，凝聚成一股强大的精神和物质力量。

在创建后金的过程中，努尔哈赤用改革的精神不断提出新方针、新措施，表现出了一个政治家的气魄和才干。不过，他的身上也不可避免地存在着历史的局限性。进入辽沈地区以后，他推行民族压迫政策，强令汉民剃发，给辽东人民带来了深重的灾难。他利用女真人对明朝统治者的民族压迫和民族剥削政策的不满，起兵反抗明朝，但在取得辽东地区的统治权后，却用一种新的民族剥削来替代原来的民族剥削，用一种新的民族压迫来替代原来的民族压迫。比如，后金军攻占清河堡后，"军兵及居民五万余人，或被掳，或被杀"；八旗兵强剥辽民的衣服，使金、复二州汉民数千人"俱裸体不蔽形""多裸体，妇女不胜辱，自照相次"而死！

综合来看，努尔哈赤具有典型的多重性格：他是一个感情丰富的男人，但表达情感的方式却十分偏激。在《建州闻见录》中，他的形象是多疑、狞厉、威重、暴烈的。对于素来亲近的人，比如妻妾、子女等，如若忤逆，即被惩治，甚至被杀，所以没有人不畏惧他。当然，努尔哈赤带给辽民的灾祸，并非单纯因其本性凶残所致，更多的是受其贵族利益、民族偏见所影响。

努尔哈赤长于革新，勇于进取，但他晚年思想僵化，骄傲轻敌。他骄傲轻敌的突出一例便是宁远兵败。如同其他杰出的历史人物一样，努尔哈赤一生中有上升时期，也有下降时期。如果说夺辽沈、占广宁是他上升时期的高峰，那么宁远之败便是其下降时期的低谷。

本书全方位描述了努尔哈赤精彩的一生，从他的成长历程写起，直至统一女真各部、创建八旗制度、促进满族形成、建立大金政权、制定抚蒙政策，一步步展示了他成为一个杰出人物所具备的素质：一个政治家应有的智慧和韬略，一个军事家应有的勇敢和计谋，一个民族英雄应有的襟怀和眼光，一个具有多重性格的男人的爱恨情仇……

当下，高速发展的现代社会拉大了人们与传统的距离，使人们不容易理解古昔北疆人的苦难岁月，然而，永不衰竭的历史长河又无时无刻不在滋润着人们的生活。历史的智慧是激发灵感的酵母和温床，使原本有些模糊的印象变得明朗，并形成清晰的逻辑。如果我们将阅读本书的感悟作为进一步思考的契机，锲而不舍地多方探究，必会带来无穷的好处。

目　录

Contents

第一章　少年失意不得志 ………………………………………… 1

母亲梦与神交而孕，“野猪皮”脚踏七星红痣降临人间……又传母亲孕育十三个月之久。他出生时，家里失火，熊熊火焰预示着他命运多舛——十岁丧母，受后母虐待，他不能像别的孩子那样玩耍，而要上山拾松子、采蘑菇、挖人参、砍木材、放牧……这个叫“野猪皮”的孩子就是清太祖——努尔哈赤，又叫罕子。

1. 大难不死 ………………………………………………………… 1
2. 收养之情 ………………………………………………………… 6
3. 死里逃生 ………………………………………………………… 11
4. 佟家女婿 ………………………………………………………… 17
5. 女真历史 ………………………………………………………… 22

第二章　羽翼渐丰誓雪仇 ………………………………………… 27

在那个血与火、情与爱的年代，努尔哈赤如一头奔跑在辽东大地上的孤狼，面对杀父之仇，众叛亲离，走投无路……他背着父亲、祖父、外祖父的骨灰，四处寻找龙脉，硬是率领一帮女真汉子，扬鞭策马，打出了一片天地。

1. 惺惺相惜 …… 27
2. 家族遇祸 …… 32
3. 雪耻报仇 …… 39
4. 危机四伏 …… 43
5. 统一之路 …… 51
6. 兴建新城 …… 58

第三章　大破九部霸海西 …… 63

一边要殷勤地把美女良驹献给大明，拉住这张“虎皮”做靠山，一边又要迅猛地吞噬哈达、辉发、乌拉等女真各部。努尔哈赤将爱情变成了工具，婚姻让他变得强大，以此逐步实现了女真的统一。

1. 联姻叶赫 …… 63
2. 九部联军 …… 68
3. 吞并哈达 …… 73
4. 覆灭辉发 …… 79
5. 倾亡乌拉 …… 85
6. 降服叶赫 …… 94

第四章　恩威并施建金国 …… 100

努尔哈赤在其地位尚未巩固时，面对野人女真的挑战，尽量采取忍让迁就的态度，以不太好战的策略朝着他的目标前进。他采取两种措施把他的机构提升到高于部族政权的水平，又将野人女真全部纳入囊中。

1. 东海女真 …… 100

2. 正式称汗 …………………………………………………… 111
3. 且征且抚 …………………………………………………… 121

第五章 尽揽蒙古齐抗明 ………………………………… 128

努尔哈赤一边走马灯似的把女儿们嫁给边远的部族首领们，一边磨刀霍霍，把战火席卷到邻近的对手……在远交近攻、抚征结合的策略下，将漠南蒙古五部尽揽手中。

1. 蒙古诸部 …………………………………………………… 128
2. 喀尔喀部 …………………………………………………… 135
3. 群起攻之 …………………………………………………… 141

第六章 南伐大明斗志昂 ………………………………… 153

努尔哈赤戎马倥偬、百战创业，他迅猛地吞噬了女真、蒙古各部……在权力扩张的同时，隐患再现。为了权力，他再次举起了屠刀，这一次指向的是长子。终于，六十岁时，他把长矛刺向了他的终极敌人——大明。

1. 创制满文 …………………………………………………… 153
2. 大明日衰 …………………………………………………… 161
3. 巩固政权 …………………………………………………… 172
4. 誓师大会 …………………………………………………… 177
5. 攻陷清河 …………………………………………………… 186
6. “拐点”之战 ……………………………………………… 196

第七章 重创大明占辽沈 ………………………………… 220

明万历四十七年（1619 年）六月，努尔哈赤开始进攻宗主大明。大明的开原铁岭、辽阳、沈阳、广宁一个个战略要地丢失，虽有熊廷弼苦心经营，但却一败再败，这是为何？

1. 再攻二城 …………………………………………………… 220
2. 辽东大将 …………………………………………………… 230
3. 辽沈失陷 …………………………………………………… 237
4. 一路向西 …………………………………………………… 246

第八章　一再受挫憾而归 ………………………………… 255

中国古代最后一个汉族王朝即将进入末季，袁崇焕从遥远的福建驰马奔到帝国的首都，宁远一战使他登上了一生事业的巅峰。他像一块坚不可摧的石头，让后金的两位传奇领袖——努尔哈赤与皇太极碰得头破血流，止步于宁远，饮恨而归……

1. 官逼民反 …………………………………………………… 255
2. 孙袁合璧 …………………………………………………… 259
3. 不敌炮火 …………………………………………………… 273

第九章　帝梦难圆含恨终 ………………………………… 282

努尔哈赤遥望着大明的京城，在临终前仰天长叹：“我打拼一生，竟不能坐殿金銮，憾矣！”

1. 临终诏书 …………………………………………………… 282
2. 八王共治 …………………………………………………… 292

第一章　少年失意不得志

1. 大难不死

明嘉靖三十八年正月十五日（1559 年 2 月 21 日），在建州左卫苏克素浒河部赫图阿拉城（即兴京，今辽宁新宾县），随着一声响亮的婴儿啼哭声，一个男孩降临人间，他就是努尔哈赤[①]。

世上每时每刻都有无数生命在诞生，努尔哈赤的降生似乎没有任何特别之处。然而，由于他对未来历史的巨大影响，他的出世也被人们演绎得极具传奇色彩。

努尔哈赤的阿玛（汉译：父亲）叫塔克世，是建州左卫指挥使；额娘（汉译：母亲）叫喜塔喇·额穆齐，是建州右卫都督王杲[②]的长女。她双眉之间有一颗淡红色的圆痣，俗称"眉担日月"，虽然不是天姿国色，但也算眉清目秀。

传说额穆齐嫁给塔克世后，梦见天眼大开，飞来一只雪羽金爪的神

---

① 爱新觉罗·努尔哈赤（1559—1626）：清王朝的奠基者，通满语、汉语，喜读《三国演义》。二十五岁起兵统一女真各部，平定中国关东部，明万历四十四年（1616 年）建立大金，割据辽东，建元天命。萨尔浒之役后，迁都沈阳。之后席卷辽东，攻下明朝在辽七十余城。天启六年（1626 年）兵败宁远城，同年 4 月又亲率大军征蒙古喀尔喀，7 月中旬身患毒疽，不久去世，葬于沈阳清福陵。清朝建立后，尊其为清太祖，谥号为"承天广运圣德神功肇纪立极仁孝睿武端毅钦安弘文定业高皇帝"。

② 王杲（？—1575）：本名为喜塔喇·阿古，满语名为"阿突罕"。明朝末期建州女真头领，清太祖努尔哈赤的外祖父。官至建州右卫都督。明万历三年（1575 年），李成梁率军攻打建州，王杲被擒，磔于北京。

鹰，直扑怀中，遂有身孕。于是，努尔哈赤便有了小白鹰下凡投胎的身世，被称为“鸟的传人”。

又传，努尔哈赤出生时，脚掌生有七颗红痣，喻称“脚踏北斗七星，生具帝王之相”。更巧的是，他出生那年，远在赫图阿拉城千里之外的大明京城，有个叫邢建陵的人在紫金台夜观星象，发现东北方向出现十二条龙脉，于是赶紧奏告嘉靖皇帝。之后，嘉靖皇帝命他到东北破解，邢建陵绞尽脑汁，终于破除了十一条龙脉，但剩下的一条怎么也找不到，只得就此回京复命。

但邢建陵心有不甘，于是继续在观星台观测，这次观测到的结果令他大感不妙：最后一条没有被破解的龙脉竟降临到了女真部落！嘉靖皇帝知道后，命辽东军（汉军）逐户搜查，凡是刚出生的女真男婴，统统杀死。

一天，汉军搜查到女真贵族塔克世家，塔克世急中生智，把未满两个月的努尔哈赤用野猪皮包好，藏在梁托上。说来也怪，汉军翻箱倒柜，大吵大嚷，梁上的婴儿却一声不吭。塔克世担心汉军拖延时间太长，婴儿会发生意外，于是忙拿出大人参给汉军。汉军收受贿赂后，掉头走人。塔克世慌忙抱下儿子，打开包裹一看，婴儿睡得面染桃红，安然无恙。塔克世甚感惊异，遂给这个儿子起名“野猪皮”，满语的读音为“努尔哈赤”。

有关努尔哈赤的出生，还有一个传说：

这一年的冬天格外寒冷，一场大雪下了一天两夜，屋顶上、路面上都积了厚厚的一层雪。乍一看去，真是茫茫雪域，银装素裹。在万物萧条的苏克素浒河畔，只有山中不畏严寒的松柏和山寨人家烟囱里冒出的缕缕炊烟，展示着这里的生机。

由于天气奇冷，女真人大多住在茅草房里，即房顶覆盖茅草，草把做房脊，两根横木椽收紧；秸秆做墙壁，再抹上黄泥。塔克世是女真贵族，比一般人家要富裕些，他家的房屋是用木材建成的几间阁楼，不过屋顶仍以茅草为盖。

这一天，塔克世的大福晋额穆齐要生孩子了，一个玛玛阿姆合（汉译：老奶奶）和几个年轻的女仆正在屋里忙活着，准备迎接这个小生命。额穆齐怀这个孩子已经十三个月了，一直不知道孩子什么时候会出生，直到那天中午才有了明显的征兆。

当天一大早，塔克世就出去打猎了。女真人耕地有限，只产少量的粗粮，粮食不够吃，只能到山林打猎或河川捕鱼，过着自给但不能自足的贫穷生活。塔克世和几个小伙子在这次打猎中收获不少，分得了一头野猪。他非常高兴地把野猪抬回家，刚进院子就高声喊道："哎，来人帮我扒猪皮，好炖肉吃啊！"

听见塔克世的喊声，屋子里烧水的、烤火的人都跑出来凑热闹，只有那个玛玛阿姆合仍在照看额穆齐。过了好一会儿，塔克世扒完野猪皮，抬头一看，只见屋里烟雾四起，火焰正往屋顶上蹿。"不好！屋子着火了，快救火！"塔克世惊叫一声，赶紧冲过去救火。所有人都忙乱起来，有人拿水桶，有人拿木盆，有人拿铁锹，匆匆赶去救火。不料火势太猛，水又用完了，雪也停了，只有北风呼呼地刮着，风助火势，火借风威，熊熊大火很快就吞噬了整座房屋。

大家被火烤得口干舌燥，不敢靠近。这时，只听一阵"哗啦啦"的声响，屋子眼看就要倒塌。玛玛阿姆合摇摇晃晃地跑过来，对塔克世说："快救人啊，额穆齐还在屋里生孩子呢！"塔克世如梦初醒，忙往火堆里冲。两个小伙子上来死死地拉住他说："火太大了，救不了啦！"塔克世一边挣扎一边喊："不，不！我拼死也要把她救出来！"

塔克世的父亲觉昌安也赶过来，劝阻道："只怕额穆齐早被烧死了，你拼了命去救又有何用？这是天意啊！"

塔克世的二福晋李佳氏见房子被烧光了，冰天雪地连个容身之所也没有，傻傻地站在火边痛哭。她捶胸顿足，恨不得钻到火堆里去，扒拉点值钱的东西来。

不久，大火变成数丛小火，继续燃烧着。突然，李佳氏看见一个女人从火丛中猛然站起来，怀里还抱着一个红布包。"额穆齐——"她惊呆了，失声大叫。塔克世定眼一看，果然是额穆齐！他大步跑过去，将她带出火丛。额穆齐一见丈夫就埋怨道："我在屋里生孩子，你们都跑到哪里去了，连个人影也找不着。"

"失火了，大家都在救火呢。你没被烧着？"塔克世简直不敢相信站在自己面前的是个大活人。

"哪里失火了？我怎么没见着啊？"额穆齐惊讶地说。

"咱家失火了，你看啊！"额穆齐回头一看，火还在烧，但房子已经没了。她身子一软，两手一松，昏倒在塔克世的怀里。

李佳氏捡起额穆齐掉在地上的红布包，打开一看，又是一声惊叫："是个孩子！"众人都围过来，只见薄薄的两层红布，包着一个胖嘟嘟的婴儿。玛玛阿姆合接过孩子上下一看，说道："是个小子，快拿被子包好！"人们觉得这个孩子很奇异，又很幸运，都称他为"小罕子"。

后来，有人把努尔哈赤的名字与他脚上的七星红痣联系起来，认为塔克世给孩子取名努尔哈赤的本意并非指野猪皮，而是源于回鹘语，意思是光明圣裔。

努尔哈赤来到人世后，和绝大多数同龄孩子一样，撅起小屁股就尿炕，哭笑戏耍一如常人。不过，他长得凤眼大耳，宽额高鼻，声音响亮，走路龙行虎步，确实招人喜欢。塔克世和额穆齐都很疼爱这个孩子。努尔哈赤的祖父觉昌安、外祖父王杲也把全部的爱都倾注在他的身上。努尔哈赤像所有女真部落的男孩一样，三四岁就被放在马背上颠簸，五六岁便开始拉弓射箭，舞刀弄枪。

努尔哈赤五岁的时候，塔克世的二福晋李佳氏也生了个儿子，取名为穆尔哈齐①（意为"小野猪"）。此后，努尔哈赤没法整天缠着父母了，更多的是跟祖父在一起。觉昌安特意砍了一截水曲柳，为他做了一副木制的弓箭，教他拉弓射箭，早射燕雀，晚射飞鸿。努尔哈赤记性很

---

① 爱新觉罗·穆尔哈齐（1561—1620）：清太祖努尔哈赤同父异母之弟，清朝开国元勋之一，为清王朝早期的发展立下过汗马功劳。

好，悟性也高，一教就会。觉昌安十分宠爱他，决心把大孙子训练成像阿骨打（金朝大汗）那样的人物。因此，不论酷暑严冬还是刮风下雨，他总是准时把努尔哈赤带到树林中，习枪练武。

后来，努尔哈赤又有了三弟舒尔哈齐①和四弟雅尔哈齐（均为额穆齐所生）及一个妹妹。几年后，他开始尽兄长的义务，带着几个弟妹一起玩耍。他每一次骑马归来，总能看见父母慈爱的笑脸；出门又能领略那风吹草低见牛羊的莽莽牧场，那自由奔驰的骏马，那长年奔流不息的苏克素浒河，那白雪皑皑的冬猎山林，还有那数十栋秸秆泥草房的温馨村舍，以及房屋后中空圆木的呼兰（烟筒）上轻腾的袅袅炊烟……这温馨和美好的一切都留在了他童年的记忆里。

可惜好景不长，嘉靖四十七年（1568 年），努尔哈赤的生母额穆齐患了一场重病。当时的女真部落缺医少药，即使是最普通的感冒，都可能使一个女真人丧命。而且，他们也不愿意吃药，相对于医生，女真人更相信萨满（巫师）。一旦得了难治的病，他们通常会请巫师跳大神，或杀猪狗以禳解，更严重的病人则抬到深山穷谷去避邪。

但巫师请了，猪狗也杀了，额穆齐的病反而越来越重，剩下的最后一招就是送往深山了。就在前往深山的途中，额穆齐咽了气。这个善良、乐观、美丽的女人，仅仅活了二十六岁。她就是《清史稿》中记载的“显祖宣皇后”。

母亲的死，成为努尔哈赤生命中的一个转折点，他苦难的命运也即将来临。

---

① 爱新觉罗·舒尔哈齐（1564 — 1611）：清太祖努尔哈赤同母弟。性格坚毅顽强、勇猛善战。早年随同努尔哈赤外出谋生，后来投奔到明朝总兵李成梁手下当差。万历十五年（1587 年），努尔哈赤在赫图阿拉称汗，舒尔哈齐晋封贝勒，地位仅次于努尔哈赤，成为第二号人物。后来，他图谋分裂后金，被努尔哈赤幽禁致死。顺治十年（1653 年），追封他为和硕庄亲王。

2. 收养之情

失去生母的努尔哈赤同时也失去了母爱，李佳氏毕竟不是亲生母亲，而且她原本就把钱财看得比亲情重要，早就对额穆齐嫉恨至极，又怎么可能心疼、照顾好额穆齐的孩子呢？

生活比努尔哈赤预想的还要糟糕。不久，塔克世又娶了第三个福晋，名叫那拉氏（肯姐）。此后，家事全由继母那拉氏操持。那拉氏是哈达部贝勒王台收养的族女，生性刁蛮，依仗养父的势力飞扬跋扈。

作为长子，每年三月至五月、七月至十月的采摘季节，努尔哈赤必须邀伴结伙进入长白山的莽莽林海，每日起早贪黑地挖人参，采松子，捡榛子，打野兽。在兄弟姊妹中，那拉氏对努尔哈赤特别不好，每次都规定他干活的数量，完不成任务就要挨打挨饿。自从那拉氏生下儿子巴雅齐后，对努尔哈赤的惩罚就更加频繁了。塔克世也有些怕那拉氏，所以很少管努尔哈赤被打的事。

为了躲开继母的白眼、阿玛的冷淡，每到采摘季节，努尔哈赤总是和伙伴们一起策马驰向莽莽林海，白天挖参狩猎、采集松榛蘑菇，夜晚宿于草棚，过着艰苦的生活。他每月两次结队赶赴抚顺马市交易，并由此熟悉了周围的山川地理。

努尔哈赤十三岁的时候，带着三弟舒尔哈齐离家出走。王杲对流离失所的外孙们非常怜悯，于是收养了他们，努尔哈赤兄弟重新感受到家庭的温暖。王杲亲自教他们读书识字，使努尔哈赤增长了很多知识和才干，并且努尔哈赤从王杲身上学到了勇武与智慧，开拓了自己的视野。

王杲不是汉人，而是地地道道的女真人，原本姓额穆齐，名阿古，是袭职的建州右卫都指挥使，俗称阿古都督。

少年时期的阿古长得一表人才，十分讨人喜欢。他随阿玛多贝勒到抚顺马市互市时，遇上了当时在此巡边的辽东都司的一群官员，他们都夸这个孩子长得机灵。抚顺城的守备官张御使看中了阿古，于是收他做干儿子，给他起名王杲，并将他留在抚顺家中，教他学习武艺和汉族文化。

王杲非常聪明，小时候便从阿玛那里学会了金朝使用的大字和小字，还懂得蒙古话。到了张御使家后，他又学习了汉语、汉字，看了不少古今白话小说，如《水浒传》《三国演义》等，同时还看过《易经》《奇门遁甲》，学会了占卜术，懂得阴阳八卦。

王杲原想靠着张御使提携，将来在明朝官场上混个一官半职，没想到他在抚顺只待了三年多时间，他的阿玛多贝勒便因与明朝边官闹纠纷，被明朝边官杀害。听到这个消息后，王杲不辞而别，偷偷逃离抚顺，回到自己的老家古勒寨。

当时女真社会秩序十分混乱，王杲凭着自己的聪明才智和高超的武艺，宣布自己承袭了阿玛建州右卫都指挥使的职务。

有一次，明朝边吏尤清在马市验马时，贪得无厌，既收取女真首领的贿赂，又指责女真“瘦马善价”，拒其入市。明守备贾汝翼验放女真入市马匹时，又斥责十几名女真人违抗明朝法令。王杲义愤填膺，怒骂关市，并把守备的酒夺过来，喝得酩酊大醉，之后摔碎酒罐拂袖而去。从此，他在边境干起了骚扰抢劫的勾当，随着实力的增强，终于胁迫其他部族一起出动千百骑扰边。

王杲摸准明廷只想息事宁人的心态，为了让族人承认他继承的合法性，便上奏明廷，在奏折中自称是抚顺城张御使的门生，要求明廷恩准他继承建州右卫都指挥使。明廷批准了他的请求，王杲就此成为明朝地方官员，统领建州右卫。王杲“黠慧剽悍”“有才辩，能解番汉语言字义”，文武出众，“建州诸夷，悉听杲调度”，成为建州女真的首领。

王杲占据苏子河畔的古勒山后，或许是读《水浒传》受到启发，他一边封锁苏子河渡口，向从他的地盘经过的女真朝贡贸易团强收买路钱，一边在古勒山上修建了一座有两道寨门、一座议事厅及五百间房屋的大寨城。

一来二去，王杲发达了。除了女儿额穆齐，他还有两个儿子，一个叫阿台，一个叫阿海。

王杲算得上是一个乱世枭雄。自从建好易守难攻的古勒山城后，他就开始攻击明军。嘉靖后期，王杲常率部族越过抚顺关，深入内地抢劫，对前来拦截的明军毫不手软。嘉靖四十一年（1562 年）的一天，辽东副总兵黑春追剿寇边的王杲，刚进入抚顺东的媳妇山，就听得鸣镝号箭响起，王杲的伏兵从山上一拥而下。黑春领兵突围，终因寡不敌众被擒，几天后竟被王杲杀害弃于抚顺城下。

后来，王杲又挥兵进犯辽阳，劫孤山，掠抚顺、汤站等，先后杀死明指挥王国柱、陈其孚、戴晃、王重爵、杨五美及把总温栾、于栾等数十人，上千名明军士兵都死在他及其部族的刀下。

王杲对外凶残，但对两个外孙却很慈祥。努尔哈赤兄弟吃饱穿暖之余，唯一要做的事情就是与他们的舅舅阿台、阿海一起操练武功或者读书识字。王杲还把从张御使家中拿回来的《三国演义》《水浒传》等书拿出来，让努尔哈赤兄弟看。努尔哈赤兄弟管王杲叫科罗玛法（汉译：祖父），管阿台叫纳克楚阿姆巴（汉译：大舅），管阿海叫纳克楚费安古（汉译：小舅）。他们每天天不亮就开始练武，弓铲棍棒、刀枪剑戟，样样都学。

与此同时，王杲势力的崛起，引起了明廷的警觉，明廷将他列入东夷贼首的黑名单。为了麻痹明廷，发展自己的势力，王杲带了五百匹良马，亲自到北京给皇帝进贡。他还给努尔哈赤备了匹小马，叫他骑着，领着他去了趟北京城。明廷以为王杲真心忠于朝廷，因此给了不少赏赐，还允许他参观北京城。

王杲带着努尔哈赤登上大明城楼，放眼望去，无数绿色的琉璃楼台耸立。努尔哈赤疑惑地问道："外祖父，这儿这么大，咱们为什么不住到这儿来呀?"王杲看着外孙笑道："努尔哈赤，你知道这里面住的是什么人吗?"努尔哈赤摇摇头说："不知道，他们是谁?"王杲说："那可是威震天下的大明皇帝，除了老天就数他大，女真人哪能住这里!"努尔哈赤好奇地问道："是女真人就不能住吗?"他又向远处望了望偌大的北京城，说："外祖父，我也要住北京，我也要当皇帝!"王杲听了赶紧捂住努尔哈赤的嘴，拉着他匆匆离开了京城。

明万历二年（1574 年）春，王杲的建州右卫有个叫来力红的小头领，其属下奈尔秃等四人入关降明。来力红前去索人，明守备裴承祖从牙缝里挤出几个字："老子不给！咋地?"来力红恨得咬牙切齿，率部众掠去明军五人作为人质。裴承祖大怒，即刻派人前去索要，来力红也不给。于是，裴承祖率三百多名骑兵追赶来力红，斩杀数人，一直追到古勒城下。

这时，王杲假意出城迎接裴承祖，一边赔罪，一边设宴招待裴承祖。裴承祖贪杯嘴馋，喝多了后醉眼蒙眬地说："你们这帮老鞑子，再不听话，我就把你们绑了，拉到北京砍脑袋。"

王杲一听火气上来了，说："来人，先把他绑起来！"来力红正等在旁边，立马就将裴承祖五花大绑捆了起来，在议事厅里将他杀害。

抚顺千总王勋等闻讯，立即抓了三十九名女真人入狱，并派把总刘承奕驰援裴承祖。争斗升级为战争了。经过一场激战，王杲率领部众将明军团团围住。最后，刘承奕等将领也落得与裴承祖同样的下场。

明廷震怒了，万历皇帝饬令明军辽东总兵李成梁[①]平乱。李成梁接旨后，于深秋十月率六万大军讨伐王杲。王杲退守"三面壁立，壕寨深设"的古勒城。明军来势汹汹，势如破竹，直捣古勒城堡。

王杲率三百人退到城中高台。明军强攻破城，放火烧掉建州右卫住房五百多间，杀死一千多名女真人，并掠走五百多头牛马。

城台废墟的大火冒着浓烟，间或噼噼啪啪腾起黑红的火焰，天地一片赭红。惨淡的落日，像一片褪色的圆形剪纸，无声地向下坠沉；刺骨的寒风卷起雪粒尘沙，凄厉地叫着。王杲见此惨状，一种从未有过的恐惧突然袭上心头。他趁天黑悄悄地从悬崖上垂绳而逃，一路跑到阿哈纳

---

① 李成梁（1526—1615）：字汝契，号引城，辽东铁岭（今辽宁铁岭）人，明朝后期将领。祖上因躲避唐末变乱避于朝鲜，明朝自朝鲜内附。镇守辽东三十年期间，先后十次大捷，因位望益隆，贵极而骄，奢侈无度，万历三十六年（1608 年）被劾罢。万历四十三年（1615 年）逝世，享年九十岁。

（努尔哈赤六爷）的村寨。

躲藏了几天后，王杲不甘心，想拉起人马杀回古勒城，报复明军。

阿哈纳劝他，说："古勒城损伤无数，又无救援，明守军有数万人，你回去不是白白送死吗？再说，近些日子关贸闭市，寨内所需物资紧缺，哈达、回纥等部有些微言，尤其王台统领的哈达各部早有异心，明着与我们来往，暗地里却与关内官兵通好，你上哪儿去拉人马？"

但王杲始终咽不下这口窝囊气，决定纠集散失的各寨人马，偷袭明军阵营。由于准备仓促，王杲余部又急于攻打，导致过早暴露目标，被明守兵发现。明军立即挥戈，直抵阿哈纳山寨。

这时，阿哈纳不顾个人安危，把自己的黄毛袍子脱下来，让王杲穿上，催促他说："亲家快跑，不然你就完了！"说完，他骑上王杲的马，把明军引开。

明军看到王杲的豹皮战袍，以为阿哈纳就是王杲，穷追不舍。阿哈纳被乱箭穿身，死于非命。

王杲换上阿哈纳的衣服后向北逃去，在奔往蒙古三卫途中被明军挡住去路。他只得折而向东，一直逃到海西女真哈达部贝勒王台的住处，躲藏起来。

明廷进行了严厉的追剿行动，并把王杲的亲家觉昌安抓来做人质，逼令觉昌安的儿子塔克世寻查王杲的下落。塔克世从那拉氏口中知道了王杲的下落，为了救自己的阿玛，他不得不将王杲的藏身之处报告给明总兵李成梁。

李成梁得知王杲的去处后，宣谕王台交出贼首，否则将捣平哈达部。王台早与王杲面和心不和，只因有纠缠不清的亲戚关系，又不想得罪觉昌安、塔克世父子，所以才与他来往。如今王杲已成丧家之犬，若能趁此机会除掉王杲，岂不是一箭双雕。

王台权衡利弊，心生一计，趁夜设家宴款待王杲，又唤家妓起舞助兴。王杲流落他乡，走投无路，借酒消愁，喝了个酩酊大醉。王台见时机已到，便命家丁一拥而上，将王杲牢牢捆住。王杲得知上当，大骂王台："王台，你这个奸贼小人，我建州女真投靠于你，本想联合抗明，振兴哈达和建州，你却与明军勾结，加害于我，还算得上是兄弟吗？"

王台轻蔑地笑道："你何时当我是兄弟？女真各部受你欺压已久，如不将你交与大明，我等山寨不仅不能振兴，恐怕还有灭族之祸。再说建州都督之位本来属于我，是你抢了去的。我还后悔当初杀你阿玛多贝勒时，没将你斩草除根！"

王杲猛然醒悟，大骂道："原来真的是你这王八羔子，你好狠毒！有朝一日，我必亲手将你剁成肉泥！"

"只怕你没有这个机会了，你还是对你阿玛诉苦去吧！"王台哈哈大笑。

同年冬，王台用槛车将王杲送到边关抚顺，又转押至北京。万历皇帝龙颜大悦，亲自登上午门云楼，召集百官，将王杲凌迟、枭首。王台因捕获匪首有功，被赐封为龙虎将军。

3. 死里逃生

王杲的败亡，意味着努尔哈赤又一次失去了依靠，并且几乎丧命。

话说古勒城城破之日，努尔哈赤目睹了那悲壮凄惨的一幕。他掀开压在身上的一具尸体站起来，看见明军大将李成梁迎风伫立，手举战刀，宛若铜像一般，血染的战袍在寒风中飘飞。他哆嗦了一下，慢慢走到李成梁的马前，凝视良久，之后跪在李成梁马前痛哭流涕，用汉语向他请赐一死。

李成梁翻身下马向努尔哈赤走去，努尔哈赤内心恐惧极了，但仍倔强地扭过头去。李成梁见状，脑海中立刻闪现自己小时候的模样，顿生喜爱之情，问道："你叫什么名字？"

"努尔哈赤。"

"你恨我吗？"

努尔哈赤仍然不看他，回答："恨！"

“想不想报仇?”

“想!”

李成梁见努尔哈赤聪明伶俐，机敏可怜，不仅赦免了他，还把他领回抚顺关驻地。

说到“恨”，在辽东，只要一提到李成梁这个名字，那些寇匪都恨得牙根直痒痒。

李成梁的高祖本是朝鲜人，后来内迁到铁岭，世授铁岭卫指挥佥事。李成梁的祖辈父辈死后，他便顺理成章地世袭了这个官位。

按大明体制，凡世袭官职都需报朝廷审批备案。然而，李家到了李成梁这一代，家中一贫如洗，连进京的路费都凑不齐。本该是个官，但皇帝不知道当然不算数。李成梁脚底生有红痣，按命理讲，天生就是当官的料，因此李成梁越想越郁闷，整天憋着一肚子气。

不过，即便境遇如此艰难，李成梁仍然坚持不懈地学习，学四书五经、天文地理，习兵法武艺……为了把自己培养成通日月之变，提笔能著书、拿刀能杀敌的文武全才，他苦苦奋斗到三十七岁。终于有一天，一位来辽东视事的巡抚看中了他，资助他进京取得了铁岭卫指挥佥事之职。据说这个巡抚就是后来的明朝内阁首辅张居正①。

---

① 张居正（1525—1582）：字叔大，号太岳，幼名张白圭。湖广江陵（今属湖北省荆州市）人，时人又称张江陵。明朝中后期政治家、改革家，万历时期的内阁首辅，辅佐万历皇帝朱翊钧开创了“万历新政”。

张居正五岁识字，七岁能通六经大义，十二岁考中秀才，十三岁时就参加了乡试，十六岁中举人。嘉靖二十六年（1547 年），二十三岁的张居正考中进士。隆庆元年（1567 年）任吏部左侍郎兼东阁大学士。后迁任内阁次辅，为吏部尚书、建极殿大学士。

隆庆六年（1572 年），万历皇帝朱翊钧登基后，张居正代高拱为首辅。当时朱翊钧年幼，一切军政大事均由张居正主持裁决。张居正在任内阁首辅十年中，实行了一系列改革措施。财政上清丈田地，推行“一条鞭法”，总括赋、役，皆以银缴，“太仓粟可支十年，周寺积金，至四百余万”；军事上任用戚继光、李成梁等名将镇北边，用凌云翼、殷正茂等平定西南叛乱；吏治上实行综核名实，采取“考成法”考核各级官吏，“虽万里外，朝下而夕奉行”，政体为之肃然。

万历十年（1582 年）六月二十日逝世，享年五十七岁，赠上柱国，谥“文忠”（后均被褫夺），张居正是明代唯一生前就被授予太傅、太师的大臣，为万历皇帝所忌，去世后被抄家，至明熹宗天启二年（1622 年）恢复名誉。著有《张太岳集》《书经直解》《帝鉴图说》等。

正式取得官职后，李成梁不负厚望，在东北边陲屡建战功。隆庆元年（1567 年），蒙古察哈尔土蛮汗大举进攻永平，李成梁率兵马紧急赴援，击败土蛮汗的进攻，受到上司的重用，被提升为辽东副总兵，驻守险山（辽东镇都指挥使司设于辽阳镇城，险山是副总兵驻地）。隆庆三年（1569 年），蒙古鞑靼王俺达汗之子率兵进攻辽东，明辽东总兵王治道战死疆场。李成梁因军功升任总兵，驻广宁分司城。

李成梁任总兵期间，辽东局势混乱，女真各部纷争不断。而此时的朝鲜也没有闲着，一有机会就偷偷咬明朝一口。最猖獗的要数蒙古的几个部落，屡屡犯边，并奉行“三光政策”。

对此，李成梁自有一套办法：在对敌策略上，实行以夷制夷，拉一个打一个；在军事上，广招健儿，整顿军备，充实仓廪，使辽东明军士气高涨，声威大振。人人都知道辽东有一个智勇双全的大将李成梁。

李成梁常驻抚顺关，在这里建有私家大宅。这里离他的老家铁岭卫很近，而且抚顺马市是他最重视的战略补给地。在关东地界，李成梁可谓一手遮天，威风八面。

有一次，李成梁看中了一个大户人家的女儿，名叫喜兰，才十六七岁，便强娶过来做了小妾。

一天，女仆陪着喜兰从郎中家买药回来，在前院正好碰见努尔哈赤和下人们在卸车。喜兰见这个陌生的小伙子长得结实威武，手脚麻利，就走上前去问他：“你叫什么名字？多大了？”

努尔哈赤看着这个漂亮的女人，慌乱地回答道：“我叫努尔哈赤……大家都叫我小罕子，今年十五岁。”

喜兰笑道：“努尔哈赤，你才十五岁怎么长得跟大老爷们似的。”她还想再问下去，这时突然刮起一阵大风，女仆盖在提篮上的一块小红布飞了起来，正落到马头上，盖住了它的双眼。马受了惊，奋蹄直奔而来，眼看就要撞到喜兰，努尔哈赤一转身，抱起她闪到一旁。马带着车擦身而过，接着一声巨响，车子在石头上撞得四分五裂。

喜兰惊魂未定，红着脸对努尔哈赤说："小罕子，今天谢谢你救了我，真不知道该怎么感谢你。"

努尔哈赤还是第一次和女人面对面站着说话，一时有些紧张，但仍故作镇定地回答："谁都有遇到危险的时候，善良的人都会在别人危急的时候伸出援助之手的。"

"说得好！说得好！"众人一片赞扬声。

事后，喜兰回到自己的居室，坐在牙床上，回想着刚才发生的一幕。努尔哈赤的出现，让她感受到了青春的气息，重新产生了对生命、对生活的美好希望和憧憬。

她开始想方设法接近努尔哈赤。努尔哈赤作为一个小杂役，什么杂七杂八的活儿都要干。有一天，努尔哈赤正在打扫刚刚摘下来的菜叶，就听厨房里的大师傅喊："小罕子！小罕子！"

努尔哈赤急忙放下扫帚跑进厨房，问道："大师傅，有什么事？"

大师傅指着案台上的食盒说："你把这碗面汤给夫人送过去。"

努尔哈赤问："夫人？哪个夫人？"

大师傅说："还能有哪个夫人？就是前几天差点被马车撞到的那个。"

努尔哈赤刚来不久，只听说李总兵有一个夫人，还有三个小妾，于是顺口说道："就是李总兵的小妾吗？"

大师傅急忙打断他的话："呀，不可乱叫，小罕子，在这里要懂点礼数。听说总兵大人的这个小妾叫喜兰，有人叫她兰夫人，跟她亲近的仆从都叫她喜妈妈。"

大师傅毕竟见过一些世面，知道祸从口出的道理。他耐心地教导努尔哈赤在府中应如何为人处世，努尔哈赤对此很是感激。

努尔哈赤受教后，提着食盒进了内屋，在门口喊道："给喜妈妈送饭来了。"女仆立刻把努尔哈赤引进喜兰的居室。

努尔哈赤提着食盒，远远地站着等喜兰发话。喜兰见了努尔哈赤，欣喜地看着他说："小罕子，往前来！"努尔哈赤往前蹭了几步，拘谨地站在喜兰面前。

喜兰问了他几句，得知他是建州左卫指挥使塔克世的儿子，不仅会弓箭刀枪，还读过不少书，更是对他另眼相看。当努尔哈赤准备告辞的时候，喜兰又叫住他，让女仆拿来一盒点心送给努尔哈赤。

努尔哈赤知道这是夫人对他出手相救的一份回馈，也许算是赏钱吧，但他不打算独享，回厨房后就把点心分给了大家。

这天晚上，李成梁回来后，喜兰一边给他揉背，一边问他对努尔哈赤的印象如何。

李成梁说："这小伙子人不错，聪敏机智，勤奋好学，特别是那不服输的劲头，很像我。"

喜兰说："既然如此，何不让小罕子到内屋来伺候您呢？您经常整晚地和那些丫鬟婆子泡在一起，贱妾哪能放心啊？"

李成梁说："这点小事，你做主就行了。不过，你可不能让小罕子老监督我。"

"老爷说到哪里去了，他是服侍您。再说，您一个堂堂大将军，谁敢监督您呀？"

就这样，努尔哈赤由杂役变为侍从，负责李成梁的饮食起居。喜兰每天都向李成梁吹枕边风，说努尔哈赤的好话，让他收努尔哈赤做干儿子。李成梁也很喜欢努尔哈赤，觉得他与众不同，便收他做了干儿子，让他做自己的贴身侍卫和书童。

初到内屋时，努尔哈赤做事特别小心，生怕出错，但他对李成梁的恭顺和效忠也仅限于表面。他对王杲被杀一事始终怀恨在心，只是慑于李成梁的威名，不敢轻举妄动。

日子长了，人都混熟了，努尔哈赤开始活跃起来。李成梁经常教他骑射、兵法、读书、识字，两人形影不离，关系越来越密切，情同父子。

光阴荏苒，一晃就过了两年，又进入秋天了。

一天晚上，努尔哈赤给李成梁洗脚，发现李成梁左脚底有三颗红色的痦子，便问道："总兵大人，您脚底这是什么？"李成梁兴致勃勃地说："哈哈！我这三颗连在一起的红痦子是上天赐予的，我能高官厚禄、大福大贵一辈子，全靠这三颗红痦子了。"

努尔哈赤听了不假思索地说："我的脚底长着七颗红痦子呢，还不是照样伺候大人。"

说者无心，听者有意，李成梁连忙说："你快脱鞋，让我看看。"努尔哈赤脱下鞋，李成梁一看他的右脚底果然长着七颗红痦子，而且排列得和北斗七星一样。李成梁大吃一惊，想起十几年前嘉靖皇帝传下圣旨，说钦天监夜观天象，有紫微星下凡，东北方向有天子象，令他严加缉捕，发现可疑之人，格杀勿论，但折腾了十几年都毫无结果。

李成梁暗想，没想到这小子竟藏在我的府里，所幸他还没有长大成人，否则朱家天下就要变了。他本想马上把努尔哈赤抓起来，但又想到努尔哈赤还没有察觉，明天神不知鬼不觉地抓他也不迟，没必要深更半夜地折腾。

晚上睡觉时，喜兰发现李成梁翻来覆去无法成眠，就问他："老爷莫非心中有事？为何翻来覆去地睡不着？"

李成梁说："我心中高兴，所以睡不着。"

喜兰又问："是何喜事，让贱妾也听听。"

李成梁本不想将此事告诉喜兰，但在喜兰的再三追问下，他也想炫耀一下自己，便说："老爷我有好事了！十多年前先皇要抓的钦犯，原来就藏在我们府上。这些年来，眼看那孩子就要长大成人了，当今圣上比先帝更着急，悬赏越来越高。这回我抓到了他，给朝廷立下大功，皇帝少不了要给赏赐，说不定还可以升官晋爵呢！"

喜兰见李成梁这么高兴，追问道："这个人是谁呀？"

"就是那个小罕子。"

喜兰听了如同五雷轰顶，几乎昏厥过去，但她的惊慌失措在黑夜中瞒过了李成梁的眼睛。

深夜，李成梁已酣然入睡，喜兰穿好衣服，直奔西厢房努尔哈赤住的屋子。

“快起来，小罕子！”

努尔哈赤睡眼蒙眬地问道：“谁啊？有事吗？”

“快走吧！总兵要砍你的头了！”

“为什么？”

喜兰将事情原原本本地告诉他。努尔哈赤有些发懵，但很快便清醒过来，连忙给喜兰跪下，说：“喜妈妈，我该怎么办？”

喜兰把他带到马棚，牵出一匹马，叫他赶快逃命，说：“李总兵的战马日跑八百里，这马跑得更快，可日跑千里，你赶紧逃吧。”努尔哈赤非常感激，要带喜兰一同逃走。喜兰说：“不行！我们两个人骑在一匹马上，它会跑不动的。”就在这时，李成梁已带兵追来，努尔哈赤再次跪拜喜兰道：“喜妈妈，我如果能活命，一定要好好地感谢你！”说完，他骑马逃出李府。李成梁率兵急追。

喜兰知道李成梁回来一定不会放过自己，便拿了一段白纱，在西厢房悬梁自尽了。几十年之后，满族人为了报答她的救主之恩，还给她设立神位。由于她死于万历年间，就将她尊为“万历妈妈”或“佛妈妈”。

4. 佟家女婿

努尔哈赤逃出李府后，沿着一条蜿蜒曲折的小路，一直跑进辽东的大山里，阵阵山风吹得莽林呼啸作响。努尔哈赤靠在一棵枫树上想睡一会儿，但又饿得睡不着。他想找点吃的，但两条腿实在迈不开步，刚费力站起来，结果眼前一黑，栽倒在地。

等努尔哈赤睁开眼睛的时候，已经是第二天中午了。他发现自己正躺在一个暖烘烘的炕上，一个六旬上下的老爷子端来一碗小米稀粥给他吃。他打量了一下周围的环境，原来这是一座搭建在山中的打猎窝棚。

外面寒风凛冽，小屋里倒十分暖和。

努尔哈赤撑起身来，叫了一声：“大爷！”他本想再说点什么，但哽咽着什么也说不出来。

“好好躺着，一切都等养好身体再说吧。”老爷子和蔼地说。

随后，努尔哈赤了解到，这个老爷子家住抚顺，有个儿子在外做官，家里只剩他一人。他平时无事可做，就骑马上山打猎。因为这里离家太远，往返不便，他就在山上搭了个带炕的窝棚，有时上山一住就是好几个月。

老爷子每天很早便起来练拳、舞剑，努尔哈赤见他身手不错，便拜他为师。老爷子也不小气，教给他一套剑法和拳法。

老爷子每天能打到不少獐、鹿、狼、兔，他把兽肉吃了，兽皮则晾干后拿到铁岭集市上去卖。努尔哈赤有时也跟着他到集市去，人们都叫老爷子为范爷。在范爷的引荐下，努尔哈赤结交了不少朋友。由于他性格爽直，待人热忱，又讲义气，大家都非常喜欢他。集市上的买卖人以汉人居多，他们时不时还邀请努尔哈赤到自己家里做客。

一天，一个姓佟的老爷子来到铁岭集市，坐着大车在街心行走。突然，马车的一个轮子脱了轴，车篷子翻过来，一下子把佟老爷子罩在车板下面。他竭力挣扎，始终无法脱身。努尔哈赤见状，忙赶上前去，用肩膀用力向上一抬，车板居然扳了过来。佟老爷子从车子底下爬出来，连声说：“好，好！谢谢了！”他上前拉住努尔哈赤的手，问他叫什么名字。范爷替他答道：“他叫小罕子。”

佟老爷子再三邀请努尔哈赤到他家里去做客，努尔哈赤起初不好意思答应，两只眼睛望着范爷。范爷笑了笑说：“这是铁岭有名的佟大爷，人称塔木巴彦。你知道‘巴彦’的意思吧？你如果跟了他，就算是找对人家了。”说话的时候，佟大爷一边向范爷致礼，一边把努尔哈赤推上佟老爷的车，接着鞭子一扬，径直往家去了。

佟大爷家里盖有一座很大的庄园，四面都是高粱田，屋子后面一带的高山也是他的产业。他家里雇着六七十个长工，一天到晚忙个不停。

努尔哈赤到了佟家后，佟大爷让他看管长工。很多长工见努尔哈赤年纪轻轻，一来就得了个美差事，心里很不服气。

有一天，一个名叫额图珲的长工见努尔哈赤走过来，便悄悄走上前去，想把努尔哈赤绊倒。谁知努尔哈赤早有准备，他用脚勾起额图珲的一条腿，伸出一只手将其脚腕抓住，一把将额图珲倒提起来。额图珲慌了，嚷道："我的大爷，饶了我吧！"额图珲是长工中力气最大的，也是佟家庄园护卫队的首领。其他长工见到这一幕后，再也不敢小瞧努尔哈赤了。

佟大爷有个孙女，叫佟佳·哈哈纳札青①。有一天，她心血来潮，吵着要去龙首山打猎。龙首山是铁岭山的一个支脉，山高林密，自然景色十分优美，林中有不少山鸡、野兔、梅花鹿、野猪，就连黑熊、老虎也时有所见。

佟大爷知道以孙女娇生惯养的性格，拦是拦不住的，于是就叫护卫队的额图珲带五六个人陪她一起去。

实际上，哈哈纳札青并非真的想去打猎，而是整天待在庄园里闷得慌。她已经十六七岁了，正值青春勃发的花季，按女真人的习俗，早该出嫁了。但佟大爷只剩下这么个宝贝孙女相依为命，所以迟迟没有答应那些说亲的人。而且上门说亲的人，不是冲着佟家的庄园，就是冲着她的漂亮容貌来的，这些人她怎么看得上眼呢？她这次出去打猎，只是想出去游山玩水，缓解一下内心的苦闷。

哈哈纳札青简单准备了一下，就在护卫队的陪伴下出发了。刚走出庄园，她就对额图珲说："你让他们都别跟着我，至少要在百步之外，否则可别怪我的箭不长眼睛。"

额图珲知道这位大小姐的脾气，但又怕佟老爷怪他失职，因此为难地说："这样不好吧，山里猛兽多，歹人也多，万一……"

"别废话了，难道我是个胆小怕事的娇娇女吗？"哈哈纳札青从额

---

① 佟佳·哈哈纳札青（1560—1592）：清太祖努尔哈赤的福晋（原配），史称元妃。

图珲手中拿过马鞭，翻身上马，一路飞奔，将护卫队远远甩在后面。

哈哈纳札青进得山来，登高一望，只见龙首山重峦叠嶂，山势雄奇，沟壑纵横，松林满山，枫林成片；东麓的柴河蜿蜒绕山向南汇入辽河，远远望去就像一条飘动的碧带。她一时还真有了打猎的兴致，于是独自下到山坳里，转悠了半天，竟打到七八只山鸡。她意犹未尽，便继续往林子深处走去。突然，一只小梅花鹿奔跑过来，停在一块岩石上。哈哈纳札青正犹豫要不要射杀这只小鹿时，远处传来额图珲的叫声："小姐，太阳要落山了，快回庄吧！"

哈哈纳札青回头看了一下，并不答话。待她回过头再找小鹿时，小鹿早已无影无踪了。她正在懊恼，忽听一个护卫队员喊道："糟了！老虎来啦！"

哈哈纳札青开始还以为他们是故意吓她，但紧接着一声虎啸便响彻山林。她平日虽然胆大泼辣，天不怕地不怕，但在深山老林里遇到吃人的猛虎，还是破天荒第一次。原来，这只猛虎是追逐那只小鹿才过来的，它看到哈哈纳札青后，咆哮着朝她猛冲过去。

哈哈纳札青一边去解系在树上的马的缰绳，一边大喊道："救命啊，老虎在我这边！"

哈哈纳札青手忙脚乱，一时竟解不开缰绳，她朝护卫队员所在的方向望了一眼，发现他们早不知躲哪儿去了。她闭上眼睛，僵立在那儿，等待着悲惨的一刻到来。

突然，从山坳里的一块巨石后面冒出一个人，他将身子靠在石头上，一手端正地持弓，一手搭一支带羽长箭，然后拉满弓，在猛虎朝哈哈纳札青跃起的一瞬间，"嗖"的一箭，射中了猛虎的左眼。猛虎扑地后再次跃起，径直扑向射箭之人。他又从容地射出第二箭，这箭从虎鼻穿入口中。老虎不顾鲜血淋漓，一边嗷嗷乱叫，一边乱扑乱扫。

哈哈纳札青睁开眼睛，只见一个人正骑在虎背上，左手揪着虎的颈背，右手猛击虎头数十下，这只猛虎终于趴下了。

过了一会儿，那人站起身转过来。哈哈纳札青一看，叫道："小罕子，原来是你！"她长出了一口气，赶紧奔向他。

这时，额图珲他们战战兢兢地走过来，问道："小姐受伤没有啊？"

哈哈纳札青狠狠地瞪了他们一眼，气愤地说："要是指望你们，我早被那猛虎吃了！"

额图珲尴尬万分，为缓和气氛，他又赞道："了不起，小罕子是打虎英雄啊！"其他几人也异口同声地夸赞了一番。

努尔哈赤笑了笑说："是佟大爷不放心，所以让我随后赶来。这只老虎运气不好，碰上了这么多好汉。"

"这里就一个好汉，其他人都是葛勒苏（汉译：胆小鬼）！"哈哈纳札青生气地说。随后，她让护卫队员将那只死老虎抬到马上，让他们在前面带路，她自己则与努尔哈赤并马同行。

此前，哈哈纳札青已经知道庄园新来的管事叫小罕子，两人也见过几面。相貌堂堂、气宇轩昂的努尔哈赤给她留下了深刻的印象，但努尔哈赤一向不苟言笑，她也一直没有机会跟他单独说话。今天算是个好机会，两人一边走一边聊。努尔哈赤把自己的身世经历一五一十地告诉哈哈纳札青，她听后对努尔哈赤敬佩不已。

回到庄园后，哈哈纳札青把努尔哈赤打虎的情节有声有色地跟佟大爷及那些好奇的长工描述了一番。佟大爷听后，对努尔哈赤说："你的箭法这么高明，真是难得呀！"随即摆下酒席，为哈哈纳札青压惊，也为努尔哈赤救孙女平安脱险而道谢。

从此以后，哈哈纳札青一有机会就跟努尔哈赤单独在一起。佟大爷看出了孙女的心思，于是就把努尔哈赤找来，希望他们尽快成亲，并对努尔哈赤提出了一个条件：入赘佟家。

佟家虽说是铁岭的大族，但佟大爷家中人丁却十分单薄。他一共生了五个女儿、一个儿子，五个女儿全都出嫁了，儿子也娶了媳妇。佟家的生活本来十分美满，谁知天有不测风云，人有旦夕祸福，儿媳妇生下哈哈纳札青后的第二年清明，小两口在外出回来的路上，遇到一只肥壮的花斑虎，双双被咬死。儿子死后，佟大爷和小孙女相依为命十几年，怎么也舍不得把小孙女嫁出去。但他自己越来越老了，留下这么大的庄园总得有人照料，因此就有了让努尔哈赤入赘的想法。

努尔哈赤与佟大爷谈话后回房休息，躺在床上翻来覆去，怎么也睡不着。他回想自己青少年时期的种种遭遇，不觉如梦魇一般。现在遇到了佟大爷这个好人，还有哈哈纳札青这个好姑娘，心里确实高兴，何况这个庄园地处僻静山区，将来若想成就大事，这里倒是个屯兵积粮的好地方。他思前想后，直到四更才沉沉睡去。

万历五年（1577 年）初夏的一个早晨，佟大爷天不亮就起来，派人杀猪宰羊，备办喜酒。

佟大爷为人善良，一向热心帮助乡邻，被乡亲们称为“佟大善人”。现在他招赘孙婿，一时宾客盈门，他的本家、亲朋、四邻长者都来了，庄园里喜气洋洋，热闹非凡。

婚礼在上午举行，一直到晚上各种仪式才结束，努尔哈赤与哈哈纳札青终于入了洞房。

努尔哈赤娶了哈哈纳札青后，从此尽心竭力地帮助佟大爷料理家事。结了婚就成人了，大家把小罕子名字中的“小”字去了，叫他“罕子”；哈哈纳札青则被称为“佟佳氏”。

尽管改姓了“佟”，但努尔哈赤并不以此为耻，对外也毫不掩饰地说自己的正式名字叫佟努尔哈赤，因为他是入赘佟家的上门女婿。

5. 女真历史

成家后，努尔哈赤开始认真思考自己的未来。他发现自己的命运与女真紧密相关，唯有了解女真历史，才能明白现状。

北宋政和五年（1115 年），女真族完颜部首领阿骨打在今黑龙江省阿城建立大金，十二年后，即北宋靖康二年（1127 年），金国灭掉北宋，与南宋划淮河为界，占据半壁江山，统治中原一百零七年。

直到南宋端平元年（1234 年）被南宋与蒙古联军所灭，之后女真族重新返回东北故土，散居在白山黑水之间。

元朝统治时期，松花江下游的依兰地区设了三个万户府。努尔哈赤的六世祖猛哥帖木儿[①]担任斡朵里万户府的万户。

猛哥帖木儿智勇双全，曾斩杀仇人后世子孙四十多人，重新振兴自己的部族。这个复兴的部族，自元末就向南一直迁徙到斡木河（今朝鲜会宁），并在此逐步安定下来。他们在这里不仅进行渔猎，还学习农业，部族逐渐兴盛起来。猛哥帖木儿因骁勇善战，多次帮助朝鲜抵御倭寇和野人女真的侵扰，在朝鲜统治者心目中占有一定的地位。

明朝建立初期，朱元璋为了压制北元残余势力，加封阿哈出（胡里改部首领）参政之职，进一步提高了女真部在明朝政治体系中的地位；又在女真聚居的白山黑水之间设立辽东指挥使司，着手控制女真部的各个部落。明永乐三年（1405 年），猛哥帖木儿应明成祖朱棣的招抚，入京朝贡，封授建州卫指挥使。永乐九年（1411 年），为避免与朝鲜武装冲突，猛哥帖木儿将全族从斡木河迁往建州卫奉州（今吉林南辉发河流域）。

猛哥帖木儿有一个堂妹，貌美才高，入明宫当了妃子，深得明成祖朱棣的宠爱。为了不给朝鲜笼络猛哥帖木儿的机会，朱棣又在奉州增置建州左卫，以猛哥帖木儿为首任建州左卫指挥使，后升为建州左卫的都督。

猛哥帖木儿位高权重，且家族强盛、人口众多，女真各部纷纷前来归附。遇有紧急情况，听猛哥帖木儿号令前来议事的女真各部首领达五十多人。爱新觉罗家族在整个女真地界一时风光无限。

自建州左卫迁徙之时，便有一个部落如影随行。宣德八年（1433

---

① 猛哥帖木儿（1370—1433）：爱新觉罗·孟特穆，明朝建州女真人（黑龙江省依兰县人），明代斡朵里部首领。宣德八年（1433 年），杨木答兀勾引嫌真兀狄哈的首领弗答哈，杀死猛哥帖木儿及其长子阿古等人。孟特穆作为清王朝的开山肇祖，被称为满清肇祖原皇帝加以尊奉。

年)，原为辽东开阳（今辽宁开原）千户的杨木答兀，屠城掳掠，裹胁开阳军民千余人，举家逃窜至斡木河。宣德皇帝下旨痛责杨木答兀背叛朝廷，罪不容诛，严令追回所掠全部人口，三岁小儿亦不例外。明招抚使裴俊率官兵一百五十四人，加上朝鲜陪同人员，共一百六十多人，抵达斡木河，屯兵于野。

第二天拂晓，杨木答兀纠集古州女真（即七姓野人）三百多人将明军团团包围。明军面对数倍于己之敌，仓促应战，血战力竭，近乎绝望。关键时刻，猛哥帖木儿率所部五百多人来援，将杨木答兀纠集的七姓野人团团包围，喝令七姓野人交出杨木答兀。七姓野人不答应，拼死搏杀。猛哥帖木儿与明军内外夹攻，七姓野人大败，杨木答兀弃马登山，落荒而逃。

不久，在猛哥帖木儿和明军毫无戒备的情况下，杨木答兀亲率八百多名七姓野人卷土重来，包围了明军的营寨，纵火强攻。猛哥帖木儿率所部拼死搏杀，掩护裴俊及官军突围。

裴俊等人奋力杀出，幸免于难。猛哥帖木儿及其长子权豆战死沙场，次子董山及妇女、儿童、印信、敕书全被掳掠。

猛哥帖木儿被杀后，建州左卫被迫再次南迁，定居于赫图阿拉（今辽宁新宾县西老城），由猛哥帖木儿的弟弟凡察掌领建州左卫。

建州部族南迁后，由于接近汉地，先进的汉族文化日益影响着建州女真人的生活，传统的半渔猎、半游牧的生活方式逐渐向稳定的农耕经济转变。生产力的显著提高、经济的逐步繁荣，再次使其成为女真各部中最强大的部落。

但是，由于建州左卫的内部纷争（猛哥帖木儿的次子董山被赎回后，与叔叔凡察意见不合，发生了卫印之争），明廷正式将建州左卫分为建州左、右卫，并偏袒和倚重董山，封他为建州左卫都指挥，后升为都督同知。凡察为都督同知，掌管建州右卫。董山很有抱负，每次进京朝贡都要讨官。

成化三年（1467 年），凡察、董山、李满柱的建州三卫合居，董山乘建州卫督指挥使李满柱和建州右卫凡察年迈之机，强行兼管三卫，颇有统一建州女真之势。

同年三月，明使往谕女真各部，令其入贡。董山奉旨率家属及大小头人数百人“听抚来朝，贡马及貂皮”。不料进京后，董山等人被带到阙下，在刀枪剑戟、重兵包围之下，如同敌酋俘虏，董山等人强忍怒火，“顿首输服”。

明廷的本意是安抚董山，但锦衣卫都督佥事武忠见到董山等人后，没有抚喻而是大加斥责，惹恼了董山。一出宫阙，董山手下的大小头人顿时暴跳如雷，连声谩骂。董山回去后即举兵掳边，鸦鹘关烽烟顿起，而且把海西女真部族也拉了进来。

明军与之交锋，战死数名将校。明廷想与董山谈判，但董山狮子大开口，向朝廷要官要物。成化皇帝没有答应，他便扬言要卷土重来。

朝臣们坚决要求擒杀董山，于是将董山诱入馆驿，以“屡掠辽东人畜”为由，先斩杀董山及随同的朝贡者，又派出五万人马与朝鲜军合攻建州，捣其巢穴，绝其种类，共擒斩女真人一千五百三十六人。建州卫首领李满柱及其子李古纳哈也遇难，建州右卫首领凡察的继任者纳朗哈被流放，建州三卫十多年的经营成果，几日之间荡然无存。

建州三卫的首领伏诛后，辽东和建州并没有迎来太平的日子。李满柱的小儿子以报仇为口号，纠集数千人马南下；躲在山中的建州卫残部也应声而出。

成化五年（1469 年），为了再次羁縻建州女真，明廷释放了董山的儿子脱罗，让他世袭建州左卫都指挥，执掌建州左卫。猛哥帖木儿的小儿子董重羊（董山之弟）被封为建州左卫指挥使。尽管恢复了世袭官职，但爱新觉罗家族往日的辉煌已荡然无存。

后来，董重羊之子锡宝齐篇古（又称失保）多次进京朝拜明朝皇帝，贡献方物，恳请明廷准其袭任父职，明廷加恩授予锡宝齐篇古建州左卫都指挥佥事（非董山嫡系袭任，《清史稿》中说是董山的第三子）。锡宝齐篇古即是努尔哈赤的四世祖。锡宝齐篇古之子福满又生有六子，福满后被清廷追尊为兴祖直皇帝。而福满的第四子觉昌安就是努尔哈赤最喜爱的祖父。

明朝后期，为了加强对女真人的统治，朝廷在女真地界设置了三百多个卫所，设有都督、都指挥、指挥、千百户、镇抚等职，多如牛毛，“给予印信，俾仍旧俗，各统其属，以时朝贡”。

努尔哈赤的祖父觉昌安袭任建州左卫都指挥，父亲塔克世继任为指挥使。

此时的女真有三大部，即海西、建州、东海。建州女真人生活在辽东地区，浑河流域；海西女真人生活在吉林地区，松花江流域；东海女真人（又称野人女真）生活在黑龙江和乌苏里江以东地区。建州女真又分建州和长白山两大部，其中，建州有五部，即苏克素浒河部、浑河部、完颜部、董鄂部、哲陈部；长白山有三部，即讷殷部、鸭绿江部、珠舍里部。这些部下面又有若干部落城主，互不统属，占地为王。海西女真分为四部，即乌拉部、叶赫部、哈达部、辉发部，在女真地界比较强大。东海女真又分渥集部、瓦尔喀部、库尔喀部等。

女真各部的首领及城主，为了扩大自己的权势，集中更多的财富，穷兵黩武，骨肉相残，使整个女真地界长期笼罩在腥风血雨之中。

努尔哈赤仔细分析了女真的历史后，得出了一条他认为必须遵守的铁律——暂时不与大明为敌，先统一建州，再统一女真，之后徐图大明。

第二章　羽翼渐丰誓雪仇

1. 惺惺相惜

了解了当前所处的形势后，努尔哈赤知道未来还有很长的路要走，眼下的主要任务是发展、壮大自身的力量。幸运的是，他和佟佳氏的婚姻使他有了一个强大的后盾，而小两口婚后感情也很和睦，恩爱无比，日子过得宁和平静。

光阴荏苒，不觉又一年过去了。有一天，佟大爷突然中风，卧床不起，经多方求医问药也不见起色。佟大爷自知大限已到，便把佟佳氏和努尔哈赤叫到床前，嘱咐他们说："孩子们，今后照看这份家业的重任就落到你们两人的身上了，希望你们能让佟家的后人繁衍起来，只有这样，佟家的门户才能兴盛。"不久，佟大爷溘然离世。偌大的佟家庄园，开始由努尔哈赤和佟佳氏掌管。

努尔哈赤重新规划庄园，他让额图珲找来一个工匠，对他说："现在庄园的人越来越多，园子有些小了，我准备把它扩大一倍。"

工匠按努尔哈赤画的草图重新设计了一番，庄园改造工程很快便开始了。三个月后，扩建工程基本完工，四周的围墙高约五米，墙基用石块砌成，上面是石砖并留有城垛。

高大的门楼上方，写有"佟家庄园"四个大字，这是工匠专门到铁岭卫城请人写的。在围墙四角还建了四个垛楼，分上下两层，上层留有瞭望孔，可供专人放哨使用。围墙外面挖有护城沟，宽约十六七米，深五米。

接着，努尔哈赤又改造了护城沟上的吊桥，让它可以随时起吊。到了夜晚，吊桥高悬，想要进庄园比登天还难。距离吊桥三百步开外的广场，面积也扩大了一倍多，既可蓄养兵马，又可作为赛马场使用。

庄园改造完毕后，努尔哈赤又开始做下一步的打算。他觉得自己一个堂堂男子汉，怎么能坐吃老本，于是，他打定主意：进山里去。

有一天，他背着弓箭走进山林，准备打点猎物。刚进林子，他就看见一棵大树底下围着许多人，一个二十几岁的小伙子正在表演箭法。努尔哈赤一打听，才知道小伙子是董鄂部的一个神箭手。

努尔哈赤抑制不住自己的好奇心，走近那神箭手，请他献技，并表示想跟他比试比试。那人见努尔哈赤仪表堂堂，腰圆臂壮，想必有些本事，当即同意。神箭手面对一棵百步外的柳树，连发三箭，三箭全中，呈“一”字排列；接着，他又拿出两支箭同时射出，与刚才的三箭合成“二”字。

轮到努尔哈赤了，他也是三箭全中，呈“品”字形，接着同样搭双箭齐发，竟将刚才的三箭全部射落。

围观的人都发出惊呼之声：“这位小兄弟才是神箭手呢!”努尔哈赤忙谦虚地说：“巧合，巧合，我的箭技实不如他。”

说完，努尔哈赤走到那个神箭手面前，与他攀谈起来，切磋一些武艺方面的问题。二人交谈了一会儿，觉得志趣相投，那人问道：“兄弟，你有这么好的射箭本领，将来准备干什么?”

努尔哈赤笑道：“大丈夫生于天地间，当有射天之志!”

那人又说：“想干大事，单凭射箭还不行。”

努尔哈赤说：“我浑身有的是力气，还能舞枪弄剑，武打轻功也略懂一二。”

那人却摇摇头说：“俗语说，力大养本身，志大养千口。你这些本事充其量只能当一名阵前的将军，成不了大事。”

努尔哈赤听了有些迷惑不解，诚恳地说：“恳请大哥指教一二。”

那人见他干脆豪爽，颇有诚意，便解释道："自古以来，拥有一身武艺的人只能带兵，不过当一名大将而已。兵者，首重兵法韬略，这样才能运筹帷幄之中，决胜千里之外。"

努尔哈赤听罢，觉得此人不仅是个好射手，还是个懂韬略的兵家，便要拜他为师。神箭手连忙推辞道："岂敢岂敢！若不嫌弃，咱们倒是可以结拜为兄弟。"

努尔哈赤高兴地答应下来，两人互通姓名，神箭手叫柘祜天，努尔哈赤自报佟努尔哈赤。柘祜天稍长为兄，努尔哈赤为弟，二人跪拜盟誓。随后，努尔哈赤将柘祜天请入佟家庄园，请他帮忙管理庄园，训练护庄队。

万历六年（1578 年）和万历八年（1580 年），佟佳氏先后为努尔哈赤生下了长女东果格格和长子褚英①。

一天晚上，努尔哈赤对躺在怀中的妻子说："男子汉大丈夫，立身处世要胸怀天下，建功立业，不能整日缠绵于温柔乡中。"

佟佳氏听了翻身坐起，说道："你要做什么尽管放心去做，我绝对不会扯你的后腿。自古以来夫唱妇随，我会全力支持你的。"

努尔哈赤见妻子如此爽快，心中十分感激，将佟佳氏搂得更紧了，说："你真是我的好妻子，往后这庄园的事就交给你了……"

佟佳氏轻声说道："我知道你是个胸怀大志的人，你放开手脚去闯你的事业吧，我一定把家守好！"

这时，努尔哈赤突然想起了自己的老家。他自从十三岁离家出走，到现在已经有八九个年头，不知道家中亲人怎么样了。

他决定潜回建州左卫去。由于担心在路上遭到盘诘，露出破绽，努

---

① 爱新觉罗·褚英（1580—1615）：清太祖努尔哈赤长子，母为元妃佟佳氏。万历四十一年（1613 年），以嫡长子身份，凭借多年战功，一度被立为早期后金政权的汗位继承人。辽阳大战时，因贪杯贻误军机，被解除兵权，后被废除太子之位，遭到软禁。之后，褚英焚香诅咒告状的五大臣和兄弟，并扬言掌权后要处死五大臣和那些兄弟。万历四十三年（1615 年），努尔哈赤下令处死褚英，褚英死时年仅三十六岁，被葬于清东京陵。皇太极即位后，改封他为广略贝勒。

尔哈赤换上了一身破衣服，一路晓行夜宿，历尽艰辛，终于回到了建州赫图阿拉城。

没想到事情比他想象的要糟多了。

他在家中没有见到阿玛塔克世和祖父觉昌安，弟弟穆尔哈齐和舒尔哈齐都已结婚，分家另起炉灶了。家里只剩下雅尔哈齐和巴雅齐，努尔哈赤只得去了伯父礼敦家。大伯母以前对他特别好，他心里常常记挂着，想去看看她。大伯母见努尔哈赤回来了，忙为他生火做饭，又见他衣衫褴褛，面目黝黑，不禁诧异起来。

努尔哈赤对她说："沿途都有明军盘查纳克楚阿姆巴（汉译：大舅）阿台的部众，不知为何？"

一提到这个阿台，努尔哈赤的大伯母就感到头痛。三年前，她把女儿嫁给阿台为妻，这亲上加亲本是件好事，没想到阿台和他父亲一样仍与大明为敌，这样下去，只怕跟他有关联的人都会有麻烦。

努尔哈赤的伯母不想多谈阿台，便转移话题询问努尔哈赤这些年的经历与现状，又讲了一些爱新觉罗家族的事情，最后对他说："这几年你真是吃苦了，现在你在外面过得不错，就不要多想过去那个家了。只要有那拉氏和她儿子在，你阿玛的官爵，你肯定是指望不上了。不如趁早离开，一心一意干你自己的事情去吧。"

努尔哈赤知道大伯母是一番好意，吃完饭便拜别而去。

回去的路上，有一天，努尔哈赤在山下问路，偶遇一个名叫额亦都[①]的青年。两人一路走一路谈，十分投机，额亦都被努尔哈赤的英雄气度所折服。

这个额亦都是个疾恶如仇，对朋友忠心耿耿又有侠义心肠的人。他家世居长白山英锷峪，属叶赫部，姓钮祜禄氏。他的家族是雄踞乡里的

---

① 钮祜禄·额亦都（1562—1621）：清初开国五大臣之一，满洲镶黄旗人。他骁勇善战，随努尔哈赤统一女真各部，深受信赖，赐号巴图鲁。八旗确立后，额亦都隶属镶黄旗。天命四年（1619 年）参加萨尔浒之战，大败明军，官至左翼总兵官、一等大臣。天命六年（1621 年）病逝，后追封弘毅公，配享太庙。

富贵之家，因此遭到嫉恨。九岁时，他的父母被仇人所杀，额亦都躲在邻村得以幸免。之后，他独自逃到长白山里，被一个不知名的老人收养，并传授武艺。三年后，老人去世，额亦都返回叶赫，亲手杀死了仇人。这一年，他十三岁。

报得大仇后，额亦都又逃到嘉木瑚寨的姑姑家里。他的姑父穆通阿有个儿子叫哈思护，比额亦都大两岁，额亦都与其相处十分融洽，两人一起学习玩乐，度过了少年时代。

女真人崇尚英雄，额亦都想随同努尔哈赤一起去闯荡天下。他的姑姑不放心，额亦都对她说："大丈夫生活在世间，就要干出一番轰轰烈烈的事业来，绝不能碌碌无为。这番出走，我不会做让姑姑为难的事，请姑姑放心。"于是，十九岁的额亦都跟着二十二岁的努尔哈赤走了。

努尔哈赤此次回老家大失所望，唯一令他感到欣慰的是结交了额亦都这个好朋友。回到佟家庄园，努尔哈赤把自己的苦恼向额亦都倾诉了一番。额亦都劝慰他说："咱们年纪轻轻，哪有苦恼可言？大丈夫不能只看到一个小小的建州，正如大哥你所说，要胸怀天下，有射天之志！"

努尔哈赤原本准备先把建州左卫的官爵继承下来，然后以佟家庄园的财力为后盾，发展、壮大自己在女真地界的势力，干出一番大事业。如今官爵继承不了，只能另起炉灶了。他把柘祐天、额图珲、额亦都叫来，一起商议日后的计划。

额图珲说："首先要把佟家的生意打理好，让佟家庄园名扬辽东，到时肯定会有不少好汉前来投靠，我们人多势众，什么事情都能办成。"

柘祐天听了摇摇头，说："眼下先要有一帮志同道合的兄弟。且不说当今的大明皇帝昏聩无能，官吏贪污腐败，关内百姓怨声载道，就连女真族也是乱如散沙，各部落之间争斗不息，为什么我们不能振臂一呼，揭竿而起？"

额图珲听了柘祐天的话，心想：这小子吃了熊心豹子胆了，居然想造反？

额亦都倒很欣赏柘祐天的胆识，他说："柘祐天大哥说得没错，干大事要靠英雄，我们应当先拉一帮弟兄起来。”

额图珲说：“哪里用得着去找英雄？罕子哥就是打虎英雄。”他把努尔哈赤打死老虎的事向他们细说了一遍。

柘祜天、额亦都听罢，对努尔哈赤敬佩得五体投地，异口同声地说：“罕子兄弟乃真英雄，就请你做我们的头领吧，我们一定拥护你。”

努尔哈赤一脸肃然地说：“打下老虎的是猎人，打下天下的才是英雄！此事必须从长计议，不如我们先在庄园举行一场比赛，以武会英雄，扩大庄园的声威。”

其他三人齐声赞道：“好主意！”

万历八年（1580 年）秋天，在额图珲、柘祜天的精心安排下，佟家庄园举行了一次别开生面的以武会友比赛，以赛马、射箭、摔跤比赛为主，辅以打擂活动。

在比武中，瑚济寨的安费扬古①脱颖而出。安费扬古的寨子被别人洗劫，被迫亡命天涯。努尔哈赤见他身材高大，武力过人，十分高兴。经过一番长谈，努尔哈赤更觉得与他志趣相投，大有英雄相惜之感。安费扬古姓觉尔察，与努尔哈赤同庚，于是，努尔哈赤又结拜了第三个兄弟。

2. 家族遇祸

就在努尔哈赤极力壮大自身力量，准备大干一场的时候，他的家族却遭遇了一场大祸。

这一切还要从七年前说起。当年，努尔哈赤的外祖父王杲逃避明军追杀，在哈达部首领王台处避难。随后，努尔哈赤的大舅阿台也带家属

---

① 觉尔察·安费扬古（1559—1622）：清初开国五大臣之一，满洲镶蓝旗人。完布禄之子，世居瑚济寨，少随父归顺努尔哈赤。天命六年（1621 年），攻取辽沈，战功卓著。天命七年（1622 年）七月逝世。顺治十六年（1659 年），追谥敏壮，立碑纪其功。康熙五十二年（1713 年），追赐三等轻车都尉世职。

及部众逃到王台处。在明军的逼迫下，王台交出了王杲，阿台则因与王台的长子扈尔干感情深厚，被扈尔干暗中保护起来，最终逃过一劫。

几年后，阿台重新回到古勒城，并当上了苏克素浒河部首领。他发誓要为父报仇，于是凭借古勒城易守难攻的地理优势，依山筑城，重置壕堑。对于边境的铁岭、抚顺、辽阳等地区，阿台采取了疯狂的烧杀抢掠政策，使得辽东边境再次陷入混乱之中。

辽阳卫城是明辽东副总兵驻地，抚顺关城也有两个参将驻防，但都拿阿台没办法。当时总兵李成梁常驻抚顺关，于是，他们请李成梁亲自出马。但李成梁却犹豫不决，只说等等看吧，便回了广宁总兵府。

听说要对付阿台，有一个人表现得特别积极，他就是图伦城主尼堪外兰。尼堪外兰之所以如此积极，其中既有前缘，又有后因。

尼堪外兰四十三岁，个子矮胖，红光满面的大脸上时常洋溢着暴发户的得意和狡黠，一脸的油汗相衬着修剪得非常整齐的八字胡，让人一看就知道他这人不简单。

尼堪外兰的高祖是居住在苏克素浒河部赫图阿拉城的爱新觉罗家族的包衣阿哈（汉译：家奴）。但尼堪外兰不想当一辈子家奴，也想过上主子那样的好日子。于是，他在八年前爱新觉罗家族势力渐衰时，寻机逃到汉地，投到辽东总兵李成梁的麾下当了一名兵卒。

尼堪外兰极有心机，抓住一切机会接近李成梁。当兵三年后，他终于成了李成梁的亲兵，并很快摸清了李成梁的最大弱点：贪财好色。

万历六年（1578 年）冬，一天晚上，尼堪外兰服侍李成梁躺下后，小心翼翼地说："老爷，奴才心里有句话憋了好多天说不出来。"

李成梁酒足饭饱，正躺在床上等着他的四夫人来，见尼堪外兰还在这儿啰唆，心里有点不耐烦。

尼堪外兰瞟了李成梁一眼，觉得事情成与不成只在一句话了，于是扑通一声跪下说道："奴才想回建州去。"

李成梁吃了一惊，说："你发什么疯啊，好不容易到广宁镇城来了，还要回山沟里去当奴才！是不是嫌我对你不好啊？"

尼堪外兰赶紧磕头道："老爷对奴才恩同父母，我会一辈子孝敬老爷。我只是想……"

"你小子想什么，我还不清楚？不用你说，我早想提拔你一下了。"李成梁打断了他的话。

"知子莫如父，老爷比老爹更知奴才心思。奴才只是想回去当城主，以更好地孝敬老爷。"

"好你个奴才，也想自己做老爷了？你去那山沟沟里当城主，离我那么远，要怎么孝敬？"李成梁故意板着面孔说。

尼堪外兰慌了，连忙说："奴才该死，该死！但奴才说的是真心话，老爷常去抚顺关，奴才见老爷比在总兵府方便多了。"

尼堪外兰的话外之音，李成梁哪里会听不出来，他哈哈一笑道："你小子也算是个人物，会说话，让我想想吧。"

其实，李成梁在辽东的威名早已胜过巡抚，这点小事还用想吗？他所要想的是在尼堪外兰身上要下多大筹码。李成梁对女真人的策略一向是以夷制夷，刚柔并济。这与朝廷的意图也是一致的，就是利用女真人内部的矛盾，让他们相互牵制。不管尼堪外兰回去做哪个城堡的城主，都会引起一场内斗。但只要不祸及辽东汉军，那就让他们斗去。尼堪外兰正好可以成为他整个辽东战略的一颗棋子。

得到李成梁的支持后，尼堪外兰选中了老家苏克素浒河部的图伦城。第二年春，尼堪外兰将原图伦城主撵走，杀了几个不服气的同族人，又将城中财物据为己有，当上了图伦城主。随后，他在图伦城内修建了新宅子，又娶了四个福晋，像个土皇帝似的，整天颐指气使、作威作福。

万历八年（1580 年），尼堪外兰通过李成梁的关系，从辽西汉地运回一批食盐。女真地界不产盐，食盐之珍贵不亚于北珠（即淡水珍珠）。尼堪外兰本想用这批食盐换得一批马匹，壮大城堡的武装力量。谁知在古勒城外遭到阿台强行扣留，后来双方通过谈判商定，由阿台拿二十匹马来换。但阿台拿了食盐却翻脸不认人，再也不提交换马匹之事。尼堪外兰前后索要了好几回，前两回阿台还虚与委蛇，第三回干脆不认账了，反而威胁尼堪外兰：如果他再到古勒城胡闹，就要带兵灭了图伦城。

古勒城比图伦城大一倍，部民也多三倍，对付尼堪外兰绰绰有余。尼堪外兰自知不是阿台的对手，只得暂时咽下这口气。

万历十年（1582 年）底，尼堪外兰跋涉数百里，冒着风雪，从图伦城赶往辽东总兵府衙门（广宁），给李成梁送来貂皮和人参。李成梁看了一眼尼堪外兰带来的礼物，笑道：“你不会是专门为孝敬我而来的吧？”

尼堪外兰谄媚地说：“奴才承蒙老爷提拔，让我做了图伦城主，这颗心岂有不想着老爷之理？不过，奴才这次确实有要事禀报。”

李成梁往太师椅上一坐，呼噜噜抽着水烟袋，说：“我一向叫你说话干脆点，你就是记不住。说吧，有何要事？”

尼堪外兰见李成梁心情不错，便大胆地说：“奴才得到可靠消息，古勒城主阿台近期不顾严寒，四处奔波，准备与蒙古土蛮部联手为父报仇，并准备趁您去抚顺时清算这笔血账！”

不久前，阿台率部众在沈阳城东南浑河一带大肆劫掠，抚顺关的参将已禀报过，李成梁不想把事情闹大，加上蒙古边界又起战端，所以迟迟没有动手。

尼堪外兰见李成梁沉默不语，一时猜不透他的心思，便试探道：“奴才暂且不谈阿台的实力如何，但他跟他老爹一样是天生的大胆，谁也保不准他会不会真拿鸡蛋碰石头，来找您的麻烦。”

李成梁不屑地说：“他父亲也算得上是个枭雄，结果又怎么样呢？怪只怪我一时心软，没有斩草除根，留下这么个祸害。不过，仅凭他那几百号人，就能翻天了不成？”

尼堪外兰说：“老爷有所不知，阿台现在兵强马壮，野心勃勃，千万不能小瞧他。再说，建州左卫也会帮他的。”

“建州左卫塔克世一向顺从朝廷，怎么可能帮阿台？”李成梁觉得尼堪外兰的话不可信。

尼堪外兰见李成梁不为所动，又说：“阿台既是塔克世的小舅子，又是塔克世的侄女婿，娶了觉昌安长子之女，我们与阿台打起来后，爱新觉罗家族的人难保不会帮助阿台。据说塔克世的长子叫努尔哈赤，文韬武略，十分厉害，奴才多少有些疑惧呀！”

李成梁又呼噜了几口水烟袋，说：“爱新觉罗家族早已衰败了，没什么可怕的。那个努尔哈赤在我手下干过，的确不一般，精骑善射，胸有谋略，不是等闲之辈。但如今他逃亡在外，尚且自顾不暇，怎么会自寻死路去蹚这浑水？”

听话听音，尼堪外兰终于听出李成梁有修理阿台的意思了，于是壮着胆子说：“依奴才之见，应该趁阿台没动手之前，先下手为强，斩草除根，永绝后患！只要老爷一声令下，奴才愿做马前卒。”

李成梁笑道：“你是急着去抢古勒城的金银珠宝吧？今日前来，目的就是设个套让我往里钻！”

尼堪外兰听了，扑通一声跪在地上，磕着头说：“小人不敢，小人不敢！只是阿台的所作所为危及朝廷和老爷，奴才据实禀报，请大人恕罪！”

李成梁想，与尼堪外兰合兵攻打古勒城，既符合朝廷抚剿结合的策略，又可捞点油水，何乐而不为呢？于是便说：“起来吧，念你对朝廷一片忠心，这次就饶了你，我也正想替朝廷剪除这一祸根。”

万历十一年（1583 年）正月，天气出奇的寒冷，女真地界出现了少有的平静。然而，建州右卫古勒城却即将面临一场血战。

正月十七日，李成梁征调的辽阳、抚顺关两地人马，与尼堪外兰的部众合围了古勒城堡。

当时，女真各部落之间的战争虽然频繁，但几乎毫无战术可言，依靠的是人多凶悍、武艺高强，或者地势好。每每开战，部落里的青壮年男子便充当军人，与明廷的正规军队比起来自然逊色不少。因此，面对城下雄赳赳、气昂昂的明军和密密麻麻的图伦城部民，阿台的好友和亲戚都被这阵势吓住了。

但阿台没有被吓住，他率领部众数百人死守城堡。古勒城易守难攻，正月十八日，明军和尼堪外兰的部众采取各种方法攻城，但都未能得手。

塔克世及其父亲觉昌安带百余人连夜急行军前来，见明军人多势众，攻势凶猛，想援助阿台是不可能了。但觉昌安不愿看到女真人血流成河，更放心不下自己的孙女，也怕阿台走上他父亲的老路，便向李成梁提出，让他们父子进城去劝说阿台投降。

李成梁觉得这样可以先诱阿台出城，于是答应下来。不料，阿台比他父亲更顽固，根本不听劝说。觉昌安父子只得留在城里，拖延时间，见机行事。

此时，城外的明军住的是帐篷，因天气奇寒，光冻死的就有百人以上，战斗力大减。强力攻城而不得，觉昌安父子劝降又一去不回，李成梁无心恋战，打算撤军。这可急坏了尼堪外兰，如果李成梁撤军，他根本就不是阿台和爱新觉罗家族的对手。一旦爱新觉罗家族和阿台联合起来攻打图伦城，他就只有死路一条了。

情急之中，尼堪外兰向李成梁献上一计，说可以通过城中的内应破城。

原来，图伦城北有个不怕死的部民叫呼阿尔，早在尼堪外兰创建图伦城时，呼阿尔就跟随尼堪外兰成了图伦城部民。尼堪外兰对他也不错，呼阿尔家境贫穷，二十岁了还没有娶妻，跟着尼堪外兰打过几次仗，由于身强力壮，敢于冲锋陷阵，立下了一些军功。现在，他已经娶妻生子，还有两名家奴供他驱使。呼阿尔为此对尼堪外兰感恩戴德，任凭他使唤。

呼阿尔有个远房堂兄叫阿不通尔，为人性格残暴，爱贪小便宜，是阿台手下的一员大将。尼堪外兰叫来呼阿尔，两人密谋了一番，决定由呼阿尔给阿不通尔写信，信中说："只要阿不通尔打开城门来降，尼堪外兰愿给予阿不通尔十晌土地、十户阿哈（奴隶）、十间房屋、十匹好马，并让他在图伦城内选十个漂亮女人为妻子。最后还加了一句大谎言：若杀掉阿台，你就可当此地城主!”信写成后，呼阿尔将信粘牢在箭头上，看见阿不通尔巡城时，将信射在阿不通尔所举的火把上。阿不通尔做梦都想发财当老大，自然求之不得。

正月十九日晚上，阿台在府中大开宴席，又拿了很多酒肉去犒赏士兵，并传令下去：今夜早早安息，五更造饭，准备明日战斗。府中众人个个酒足饭饱，之后各自睡下。独有阿台夫妻与觉昌安父子久别重逢，自然有许多话要说，直到半夜鸡鸣才各回卧室安歇。

觉昌安年老体衰，加上一路鞍马劳顿，十分疲倦，头一落枕便昏昏沉沉地睡着了。

当晚，古勒城内出现内乱，城门大开，整装待发的明军和图伦城部民举着火把冲进古勒城。阿台猝不及防，仓皇应战，一场血战在黑夜中开始了。

塔克世从梦中惊醒，只见眼前一片亮光，院子里火光冲天，一大群人打破门冲了进来。塔克世心知不妙，忙从炕上背起父亲，拔腿就朝后院逃去，并转身把后院门塞住。觉昌安心里惦记孙女，一面吩咐塔克世在前面抵挡敌人，一面跑进后屋，只见孙女和几个侍女颤抖着缩在一起，个个云鬓蓬松，衣襟散乱。他的孙女上前搂住他的脖子，嘴里呜咽着：“祖父救我!”

觉昌安忙拿起一床锦被，给孙女裹住身子，夺门而出。塔克世独自一人抵敌，且战且退。他回头见父亲扶着侄女出来，精神大振，大声喊道：“父亲快走!”他奋力向前杀开一条血路，那边露出一扇侧门来。觉昌安也顾不得儿子了，一手拖着孙女，跑出侧门。等觉昌安回过头来，只见一个强徒手里拿着一柄快刀，朝塔克世刺去，塔克世倒在血泊里死了。觉昌安说了一声：“可怜!”转头向前逃去。谁知才走出大门，只见阿台的尸首倒在地上，身上已经被刀枪砍得血肉模糊。他的孙女大叫一声，扑在丈夫的尸身上，昏死过去。

天亮的时候，胜负已明。阿台的部众在内外夹击之下，伤亡过半，四处逃散。六十多岁的觉昌安腿上中了一刀，伤及骨头，无法行走，被弓箭射中，当场死亡。

次日，李成梁的军队和尼堪外兰的部民对古勒城大肆抢掠了一番。快要天黑的时候，偌大的古勒城被抢掠一空。随后，那些带不走的房子、杂物也被付之一炬，大火映红了天空，古勒城再次变成了一堆废墟。

3. 雪耻报仇

觉昌安父子罹难一个月后，噩耗传至佟家庄园，努尔哈赤悲痛欲绝。他泣别妻子儿女，快马加鞭来到辽东都指挥使司（辽阳），义正词严地质问明廷边吏："我的祖父和父亲一向忠于大明朝廷，你们怎么能无故加害？"

边吏解释说："这次确实是误杀。战场局势瞬息万变，出现一些意外也在所难免。"同时急报辽东都指挥使（辽东地方最高军政长官），都指挥使担心女真人借机引起边乱，又火速奏报朝廷。

这一次，朝廷仍以老办法来应对女真人：打你一下，让你知道痛，知道要听话；再抚摸你几下，算是抚慰或补偿。因此，明廷赐予努尔哈赤敕书三十道，战马十匹，又派人找出觉昌安和塔克世的遗体送往建州，并让努尔哈赤袭任其祖父之职，当了建州左卫都指挥使。

当时，敕书代表着一种贸易特权。努尔哈赤是多么精明的人，朝廷忽悠也好，安抚也罢，天赐良机岂能放过？

不过，此时的努尔哈赤在建州左卫还只是个无名小卒，突然继承了官爵，最多只能算个"暴发户"，不能不引发建州各部称雄者的嫉妒。而且，当时又有明廷欲立尼堪外兰为建州主的传言，这也使得努尔哈赤被孤立起来，动荡在所难免。

努尔哈赤深感自己势单力薄，便想团聚宗族，共同对付外敌。他的祖父觉昌安兄弟六人，共有子二十二人。他的父亲塔克世也有兄弟五人

（长兄为礼敦、次兄额尔衮、三兄界堪、弟弟为塔察篇古）。他的伯叔、兄弟、宗侄多至数百人。按理来说，努尔哈赤的宗族也算是人丁兴旺，但他的堂叔龙敦却首先公开反对努尔哈赤。在他的煽动下，建州五部（苏克素浒河、浑河、完颜、董鄂、哲陈）的部众纷纷背弃努尔哈赤，归附尼堪外兰。

努尔哈赤把所有的怨气和仇恨都归结到尼堪外兰身上。他来到辽东都司，向当地官员要求说："我的玛法（汉译：祖父）被杀，是尼堪外兰唆使的。你们把他捉拿给我，我就甘心了。"

明朝官员不满地说："正是因为误杀了你的祖父和父亲，朝廷才给你敕书、马匹，又让你承袭了父职。这事已经了结，现在你提出这么无理的要求，朝廷只好帮助尼堪外兰在嘉班筑城，让他当你们建州女真的首领。"努尔哈赤没想到事情的结果会是这样，十分愤慨，气冲冲地离开了。

回到佟家庄园后，努尔哈赤痛哭流涕地把事情的经过向妻子细说了一遍。佟佳氏有孕在身，已是大腹便便，只能安慰他说："既然山神爷不能保护他们，再难过也无济于事，只有靠你去为他们复仇了。你需要怎么办，尽管自己做主吧！"

努尔哈赤的几个结拜弟兄也都来劝慰他。额亦都气愤地说："咱们干脆跟大明朝挑明了干，先杀了总兵，再杀那个城主！"

安费扬古也说："额亦都兄弟说得对，杀了李成梁才痛快！要干就大干一场，让所有女真人和大明朝廷不敢小瞧了咱们。"

柘祜天则比较冷静，他仔细分析了眼下的局势和利弊条件，最后说："反正是迟早的事，但以咱们现有的力量恐怕难以撼动大明的军队。再说，朝廷也给了罕子兄弟一些补偿，目前找不到充分的起事理由。不如先帮罕子兄弟坐稳建州左卫都指挥使这个位置，待势力壮大以后再说。"

"那咱们现在第一步该怎么办？"努尔哈赤问道。

柘祜天想了想，说："先在建州立威扬名，以报私仇为名，先灭了图伦城！"

众人听了都表示赞成。只要不动大明的军队，朝廷就不会过多干涉。

随后，努尔哈赤与众位弟兄一起，率领护庄队几十号人，重返建州赫图阿拉。

万历十一年（1583 年）五月，努尔哈赤召集百十号族人，找出祖上流传下来的十三副铠甲，宣布起兵。在爱新觉罗家族中，努尔哈赤的弟弟穆尔哈齐和舒尔哈齐是他最积极的拥护者。

接着，努尔哈赤又联合与尼堪外兰有仇的苏克素浒河部萨尔浒城主诺米纳、嘉木瑚城主噶哈善·哈斯虎、沾河城主常书，结成四寨同盟，杀了一头肥牛，举行祭天仪式，共谋攻打尼堪外兰。为了进一步稳定同盟关系，努尔哈赤还将妹妹嫁给噶哈善·哈斯虎为妻。

按说这样的同盟应该是很牢固的，但从一开始就遭到努尔哈赤家族内部的反对与破坏。他的堂叔龙敦说："罕子，你为什么不顾族人的死活，一心要打尼堪外兰呢？你口口声声为你玛法、阿玛报仇，我看那都是假的，你想保住自己的位置才是真的吧？"

努尔哈赤说："父祖被杀，尸骨未寒，此仇不报，我等还有何脸面立足女真地界，爱新觉罗家族在女真还有什么地位？"

小弟巴雅齐借机嘲讽道："大哥靠玛法、阿玛的鲜血换来了官职，我们这些人不是白忙活了吗？你这些年一直不在家，谁知道你有什么能耐。"

这时，努尔哈赤的叔伯、堂弟们也附和道："是啊，你拼凑的队伍不过二百人，怎么打？尼堪外兰有朝廷的支持，不是好惹的，还是忍一忍吧。"

努尔哈赤"啪"地拍了下桌子，怒道："我念在咱们同族同宗的分儿上，与你们商讨攻打仇人之事，没想到你们如此胆小怕事，还横加阻拦，真是岂有此理！怕死的现在就离开，爱新觉罗氏是为定乱安邦而生的！"他已经下定决心，哪怕最后只剩下他一个人，他也要像一只凶猛的狼那样突入图伦城，把尼堪外兰咬死。

图伦城在苏克素浒河与浑河回流之东南、萨尔浒城之东、界凡渡口之南，是一座土石杂筑的城寨。很快，努尔哈赤便打听到图伦城东面有一座山峡叫九口峪，是一条要道，有“一夫当关，万夫莫开”之势。于是，他派安费扬古和舒尔哈齐带一百多人悄悄去把守九口峪，切断尼堪外兰的外援之路。他和额亦都则率二百名部众，衔枚疾走到图伦城下。

尼堪外兰自从破了古勒城后，心里越来越不踏实，总担心遭到报复。这天晚上，他正与侧福晋亲热，突然有个家丁匆匆来报：“老爷，建州左卫都指挥使努尔哈赤要来攻打城堡了！”

尼堪外兰吃了一惊，忙从床上爬起来，问道：“确有此事？”

家丁说：“是努尔哈赤族人透露的消息，肯定没错。”

尼堪外兰想，自己担心的这一天终于来了。但他又想到努尔哈赤毕竟实力有限，要攻打图伦城没那么容易，于是故作镇定地说：“瞧你那惊慌的样子，哪像个爷们？快去让总管安排防守！”之后，他丢下侧福晋，独自溜出城去。

是夜，月黑风高。努尔哈赤吩咐部众到南门放了一把火，城中士兵从睡梦中惊醒过来，忙去救火。不料东门早被努尔哈赤的人打开，额亦都一声大喊，众人举着火把一拥而进，在黑夜中互相厮杀起来。尼堪外兰的人马哪是额亦都和努尔哈赤的对手，他们二人手起刀落，直杀得血花四溅。只有呼阿尔还算厉害，他直逼努尔哈赤而来，想要斩杀努尔哈赤，立下更大的功劳，以换取更多的财富。他左一刀右一刀，杀得努尔哈赤豆大的汗珠直往下掉，穷于招架。这时，额亦都杀了过来，二对一，不到三个回合，努尔哈赤便把呼阿尔斩下马来。

城中的士兵不知道城外来了多少人马，人人自危，如今又见主将落马，纷纷从西门逃走。

图伦城被顺利攻下了，但努尔哈赤一点也高兴不起来，因为尼堪外兰跑了，仇暂时是没法报了。更重要的是，他发现盟友中出现了内奸！

早在努尔哈赤与三个城主结盟的时候，他的堂叔龙敦就意图拆散四寨同盟，挑唆、鼓动诺米纳背盟，这次又暗中向尼堪外兰通报消息，简直该死！努尔哈赤怒气冲冲，打算找龙敦算账。这时，柘祜天劝阻他说：“现在正是需要族人支持的时候，暂且放过他吧。况且，尼堪外兰跑了反倒更好。”

努尔哈赤不解地说：“他跑了，这仇怎么报？”

“难道兄弟你只想报仇吗？”柘祜天看了努尔哈赤一眼，说，“倘若这次把尼堪外兰杀了，报了仇，下一步你还能怎么办？现在他逃到了嘉班城（今辽宁抚顺市东大甲邦），这个嘉班不正好是我们的第二个目标吗？”

努尔哈赤恍然大悟，不由得感叹柘祜天胸有韬略，而且这与自己的宏愿是一致的。在建州才打下个小小的图伦城，怎么能就此止步呢？

4. 危机四伏

攻下图伦城不久，努尔哈赤又迎来了一件喜事。万历十一年（1583年）六月，佟佳氏为他生下了第二个儿子，取名代善①。为了照顾佟佳氏，努尔哈赤把她和孩子都接到赫图阿拉城来居住，没想到这却使佟佳氏自此过上了危机四伏的日子。

打下图伦城不久，龙敦见努尔哈赤不敢动他，于是变本加厉，鼓动他的大爷、二爷、三爷、六爷的家族成员在堂子（女真人祭神祭祖的地方）立誓，密谋除掉努尔哈赤。

一天深夜，努尔哈赤突然听到窗外传来急促的脚步声，他立即起床，佩刀执弓，让妻子装作上茅房的样子来掩护自己。佟佳氏定了定心神，镇定自若地走出房门，用自己的身体挡住紧随其后的丈夫，使努尔

---

① 爱新觉罗·代善（1583—1648）：清太祖努尔哈赤次子。四大贝勒之首，以序称大贝勒。领满洲两红旗（正红旗、镶红旗），在征伐女真各部及蒙古与明朝的过程中屡立战功。努尔哈赤去世后，在他的主持下，诸贝勒拥戴皇太极继承汗位。但终皇太极一朝，代善因其年长位尊而遭到压制。皇太极逝世后，为消弭内争，代善拥戴皇太极第九子福临即位。顺治五年（1648 年），代善病逝于北京，终年六十六岁 。乾隆四十三年（1778 年），配享太庙。

哈赤顺利潜伏在自家烟囱的后面。佟佳氏则在如厕后返回屋内静观其变。黑暗中，只见一个人影一闪，努尔哈赤一个箭步过去，果断地用刀背一磕，一下就将贼人击倒在地……事后审问得知，他是龙敦派来暗杀努尔哈赤的族人。

这样的事情不断地发生，但努尔哈赤没有过多的精力去应付家族内斗，他要把时间用在打击下一个目标上。

到八月的时候，努尔哈赤再次整顿军马，准备进攻逃往嘉班城的尼堪外兰。他本来约定诺米纳率兵前来会合，一起去攻打嘉班城，但龙敦暗地里却对诺米纳的弟弟奈喀达说："大明朝正打算支持尼堪外兰在嘉班筑城，让他当建州女真的首领，而且哈达部的王台也在帮助他，你们跟努尔哈赤一起去攻打尼堪外兰，恐怕会有性命之忧啊！"

奈喀达把这些话转告诺米纳，诺米纳有些害怕，于是背弃盟约，按兵不动。

诺米纳变卦后，努尔哈赤仍决定按原计划突袭嘉班，没想到诺米纳和奈喀达兄弟事先向尼堪外兰通风报信，又使他得以脱逃。努尔哈赤率兵继续追击，一直追到抚顺城南的河口台。

守台明军奉新任巡抚指令，不愿接纳尼堪外兰，并派兵前去阻止他入台。努尔哈赤不知内情，以为明军是出来帮助尼堪外兰的，不敢贸然上前对阵，便退兵到远处扎下营寨。当天夜里，尼堪外兰的部下见尼堪外兰势穷力竭，走投无路，都前来投奔努尔哈赤。尼堪外兰众叛亲离，自知无法在河口台避难，就在第二天逃到鹅尔浑城（今辽宁抚顺河口台东北）去了。

努尔哈赤两次发兵猛攻和追捕尼堪外兰，但都未能得手。他内心十分恼恨诺米纳兄弟，现在他终于明白，要想报仇就一定要保证自己的后院不起火。因此，他准备先解决诺米纳兄弟，攻取萨尔浒城。

与此同时，诺米纳兄弟也担心遭到努尔哈赤报复，决定先下手为强，于是派人前去面见努尔哈赤，谎称上次负约是因为得了急病，并约定再次一起攻打浑河部杭嘉、巴尔达城。

之后，诺米纳又害怕自己的部众去打前锋吃亏，损失主力，便以四部联军盟主的身份对努尔哈赤说："老弟的部众最近攻下图伦、嘉班两城，士气正旺，还是由你们来做先锋吧。"

努尔哈赤爽快地说："好吧，就看在兄弟你昔日对我关怀备至的情分上。"

诺米纳见努尔哈赤这般退让可欺，又派使臣对努尔哈赤传话说："杭嘉、巴尔达两城是我的仇敌，你若打下此二城，应该送给我，否则不许你的兵马经过我的边境。"

努尔哈赤正愁没有理由攻打诺米纳兄弟的萨尔浒城，没想到诺米纳如此得寸进尺，不禁怒火中烧。嘉木瑚寨主噶哈善·哈斯虎、沾河寨主常书听了，也怨恨诺米纳兄弟蛮横无理，便主动向努尔哈赤表示："不如先破诺米纳。"

这时，柘祐天想出一计：让努尔哈赤应允攻下二城后送给诺米纳，但有个附带条件，诺米纳必须借盔甲和器械给努尔哈赤。诺米纳不知是计，认为努尔哈赤已经就范，心里非常高兴，于是将全部器械拱手交给努尔哈赤，准备坐享其成。

努尔哈赤急令士兵披甲戴盔，手持武器，全部武装起来。接着，他一声令下，将诺米纳等人杀死，又令先锋安费扬古率军回师，夺取诺米纳的本部萨尔浒城。萨尔浒城部众群龙无首，无心交战，很快就陷落了。努尔哈赤立刻入城，安顿军民，实施投降不杀的措施，并且让夫妻离散的团聚，并且允许他们居住在萨尔浒城。

拿下嘉班城和萨尔浒城后，努尔哈赤决定继续追杀尼堪外兰，与此同时，谋杀努尔哈赤的行动也在继续。这天，天阴沉沉的像要下雨。努尔哈赤睡到半夜，突然听到门外有脚步声，他拿起刀和弓箭悄悄走出去，藏在一个隐蔽的地方。这时，正好一个闪电过来，趁着光亮，他看到一个刺客摸了过来，于是伸腿将他绊倒，用明晃晃的刀直逼刺客。

之后，兵丁把刺客捆了起来，举刀要砍，却被努尔哈赤阻止了。

努尔哈赤问刺客："你是来偷牛的吗？"刺客一听，知道他是明知故问，也就顺从地应答说：“小的正是来偷牛的，别无他意。”努尔哈赤略一沉默，又说：“那你走吧。”他亲自解开了绳子。刺客呆了半晌，终于回过神来，连滚带爬地逃跑了。

兵丁十分不解地问道：“这个人就是刺客，督使大人怎么把他当成偷牛贼呢?”

努尔哈赤笑了笑说：“我岂会不知他是刺客？只是留人一条活路，就是给自己多留一条活路。”

努尔哈赤对谋害自己的族人一再忍让宽容，希望他们能与自己同心同德，但结果却事与愿违。

万历十二年（1584 年）正月，浑河部兆嘉城有个叫理岱的头领，伙同几个头领煽动哈达兵，劫掠了努尔哈赤所属的瑚济寨。理岱本是努尔哈赤的同族，这次居然引狼入室，不能不激起努尔哈赤的义愤，他决定讨伐理岱。

兆嘉城四面高山环绕，山脚下只有一条路通往外地，易守难攻。努尔哈赤带着额亦都、安费扬古、舒尔哈齐等人，来到一座山上，放眼望去，兆嘉城尽收眼底，只见山势险峻，道路崎岖，山上长满大树。夹山口有兵士把守，山门两边摆着枪、刀、戟、剑、弓，高大宽厚的城墙上摆满了滚木和礌石。

努尔哈赤察看地形后，回来与大家商议对策。他的一个远房叔叔站起来说：“既然如此难攻，得不偿失，打的又是同族的人，何必呢?”

柘祜天说：“可以先包围兆嘉城，白天连续攻打，使他们疲劳。夜间再精选小股力量，用偷袭的办法翻过城去，就好办了。”

额亦都也说：“柘祜天的办法有一定的道理。夹山口的那支队伍好办，那几间草房周围尽是枯树野草，只要点上一把火，乘着火势攻上去，必能奏效。”

于是，努尔哈赤派额亦都为先锋，派舒尔哈齐搬运柴草。

这天半夜，突然下起了暴雪，北风刮得很猛。努尔哈赤率部冒着漫天飞舞的鹅毛大雪和呼啸的北风，艰难地向前行走。行至噶哈岭时，由于大雪封山，找不到路。努尔哈赤来到山前折了一根树枝，用于扫雪开路，直到深夜才进到距城堡不远的夹山口，努尔哈赤下令悄悄扎下帐篷。

这时，有的人想打退堂鼓，建议努尔哈赤撤军；有的人则认为，这是一个绝佳的攻击机会。努尔哈赤说：“既然计划好了，这仗非打不可。”过了一会儿，额亦都和安费扬古来了。努尔哈赤小声问道：“准备好了?”安费扬古也小声回答：“都准备好了。”

他们所说的“准备”是指火烧夹山口。安费扬古和舒尔哈齐带着一百二十人，背上枯树枝，堆在山口两边，只等理岱的兵丁一入睡就放火。

当夜因天气奇冷，夹山口草棚里的士兵早早就睡了。正当他们鼾声大作时，一阵通红炙人的大火把他们烧醒了，有的人连裤子都没来得及穿便光溜溜地跑到雪地里。到处都是烈火炎炎，有的人衣服烧着了，在雪地里滚着，来不及灭火就被烧死了；没有穿衣服的人冷得受不了，又不敢靠近火，也大多冻死了。这时，额亦都带着数百人马冲杀过来，将没被烧死或冻死的人砍死。

解决夹山口的敌兵后，努尔哈赤留下小部分人马借着火光捡起刀枪、扒下盔甲，拾起尚未烧坏的弓箭。他自己则挥师继续前进。天刚放亮，兆嘉城便被围了个水泄不通。努尔哈赤登高向自己的部众喊话：“理岱是我的同族兄弟，竟然勾结外人来谋害我，袭击我的城寨，能容忍吗?”士兵们齐声回答：“不能!”“活捉理岱!”声音响彻山谷，震撼着兆嘉城。

理岱在城内被喊声惊醒了。他想：努尔哈赤的兵丁是飞过来的吗?夹山口怎么没有人来送信，难道都死光了? 想到这里，他气急败坏地喊道：“夹山口那里怎么了?”一个侍从答道：“那里天亮前就被罕子烧光了，一个人也没有回来。”理岱不由得倒抽一口凉气，忙披上皮袍，慌里慌张地来到城头，只见漫山遍野都是努尔哈赤的人马。

此时，额亦都、安费扬古早已封锁了城堡的各个出口，并在各个城门处放上火药，准备来个瓮中捉鳖。

理岱正朝城下观望，忽听“轰”的一声巨响，城门边上的城墙被炸开了一个缺口，顿时喊杀声震天动地。兆嘉城里的士兵已无心抵抗，纷纷缴械投降。努尔哈赤的部众一举攻陷了兆嘉城，活捉了理岱。

理岱是努尔哈赤的族亲，为什么要与努尔哈赤公然对抗？答案很简单，有人从中作梗。这个人就是龙敦，他不但公然破坏努尔哈赤的同盟，挑动族亲反叛，又唆使萨木占（努尔哈赤二弟穆尔哈齐的舅舅）毒杀了努尔哈赤的妹夫、嘉木瑚寨主噶哈善·哈斯虎。

得知这个噩耗后，努尔哈赤义愤填膺，邀集族人寻尸，但同族兄弟多为龙敦的同谋，无人回应。族叔尼马兰寨主棱敦劝努尔哈赤说：“族人若不恨你，怎会杀你妹夫？千万别去，去了也是凶多吉少。”

但努尔哈赤一直以来郁积的愤怒此时如火山般爆发了，他发疯似的披甲跃马，带领本房的一些兄弟和好友疾驰到萨木占家中，横刀立马，发出一声惊天动地的怒吼：“有害我者，是男人的便站出来！”

大地颤动，山林变色，族人震恐，无人敢应。此时，萨木占早已逃往马尔墩寨。

努尔哈赤收回噶哈善·哈斯虎的遗骸，看着噶哈善·哈斯虎死不瞑目的眼睛、流血的七窍，知道他是被人暗算了。他脱下自己的衣服鞋帽，装裹埋葬了噶哈善·哈斯虎。

万历十二年（1584 年）六月，努尔哈赤亲自带领四百名士兵，去攻打由萨木占、讷申和完济汉所控制的马尔墩寨。

马尔敦寨属于苏克素浒河部，依山而建，山势陡峭。努尔哈赤准备了三辆战车，并排走在最前头，掩护士兵前行。随着山道越来越窄，只能一辆战车在前，两辆战车在后。就在他们快攻到寨下时，寨子上的礌石、滚木突然如雨点般砸下来，一下子砸坏了两辆车，安费扬古手下的士兵也被砸死砸伤不少，其余的人都缩起脑袋，躲在唯一没坏的那辆车后面，不敢再上前一步。

努尔哈赤见部下受阻，便发挥自己的神箭优势，弯弓搭箭，看准寨中的首领讷申射了过去，一箭射穿了讷申的耳朵。柘祐天也连射四箭，箭无虚发，射死了四个敌人。寨中顿时大乱，努尔哈赤趁机率部后退，将马尔墩寨远远围住，并断绝了寨中的水源。

到第五天时，趁着寨中缺水、守军松懈之际，努尔哈赤下令攻城。为避免因动静太大引起守军注意，他让士兵们脱了鞋赤脚登城。安费扬古则率精兵攀崖而上，一举拿下了马尔墩寨。

这一次，罪魁祸首萨木占又跑了。而收留萨木占的界凡城，很快也将大祸临头。

就在努尔哈赤还没缓过劲来去进攻界凡城时，完颜部的孙扎秦光衮派使者来到赫图阿拉城，要求努尔哈赤带兵替他去攻打他的仇家翁鄂洛城城主。

当时，因连续打了几场恶仗，努尔哈赤的部众中很多人不愿为别人卖命。但努尔哈赤认为，完颜部长期以完颜阿骨打的嫡亲后裔自居，自觉身份高贵，从不与其他女真人来往。既然他瞧得起自己，那就帮他一回，并且在建州有实力的城主、寨主中，自己只是个后起之秀。随着自身实力的增强和地盘的扩张，必然会侵犯他人的利益，稍有不慎，便有可能惹恼哪个有实力的城主、寨主，而以自己目前的家底可能还经不起打击。所以，必须继续高举为父祖报仇的旗号，一方面消除异己，另一方面广交盟友，壮大自己。因此，努尔哈赤决定先帮完颜部攻打翁鄂洛城。

翁鄂洛城城主丘比林得知努尔哈赤的人马将至，忙整顿军马准备迎战。当努尔哈赤兵临城下时，城上早已严阵以待。

努尔哈赤与柘祐天、额亦都和安费扬古等人商议对策，众人一致认为，开弓没有回头箭，只能以死相拼。

于是，努尔哈赤一挥大刀，喊道："杀！"弓箭手一起朝城里射火球，不一会儿，城楼与城内住房便成了一片火海。努尔哈赤借助浓烟掩护，率先登上城墙，居高临下，搭弓猛射，掩护自己的部众进城。

翁鄂洛城中的两员大将洛科和鄂尔果尼都是百步穿杨的神箭手。丘比林把努尔哈赤的相貌告诉他们后，他们就一明一暗专门对着努尔哈赤放箭。努尔哈赤刚躲过洛科明处的一箭，没想到鄂尔果尼又从暗处“嗖”地射出一箭，正中努尔哈赤左胸，箭镞穿透甲胄，伤肉一指多深，鲜血顺着箭杆汩汩地流了出来。努尔哈赤强忍剧痛，拔出箭来，猛然看见城墙下有个人正奔向烟筒想躲在其后，便立即将拔出的箭射去，那人倒落在地。

这时，努尔哈赤胸前血流不止，但他无暇顾及，仍不停地弯弓射箭。关键时刻，洛科又乘火烟弥漫不清之际发来一箭，正中努尔哈赤的脖颈。所幸努尔哈赤颈下因有锁子镶嵌的围领挡了一下才未伤及性命，但镞头如钩，拔出时竟带出两片肉来。众士兵见努尔哈赤伤势如此严重，都抢着登上房顶想扶他下来，努尔哈赤见状，忙叫道：“你们不要靠近我，以免被敌人发觉，我自己能下去。”

努尔哈赤的脖颈血流如注，他用手捂着箭眼拄着弓下了房，还未站稳便昏倒在地。

打仗负伤本是常有的事，但这次由于伤势过重，努尔哈赤被送回家后竟昏迷了三天三夜，直到第四天才苏醒过来。佟佳氏心急如焚，衣不解带地服侍丈夫。一个月后，努尔哈赤的伤势差不多痊愈了，又率部再次攻打翁鄂洛城。

翁鄂洛城中的人已领教过努尔哈赤的厉害，这次紧闭城门，不再出战。努尔哈赤采纳额亦都的建议，派额亦都带一支人马绕到城后包抄，自己从正面攻打，实行前后夹击。士兵们在震天动地的战鼓声中奋勇争先，猛攻前门。城中守兵都赶来正面阻击，后城空虚。额亦都乘机从后城杀入，放起一把大火。前面的守城将士听说敌军从后城攻入，顿时吓得不知所措，很快便溃逃了。翁鄂洛城很快告破，神箭手鄂尔果尼和洛科双双被俘。

战斗结束后，众将纷纷要求处死他们以解心头之恨，有性急的士兵拿起大刀就要砍下去，努尔哈赤连忙阻止。他微笑着对众人说：“两军交战，大家都想取胜，各为其主罢了，这样的勇士杀了岂不可惜？我不但不杀他们，还要重用他们。”说完，他亲手替他们解开绳索，并封他们为牛录额真（建州官名，后定三百人为一牛录）。众人都为努尔哈赤不凡的气度所感动，鄂尔果尼和洛科更是感激涕零，从此死心塌地跟着努尔哈赤南征北战。

5. 统一之路

经过翁鄂洛城的一场恶战之后，努尔哈赤打算好好休息一下，多陪陪家人，没想到佟佳氏却在不久之后亡故了。

自从生下小儿子代善后，佟佳氏的身体每况愈下。到了赫图阿拉城后，她一直过着提心吊胆的日子，既要保护年幼的子女，又要照顾从战场负伤归来的丈夫。努尔哈赤负重伤后大难不死，但这个全身心爱着努尔哈赤的女人的身体却垮了。因此，就在努尔哈赤打下翁鄂洛城还没来得及庆贺的时候，佟佳氏便撒手人寰。

妻子亡故后，努尔哈赤还没有从悲伤的情绪中恢复过来，战事又起。

万历十二年（1584 年）九月，董鄂部发生内乱。董鄂（意为狐狸）是建州女真的五部之一，位置在董鄂河流域，西邻苏克素浒河部，南接鸭绿江部，北抵辉发部。如果说之前努尔哈赤攻打各部的城、寨是为了复仇，那么，攻打董鄂部则毫无借口可言，只因董鄂部发生内乱，努尔哈赤认为这是天赐良机，于是召集手下的勇士们共商征服董鄂部的计划。

努尔哈赤手下的几员猛将如额亦都、安费扬古、柘祜天等都赞成马上攻打董鄂部，只有舒尔哈齐担心士兵连续作战过于疲累，建议等等再打。

努尔哈赤说：“现在秋高气爽，人壮马肥，加上董鄂部内乱未平，如果现在不去讨伐它，等它内部统一之后，必然会来讨伐我们，到那时不是晚了吗？”

栢祜天也说：“还是现在打比较好，我们可以先打最乱的齐吉达城。”

于是，努尔哈赤就以额亦都为主将，命他率一千精兵，携带蟒血毒箭，奔向齐吉达城。

齐吉达城是董鄂部首领的驻地，位于本溪北甸子以南的一块开阔地带，前后左右都平整得像块毯子，一条大河在城外流淌。不过，攻打一部之主自然要比攻打城主、寨主难多了。董鄂部有九座城池和山寨，拥有近五万部民的阿玛老阿海在做董鄂部首领时，为齐吉达城的百姓做了不少好事。他自己舍不得吃，舍不得穿，少收租税，更少收马、牛、羊的牲口税，深得部民的拥戴。

老阿海的大福晋郎拉氏为人贤惠，常常周济穷困百姓。她生了两儿一女，长子叫阿海英夫，次子叫阿海巴颜，女儿叫安塞儿。阿海英夫与老阿海长得一模一样，为人处世也像他父亲那样忠厚和善。他的胞弟阿海巴颜虽然长相英俊，却刁钻顽劣，刻薄跋扈，十四岁时就与府中的丫头女佣乱搞。他们家中二十多个女阿哈，凡有些姿色的都被他强占了。老阿海的女儿安塞儿既聪明又美丽，对大哥阿海英夫比较敬重，不喜欢二哥阿海巴颜。她嫁给了本部一个叫阿贺夫的头人为妻。

后来，郎拉氏年老色衰，老阿海又娶了两个小妾，这两个小妾都长得如花似玉，在齐吉达城里，她们的美貌数一数二。然而老夫少妻问题多，也留下了祸根。

老阿海给两儿一女都办完了婚事。阿海巴颜的福晋叫噶玲儿，性格文静，生活简朴，对阿海巴颜的浪荡和奢靡行为十分反感，夫妻俩经常发生争吵。阿海巴颜也没有把噶玲儿放在眼里，在他成亲之前，两个后妈都与他勾搭成奸。

老阿海去世后，按照女真人的世袭制传统，长子阿海英夫承袭部落首领，当了齐吉达城的城主。

在为父亲办丧事期间，阿海英夫忙得不可开交，阿海巴颜却很快活，整日钻进府中内房与两个小妈鬼混。一天，阿海巴颜正搂住他的小妈亲嘴，被阿海英夫看到了，阿海英夫当即痛斥了他一顿。事后，阿海巴颜越想心里越不服气："我搂着她亲嘴，关你何事！你当城主，还管得着我和谁亲嘴不成？她既不是你夫人，更不是你的亲娘。"

阿海巴颜正在发牢骚，他的另一个小妈过来了。说起刚才的事，她对阿海巴颜说："为什么继承城主的是他而不是你呢？"这话激起了他们的共鸣，三人你一言我一语，一齐声讨阿海英夫，最后决定除掉阿海英夫。

一天下午，有三位部民的女儿和一位部民的福晋被阿海巴颜关起来玩了几天都不放人，这几个部民要求阿海英夫秉公处理。阿海英夫十分气愤，便找到阿海巴颜要他放人。

阿海巴颜说："你凭什么找我要人，她们是你夫人还是你亲娘？"

阿海英夫说："我是一城之主，我要为部民做主！"

阿海巴颜讥笑道："你凭什么当城主，你又不比我多长块肉，不就是因为你比我早生两年吗？"

阿海英夫生气地说："我是长子，就应该我做城主，这是定规。以前你胡闹，我看在死去的阿玛面上，事事让着你。以后你若继续为非作歹，就治你的罪！"

阿海巴颜听了怒火中烧，趁阿海英夫不备，拔出短剑，刺向他的胸膛，把他刺死了。事后，两个小妈跟阿海巴颜一起撒谎，说："阿海英夫在调戏小妈时被用人看见，自觉不能见人而上吊自杀。"

不久，阿海巴颜继承兄长的职位，做了董鄂部的首领和齐吉达城城主。齐吉达城的百姓敢怒而不敢言，唯有安塞儿跑到府里哭了一场，将阿海巴颜和那两个坏女人痛骂了一顿。这件人命冤案就这么平息了。

阿海巴颜当上城主没几天，额亦都的一千人马就兵临城下了。

正在城中快活的阿海巴颜听到消息，顿时吓得六神无主，赶紧派人将城中的几个头人喊来，说："一定要把城守住，不然，我就砍掉你们的脑袋！"其中有个叫哈麦龙的头人，能骑善射，有点真功夫。他站起来说："把教场里的四千士兵，全带到城上去，分四段把守，每段千人，并派一人负责。再多运些檑石、滚木，加强警戒，昼夜轮班守城。看他们怎么打进来！”阿海巴颜听了哈麦龙的话，马上来了精神。他任命哈麦龙为守城总指挥，全城人都听从他的调遣。

齐吉达城三面临水，一面临山，无论从哪面打都不容易。额亦都领兵到达后，一时也不知该从何下手。他知道柘祜天是个智多星，便与其一起谋划。

他们围城转了一圈，发现临山的一面，滚滚向东流去的董鄂河，地势比城堡略高。齐吉达城宛如一个婴儿的摇篮，躺在董鄂河的怀抱里。正当他们俯瞰齐吉达城时，突然乌云密布，一阵风吹过，下起了大雨。柘祜天一拍脑袋，顿时有了主意。他兴奋地说：“这场雨来得及时啊，我们正好可以利用它攻城。”

额亦都听柘祜天说雨来得及时，知道他一定有了好主意，忙问道：“快说，你想到什么好主意了？”

柘祜天说：“这秋雨一般要下好几天，如果我们把董鄂河上游的几处峡口填坝堵住，等蓄满水后再决坝放水，齐吉达城里将变成一片汪洋。”

额亦都听了连声称妙，当晚便派百人到董鄂河上游堵塞河口，又派百余人到附近林子里砍树做筏子。

这场雨果然下了三天四夜，齐吉达城内外到处沟满河平。阿海巴颜却自鸣得意地说：“老天助我，这场雨早把努尔哈赤淋成落汤鸡了，还想打我的齐吉达城？过几天，我把其他几个城寨的人联合起来，再好好收拾他。”

阿海巴颜正想着，忽然听到屋外如有万马奔腾。他急忙走出屋外，一看不由得大叫一声：“了不得了，大水冲来了！”大水骤然而至，呼啸着往城墙上冲，不一会儿，一大片城墙便坍塌了。

额亦都等人乘着木筏，冲入城里。等河水冲过后，他让柘祜天、鄂尔果尼带一队善射的士兵从齐吉达城后面攻入，避开守城士兵，直取阿海巴颜。他自己则率领精悍士兵，从正面攻城。额亦都首先蹿上城去，一阵砍杀，守城兵士仓促应战。敌箭如飞蝗般射来，额亦都来不及跳下城去，就两腿叉开站在跨堞（垛口）上继续战斗。几支利箭飞来，不仅射穿了他的大腿，箭镞还射进了城墙，一下子把他钉在了城墙上，动弹不得。额亦都用刀砍去箭矢，带着箭杆继续追杀敌人。不久，城里起火，柘祜天、鄂尔果尼将阿海巴颜射杀，带着人马从城内杀来。守城士兵见腹背受敌，不敢恋战，四散溃逃。

由于阿海巴颜的妹夫阿贺夫秉性耿直，为人正派，战斗结束后，额亦都马上贴出安民告示，向全城百姓宣布由阿贺夫担任齐吉达城城主，并立即诛杀阿海巴颜的两个小妈，为阿海英夫伸张正义。

一切安排好后，额亦都胜利班师。努尔哈赤带领众将士敲锣打鼓，亲自到赫图阿拉城的郊外迎接他们。在犒赏将士的同时，努尔哈赤另杀两头牛赐宴，把从齐吉达城缴获的栗色名马，配上鞍辔赏给额亦都，赐“巴图鲁”（意为勇士）称号。

事后，努尔哈赤觉得这些赏赐对真正的巴图鲁来说远远不够，于是，他又把自己的一个小堂妹嫁给额亦都为妻，这样额亦都就成了努尔哈赤的堂妹夫。当然，额亦都也事事想着努尔哈赤，给努尔哈赤掳来了两个齐吉达城的美人——钮祜禄氏和兆佳氏。

万历十三年（1585 年）二月，努尔哈赤的伤势完全好了。他让额亦都在家休养疗伤，享受新婚的快乐，自己则率领披甲之士二十五人、士兵五十人，去攻打哲陈部的一个小山寨界凡。

界凡寨提前得到消息并做好了迎战准备，努尔哈赤带的人少，只好回兵。不料他们没走多远，界凡寨寨主联合其他几个寨子一起率四百人追杀过来。

界凡的两个寨主讷申和巴穆尼冲在最前面。讷申本是苏克素浒河部的马尔墩寨人，和萨木占共同担任马尔墩寨的首领。在努尔哈赤上次攻打马尔墩时，他曾被努尔哈赤一箭射穿耳朵，城破后他逃了出来，投奔哲陈部，在界凡寨当了寨主。

这次仇人相见，分外眼红。讷申见到努尔哈赤，不由得想起“穿耳”之辱，气急败坏地挥刀朝努尔哈赤冲去。努尔哈赤挥出马鞭朝他抽了过去，不料被讷申一刀砍断。趁两匹马首尾相交之际，努尔哈赤立刻拔出腰刀砍过去，一刀便将讷申从肩背处砍为两段。这时，巴穆尼远远冲了过来。努尔哈赤回身一箭射去，巴穆尼应声而倒，死于马下。后面的追兵见首领死了，连忙抢回首领的尸体，躲进城去。

两个月后，努尔哈赤再次率领两千部众去攻打哲陈部。时值洪水泛滥，道路不通，努尔哈赤只得令大部分士兵撤退，只留绵甲五十人、铁甲三十人继续前进。但努尔哈赤前来的消息已经被界凡、浑河部的章嘉、托木河等五个城寨知晓，他们集中八百多人渡过浑河，严阵以待，准备将努尔哈赤等人一举歼灭。

努尔哈赤的部属见敌人人多势众，不由得惊慌起来，尤其是努尔哈赤的两个堂弟，二话不说就忙着脱掉盔甲打算轻装逃跑。努尔哈赤见他们如此胆怯，非常生气，怒斥道：“你们平素在家自称英雄好汉，现在一见到敌兵，怎么马上就解下盔甲呢?”两人听了很惭愧，低下头不敢吭声。

努尔哈赤将士兵手中的军旗拿来，大声说道：“如今敌人就在眼前，谁敢与我一同迎敌?”众人皆面带惧色，不敢应答，只有努尔哈赤的弟弟穆尔哈齐和两个侍卫愿意一战。

大敌当前，努尔哈赤也顾不上生气了，带领穆尔哈齐和两个侍卫，奋勇射杀，击毙了二十多个敌人。他们乘势冲入敌阵又是一阵疯狂砍杀，杀死很多人。经过一阵厮杀，努尔哈赤累得汗流浃背，直接坐在地上，后面的部众此时才赶了过来。

五寨联军虽然人多，但都是各自为阵，没有统一的部署和指挥。他们见一下子被杀死这么多人，后面又有努尔哈赤的士兵来援，顿时阵脚大乱，纷纷掉头逃跑。

努尔哈赤卸下甲胄休息片刻后，整顿人马，继续渡河向对岸杀去，再次杀敌四十多名。接着，他们追杀到一座山口处，远远看到一股由十多人组成的敌军奔上前来。努尔哈赤取下盔缨隐身待敌，等敌人逼近时，他倾力射出一箭，敌首应声而倒。穆尔哈齐也射出一箭，又射死一人。剩余的敌人一片慌乱，好几人吓得跳崖而死。

大败五寨联军后，万历十四年（1586 年）七月，努尔哈赤决定攻打浑河部的鹅尔浑城，捉拿仇人尼堪外兰。

鹅尔浑城坐落在浑河畔，临近抚顺。努尔哈赤攻陷城池后，尼堪外兰由于不在城内而没有被逮住。努尔哈赤登城遥望，见城外逃跑的四十多人中，为首一人头戴毡帽，身穿青绵甲，好像是尼堪外兰。他禁不住眼冒怒火，顾不得叫上侍卫，便单骑直入身陷重围，结果被乱箭射中，受创三十多处。但他仍然奋力战斗，射死八人，斩杀一人。等其他敌人溃散后，他才返回鹅尔浑城。

尼堪外兰再次逃到明军处躲避追杀，努尔哈赤得知尼堪外兰被明军保护起来的消息后，理智被复仇的怒火烧得无影无踪，便杀死城内的十九名汉人。对于捉住的六名中箭伤的汉人，他把箭镞重新插入他们的伤口，让他们带着箭镞去向明朝边吏传信，索要尼堪外兰。

明廷见努尔哈赤的势力日渐强大，留着尼堪外兰已经成了累赘，便决定舍弃他。于是，努尔哈赤便派斋萨率领四十人前去索取尼堪外兰。尼堪外兰想登台逃跑，但为时已晚，被赶上来的斋萨斩杀，其首级随后被献给了努尔哈赤。

努尔哈赤在营中设了祖父觉昌安和父亲塔克世的灵位，供上尼堪外兰的人头，哭拜祭奠。邻近城池听说努尔哈赤杀了尼堪外兰，都纷纷归降，旧时建州属下的部落也都上表称臣。

从攻打尼堪外兰开始，努尔哈赤开启了统一建州女真的步伐。尼堪外兰的死，标志着努尔哈赤统一建州女真的战争已经取得了决定性的胜利。

随着努尔哈赤势力的逐步扩大，他的家庭又增加了新的成员，兆佳氏生下了阿拜，钮祜禄氏生下了汤古代。同时，努尔哈赤又纳苏克素浒河部的伊尔根觉罗氏为庶福晋、富察氏衮代为侧福晋。

这其中，衮代与努尔哈赤的关系比较复杂。衮代姓萨济富察，是努尔哈赤的外祖父王杲的同父异母的妹妹，所以，衮代的第一个身份是努尔哈赤的姑奶奶。努尔哈赤的大伯礼敦之女嫁给王杲的儿子阿台为妻，因此衮代又是努尔哈赤堂姐夫的姑妈（衮代降级了，努尔哈赤也可随堂姐夫叫她姑妈）。衮代后来又嫁给了努尔哈赤三伯祖索长阿的孙子戚准，并生有一子昂阿拉，这时的衮代就成了努尔哈赤的堂嫂子。

这种辈分混乱的婚姻关系，女真人似乎不太在意，只要愿意和需要，娶什么人并不重要。那么，努尔哈赤娶衮代是出于什么需要呢？自然是政治需要。在努尔哈赤现有的福晋中，衮代算是本家族承袭下来的，对于密切家族关系，维护爱新觉罗氏的势力和权威有很大作用。

努尔哈赤每吞并一个城寨，帐中便多一个新福晋；每攻下一个部族，脸上便多了几许春情……在此期间，女真人相互征伐的血腥依然充斥在白山黑水之间。

万历十五年（1587 年）六月，努尔哈赤率大军攻打哲陈部，破其城，俘获城主阿尔泰并斩之。自此，哲陈部宣告灭亡。

万历十六年（1588 年）九月，努尔哈赤出征完颜部，斩杀城主墨尔根，完颜部覆灭。

就这样，努尔哈赤从万历十一年（1583 年）起兵征讨尼堪外兰开始，用了五年时间，统一了建州五部。

6. 兴建新城

努尔哈赤起兵五年便一统建州，人们心里可能会有一个疑问：努尔哈赤这么快就称霸一方，曾经追杀他的辽东总兵李成梁干什么去了？

此时，李成梁的后台已倒。张居正死后不久，便遭到万历皇帝的反攻清算，李成梁也遭到朝廷大臣的弹劾，朝中党派纷争十分严重。值此多事之秋，李成梁对努尔哈赤采取了纵容态度，因为越乱朝廷才越需要他。

这样一来，努尔哈赤在统一建州女真的过程中，地盘越来越大，敌书越来越多，福晋也越来越美……不过，他总感觉少了点什么，他想来想去，终于明白过来，虽然自己攻下了许多城池，但却没有一个能够象征自己伟大功绩的城池。

万历十五年（1587 年），努尔哈赤在攻打哲陈部得胜返回赫图阿拉的途中，走到呼兰哈达南冈时，发现这里地势雄险，于是打定主意，不回建州赫图阿拉那个伤心地去了。

一个人的身份与其所处的环境应当相符合。曾经的努尔哈赤可以住茅草屋，但现在他既有钱又有权，如果没有象征地位的城池、殿堂，就有些说不过去了。因此，努尔哈赤下令兴建费阿拉城。

他在费阿拉城修建了守望台，东、西、南三面为崖壁，只有西北一面向外开展。城墙以石块夹土木筑成。外城高三米多，内外都涂上了黏泥，设有雉堞、射台、隔台、壕子。外城的门用木板制成，没有门锁，关门后用木一横，便算锁门了。上面设有敌楼，用茅草盖着。内城与外城基本相同但无门楼，上下城楼要用梯子。

内城供近亲族居住，外城供诸将及族党居住。城中有泉井四五处，但源流不长，人们要挑着担子上山伐冰取水，朝夕不绝。

万历十六年（1588 年），对于刚到而立之年的努尔哈赤来说，算得上是个丰收的大好年份。到目前为止，他已经用武力控制了建州五部的绝大部分地区，又娶了两个福晋，一个是哈达部首领王台的孙女那拉氏阿敏，一个是叶赫部杨吉砮的女儿孟古。但最让他高兴的是连得了几员勇士。

前面的数次大战，似乎没完颜部什么事。实际上，努尔哈赤帮完颜部打下翁鄂洛城后，就把完颜部降服了。苏完部酋长索尔果主动带着儿子费英东[①]率众来归。

费英东姓瓜尔佳氏，不但武艺高强，而且很有才学，可谓文武全才。他原本家境殷实，但与努尔哈赤一样，不堪继母冷眼，分家单过，有十多晌土地和十多匹牲口，还有七名家奴，谈不上大富大贵，但也是衣食无忧。费英东颇有水泊梁山卢俊义的遗风，家有财产，乐善好施，但他的乐善好施是有目标的，专门针对那些有点本事但身陷困境的英雄好汉。也正因为这样，他很快就把祖上传下来的家产花光了。

尽管如此，他仍不放弃自己的“非分之想”，不愿意安分守己地过日子。他的人生信条是：不为人杰，即为鬼雄！他希望像杨吉砮、清佳砮、满泰等人那样生活，但这谈何容易。他曾经选择经商，但受尽歧视和盘剥，最终挣不了几个钱。最后一次贩盐时，他路过叶赫，被布寨截住了，侥幸保住性命，但却血本无归。最近十年来，熟读《水浒传》的费英东，广泛结交，期盼终有一天能够碰上个晁盖、宋江式的人物，然后一起大干一场，青史留名，封妻荫子。

努尔哈赤很赏识费英东，后来还把自己的大孙女嫁给了他。费英东勇猛善战，打起仗来身先士卒，所向披靡。他特别擅长打硬仗、恶仗，对努尔哈赤非常忠贞，而且为人正直，敢说敢当。史书描述费英东，“自少从太祖征讨诸国，三十余年，身先士卒，冲突坚阵，当其锋者无不披靡，性忠直，遇事敢言，毅然不挠”，成为努尔哈赤不可或缺的臂膀人物。

---

① 瓜尔佳·费英东（1562—1620）：清初开国五大臣之一，满洲镶黄旗人。苏完部首领索尔果之子，以骁勇善战著称。万历十六年（1588 年），随父率部归顺努尔哈赤，授一等大臣。天命元年（1616 年），与额亦都、扈尔汉、安费扬古、何和礼同为理政五大臣。后跟随努尔哈赤攻取明抚顺，被誉为“万人敌”。费英东跟随努尔哈赤三十多年，身先士卒，冲锋陷阵，屡立战功，授一等总兵官世职。天命五年（1620 年）逝世，终年五十七岁。后追封直义公，配享太庙。

第二个来投的是董鄂部的何和礼①，是董鄂部首领克彻巴颜之孙。万历十四年（1586年），年仅二十六岁的何和礼代替他的哥哥当上了董鄂部的一把手。

不过，与其说何和礼是主动来投，不如说是努尔哈赤用尽手段将何和礼拉过来更确切一些。

当时，努尔哈赤与董鄂部之间虽有争战，但董鄂部共有八个城寨，并没有被完全征服。努尔哈赤知道董鄂部素来强大，也知道何和礼所部兵马精壮，雄霸一方，因而一心想把何和礼招纳过来。于是，努尔哈赤特地将何和礼请到赫图阿拉城来，又是设宴盛情款待，又是送礼。但何和礼家族数代为部长，比努尔哈赤富有得多，对这些拉拢的手段均不为所动，努尔哈赤只得拿出最后一招——政治联姻。可怜了他的长女东果，才十一岁就被许为人妻。

更糟糕的是，何和礼本有妻室，他的妻子长于骑射，听说丈夫在外娶了别的女人，十分愤怒，于是率领董鄂部的部分人马杀向赫图阿拉城，要与何和礼决战。何和礼听说妻子前来，忙率人马出迎，并向妻子说明缘由。但他的妻子根本不听解释，执意要兵戎相见。后经努尔哈赤出面劝谕，何和礼的妻子才罢兵，并将她的人马交由努尔哈赤调遣。

这以后，努尔哈赤对何和礼十分器重，处理军政大事首先与何和礼密议，然后再付诸实施。何和礼办事认真，深谋远虑，很少有失误之处。因此，努尔哈赤总是嘱其不离左右，以议军机。

不久，又有一名小将来投努尔哈赤，他就是扈尔汉②。扈尔汉姓佟

---

① 董鄂·何和礼（1561—1624）：清初开国五大臣之一，满洲正红旗人。原为栋鄂部首领，后归附努尔哈赤，随其统一女真各部，并娶其女为妻，被尊称为栋鄂额驸。曾参与萨尔浒之战、沈阳辽阳之战，官至三等总兵官。天命九年（1624年）病逝，后追封为勇勤公，谥号温顺。

② 佟佳·扈尔汉（1576—1623）：清初开国五大臣之一，满洲正白旗人。世居雅尔古寨，从父归顺建州，被努尔哈赤收为养子，赐号觉罗氏。每战必为前锋，从灭乌拉，多有战功。后金开国后，执掌镶白旗，赐号达尔汉。天命四年（1619年）参加萨尔浒之战，败明军抚顺、开原二路；旋又设伏，与诸贝勒尽歼明将刘綎所部四万余人。天命五年（1620年），在沈阳击败明总兵贺世贤，历加世职至一等总兵官。天命八年（1623年）逝世，终年四十八岁。

佳，是雅尔古部首领扈喇虎之子，善使一把长枪，而且特别有力气。之所以称他为小将，只是说他年纪小，才十几岁，实际上他的身材长相是个铁塔般的黑大汉，性格粗暴，讲义气，爱打抱不平，尤其喜欢与当官的、有钱的人对着干，但从不祸害一般部民。因此，他曾有“三进宫”的经历，三次被关进广宁城的大狱。

扈尔汉只能算个贫农，勉强维持温饱，但他特别好交际，对待朋友比对家人还热心，整日里客来人往，以致他的夫人经常抱怨。但扈尔汉却乐此不疲，以朋友多为荣。

努尔哈赤很喜欢他，收他为养子，而扈尔汉也感戴努尔哈赤“上抚之恩，誓以戎行效死，每出战辄以前锋”。

万历十六年（1588 年）十月，努尔哈赤制订了一系列政策，禁止谋乱，捉拿盗贼，建立法制。同时，他开始整编部众，建立了一支纪律严明的军队。

在费阿拉城，昏晓只击三通鼓，别无巡更之事。努尔哈赤还制定了初具规模的礼仪。比如，在城门设乐队，他出入栅城时，须吹打奏乐，以示威严。

自起兵以来，努尔哈赤既向明朝称臣，互市通好，又暗自发展自己的势力，即“以韬光养晦示朝廷，以衔枚疾走创业绩”，这是努尔哈赤极为高明的对外策略。他年年派人朝贡，隔三岔五地给明朝边官送礼。因此，明朝边官对他颇有好感，很信赖他，明廷对他“恭顺”的态度也很满意。万历十七年（1589 年）九月，明廷敕封他为建州卫都督佥事，掌管整个建州左卫印。此时努尔哈赤已有敕书五百道，有了这些珍贵的贸易许可证，他开始大胆地与明边的四处关口进行互市贸易，贸易的物品越来越丰富，规模也越来越大。

很快，努尔哈赤便在费阿拉城自立为王，人称“罕王”，并建立了王权，费阿拉城也由此成为当时女真政治、经济和军事的中心。

第三章　大破九部霸海西

1. 联姻叶赫

成为“罕王”后，努尔哈赤表面上依然对大明朝廷非常“忠顺”，并于万历十八年（1590 年）四月进京朝贡。这是他第一次以建州女真的名义亲自前去朝贡，明廷给了他非常丰厚的赏赐，他也毫不客气地照单全收。

此时的明廷仍然把努尔哈赤对其他部落的征伐看作疥癣之疾，以为他所做的一切不过是“属夷首鼠常态”。没想到，经过一段时间的养精蓄锐，努尔哈赤于万历十九年（1591 年）正月派大将安费扬古领铁锤军两千五百人马为先锋，自己则与众将领率五千主力军，首先发起了对长白山三部的讨伐之战。他用了五年时间，一一拿下了长白山的鸭绿江部、珠舍里部和讷殷部。至此，四分五裂的建州各部已被努尔哈赤完全统一，努尔哈赤成了建州女真真正的霸主，拥有了广阔的疆域。这一年，他三十七岁。

也就在这一年，六十六岁的李成梁上书朝廷，辞去辽东总兵的职务，回家养老去了。

李成梁的离任，对努尔哈赤来说是个好消息。没有了这个后顾之忧，他可以放开手脚大干一场，去实现自己更加远大的目标与理想了。

现在的女真地界，还剩下松花江流域的海西女真四部，即叶赫部、哈达部、辉发部、乌拉部；乌苏里江流域的野人女真三部，即渥集部、瓦尔喀部、库尔喀部。

女真各部都在为自己谋划，采取联姻或者纳质的方式与其他部落结盟，弱者为了自保，强者则为了侵吞。努尔哈赤打下长白山三部后，其疆土与海西女真接壤，女真地界的形势变得十分复杂。

此时的明廷虽然已是强弩之末，但仍不愿意放松对东北地区的控制，于是对女真各部和蒙古继续采取分化瓦解，扶植一方打击另一方的策略。在具体实施时，明廷主要扶植叶赫部，借其力量打击其他强势部族。随着努尔哈赤势力的壮大，他与叶赫部的矛盾也进一步激化，两强相争已不可避免。

努尔哈赤与海西女真叶赫部的纠葛由来已久。

叶赫部是海西四部中最强势、最富有的一个部落，与其他几部一起生活在辽东开原以北至松花江大曲折处。叶赫的先世是土默特氏，本是蒙古族，后来灭掉扈伦那拉部，改姓那拉氏。

十几年前，当努尔哈赤的外祖父王杲带着四十多人去抚顺马市交易的时候，叶赫部就已经有近千人的贸易规模了。在那里，努尔哈赤认识了叶赫部贝勒杨吉砮。努尔哈赤起兵后，曾到叶赫部东城寻求结盟。杨吉砮见已经成年的努尔哈赤相貌英武，神态不凡，觉得他不简单，以后必将成为建功立业的英雄豪杰。经过一番交谈，努尔哈赤把杨吉砮说得心花怒放。聊天快要结束时，杨吉砮对努尔哈赤说："我有一个幼女，可给你做妻子，等她长大后就与你缔结姻缘。"

努尔哈赤听了自然心花怒放，但他却等不及几年后再娶，于是就问："你不是还有一个大女儿吗？既然要缔结姻缘，为何不将长女许配给我呢？"

杨吉砮看着眼前这个猴急的小伙子，不由得笑了。他说："我不是为了拖延时间才不嫁大女儿的，只怕她未必合你之意。我的小女儿仪态端庄，举止不凡，这才与你相配啊，你就多等几年吧。"

就这样，努尔哈赤预约了一位福晋。

万历十二年（1584 年），杨吉砮和他的兄弟清佳砮因触怒明廷，被巡抚李松、辽东总兵李成梁设“市圈计”诱杀，他们的儿子纳林布禄和布寨分别继为贝勒。

万历十六年（1588 年），努尔哈赤建立费阿拉城后，哈达部王台之子扈尔干贝勒忙把自己的女儿阿敏嫁过去。叶赫部的纳林布禄知道后，心想自己的妹妹早有婚约在先，如今尚未出嫁，倒让扈尔干抢占先机，况且去年叶赫部又被李成梁无端剿杀一通，实力大减，已经不再等妹妹长大了。于是，他在同年十月亲自护送年仅十三岁的妹妹叶赫那拉氏孟古到费阿拉城与努尔哈赤成婚。从此，努尔哈赤生命中有了最委婉、宁静的一个女子——孟古。

成婚当天，孟古用她那双明亮皎洁的大眼睛，看着眼前这个面貌英俊、身材魁梧、双眼散发着浓浓杀气的男人，脸上露出甜甜的笑意，充满了纯真的无惧。努尔哈赤内心为之一振，对这个小女孩的胆量十分欣赏，从此陷入她为他设下的情网之中，无法自拔。

此后，努尔哈赤对孟古宠爱有加。《清实录》上说她“面如满月，风姿妍丽，器量宽宏，端重恭俭，聪颖柔顺。见迎逢而心不喜，闻恶言而色不变，口无恶言，耳无妄听，不悦委屈谗佞辈，吻合太祖心，始终如一，毫无过失”。这样一位女子，不仅容貌美丽，气质脱俗，而且性格很好，又出身名门，从各方面看都无可挑剔，受到努尔哈赤的百般宠爱也就不足为奇了。可以说，这段英雄配美人的传奇爱情还是相当美好的，但他们之间美好爱情的存在，并不意味着努尔哈赤与叶赫部之间也有如此美好的情感。

接下来发生的一件事，彻底打乱了努尔哈赤原本幸福甜蜜的生活。

叶赫部的纳林布禄虽然其貌不扬，但胸有韬略，很想干点大事留名青史。万历二十一年（1593 年）六月，他派部下宜尔阿当、阿拜斯汉为使者去见努尔哈赤。

宜尔阿当和阿拜斯汉来到费阿拉城，见城里一片兴盛的景象，连接东、北、南三门的一条“丁”字大街，两侧店铺林立，商号旗幡飘扬，热闹非凡，心中嫉恨得不行。

努尔哈赤郑重地在费阿拉城堡的议事厅接待来使。进入厅堂后，宜尔阿当递上书函。努尔哈赤展开来书，只见书中说：“乌拉、哈达、叶赫、辉发四部与你们建州言语相通，彼此相邻，就该合五为一，怎能有五个首领，分而治之呢？现在，你部的疆土很多，我部的土地不足，你可以将额尔敏、扎库木两个地方选择一处给我。这样对你们并无大的损害，又增强了我们之间的情谊。”

宜尔阿当和阿拜斯汉放肆地站立堂下，不时偷偷瞟视努尔哈赤。只见努尔哈赤端坐堂上，躯干壮健，鼻直而大，面铁而长，脑后留发，分结两条辫子垂下，腰系金丝带，佩帨巾、刀子、砺石、獐角，脚穿鹿皮靰鞡靴，威仪十足。

努尔哈赤阅后毫无表情，连眼皮都没有抬，训斥他们道：“我是建州，你们是扈伦，你们国土即使再大，我也不能得到什么。我的部落虽然土地广阔，又岂能分给你们？况且土地并非牛马牲畜，怎么能割裂下来分给别人呢？我不屑多看一眼你们主子的国土，你们主子也不必打我的主意。”

阿拜斯汉定了定神，恢复了大大咧咧的神态，傲慢地说：“此前我主子念你是同宗姻亲，允许你割土称臣，是对你的恩典。你敬酒不吃吃罚酒，构怨结仇，莫怪我主子六亲不认！”

努尔哈赤闻言大怒道：“你们都是为政之臣，不好好劝谏你们的主子，却厚着脸皮来传这种话，岂不是为虎作伥吗？”

“我们只知忠于主子，主子的话不敢不从！”

努尔哈赤哼了一声，厉声说：“整个建州都是我们不畏刀林箭雨，拼着性命打下的，再打几场也没什么可怕的。”说完便下了逐客令。

纳林布禄听了汇报后，便去找西城的兄长布寨合谋对付努尔哈赤。

纳林布禄的东城与布寨所居的西城相距不过数里，他一进布寨家中，开口便说：“那老罕子居然不好说话，好像没把我们放在眼里。”

布寨一时也没有什么好主意，便听从纳林布禄的建议，联合哈达、辉发两部的贝勒，打算一起吓吓努尔哈赤。

不久，纳林布禄派遣使者尼喀里、图尔德，哈达部孟格布禄派遣使者岱穆布，辉发部拜音达理派遣使者阿拉敏比，到建州交涉。

努尔哈赤与军师柘祐天商议一番，认为与哈达、辉发部并无过节，最好不要轻易得罪，以免树敌过多，于是设宴款待。三部使者见状，以为努尔哈赤怕了，便扬扬得意，跋扈张狂。

席间，纳林布禄的使者图尔德借着酒意对努尔哈赤说："我的主子有话要我转告，但我怕会触怒您而受到责罚，应如何是好？"

努尔哈赤说："你不过是传达你主子的话而已，他的话与你无关。倘若是恶言恶语，我亦会派人以恶言传给你的主子，哪有责备你的道理呢？"

图尔德说："我的主子说，昔日要与你分地，你不肯；想让你们归顺我们叶赫部，你们又坚决不从。如果我们两部结怨成仇，打起仗来，我叶赫的大军能踏上你的土地，你也敢将军队入我之境吗？"

努尔哈赤目光如刀，刺向图尔德说："我绝不会给你们一块土地，你们就不要再有什么非分之想了！"

"这……这……我家主子的心思深不可测，说不定一场血战在所难免！"

一向有"人和"之称的努尔哈赤再也忍不住了，他霍地站起身来，"唰"地抽出雪亮的大刀，"咔嚓"一声，将面前的桌子劈成两半。

接着，他怒斥道："你们的主子兄弟二人，依仗的不过是祖宗留下的基业，可有一寸土地是他们统兵与强敌交战得来的？昔日哈达部孟格布禄与歹商叔侄内乱，就像两个顽童玩嘎拉哈（即羊小腿关节上的一块骨头，满族儿童将其涂色，作为游戏的工具）一样，你们趁乱才得以袭取，难道觉得我建州也会那么轻易让你们占到便宜？我可不是孟格布禄，岂会像他那么容易对付！我若领兵攻打你们叶赫，建州铁骑如入无人之境，你们有谁能够阻挡？昔日我的阿玛被大明误杀，明朝给我敕书三十道，马三十匹，送还尸首，并授予我左都督之职；你主子的阿玛亦为大明所杀，他的尸骸你们可曾收回？放着父兄的大仇不报，却妄想夺取我建州的土地，向女真本族示威发狠，真叫人齿冷心寒！现在你们在这里大言不惭，到底想干什么?”

图尔德羞得满脸通红，一时无法回答。三部使者没等努尔哈赤骂完，就灰溜溜地退出了大厅。

随后，努尔哈赤将所说之话写成书信，派使臣阿林察带信去叶赫回复，并告诫他说：“你到叶赫之后，当着叶赫两位贝勒的面读此信。倘若因为害怕而不敢读，就不用回来见我了。”

阿林察受命来到叶赫。叶赫贝勒布寨预先知道了此事，派人将阿林察迎到家中，要看努尔哈赤所言之书，阿林察便当面读了此书。布寨说：“我已经知道了，何必再让我弟弟看?”阿林察说：“我主子有令在先，让我当着二位贝勒的面读此书。倘若只见到您，我回去恐怕难以复命。”布寨说：“我弟弟曾出言不逊，也难怪你主子生气。但若让我弟弟见到这封书信，恐怕他会因发怒而伤害你。”说完将书信收下，阿林察这才回去复命。

2. 九部联军

战争，是政治斗争不可调和时采取的极端方式。纳林布禄见对努尔哈赤既不能用联姻手段笼络，又不能以政治谈判和讹诈压服，便准备诉诸武力。

纳林布禄十分狡猾，他先放了一把小火对努尔哈赤进行试探。有一天，他纠集讷殷、珠舍里等四部的五百人马，与自己带的一千人马合在一起，乘夜袭击了建州东界叶臣所居住的布察寨。

当天晚上，布察寨寨主阿拉罕为儿子阿太兴办喜事。全寨人都参加了喜宴，人人喝得大醉，寨门守卫松懈。纳林布禄趁机率四部众偷袭成功。纳林布禄一头撞进寨主家里，把阿太兴一刀刺死，见新娘那英氏长得俏丽动人，便命卫士带回去，然后命令士兵放火将寨子烧成灰烬。之后，他又将寨主阿拉罕捆在柱子上活活烧死。

努尔哈赤闻讯，怒不可遏，率五百人急追。

这时，纳林布禄正将掳来的金银装载上车，赶着马牛羊等得意扬扬地往回走。走了几步，他又转过身来，望着冲天的大火，狞笑着说："让努尔哈赤这个'常胡之子'去大发雷霆吧！"

在纳林布禄眼里，出身于都指挥使家庭的努尔哈赤，只不过是个平平常常的女真人，怎能与出身名门的自己比肩为伍！当他们快到哈达部的富尔佳齐寨时，前面有人拦住了去路。纳林布禄定睛一看，眼前这个立马横刀、怒气冲冲的大汉不就是努尔哈赤吗？他不禁有些心慌，但他很快又镇定下来，因为努尔哈赤并没有带多少人马，打起来自己的胜算较大，况且偷袭的目的已经达到，没有必要再纠缠，逃走自然容易。

努尔哈赤虽然人少，但他并没有被四部联军吓倒，而是迅速摆开阵势，亲自带一队骑兵迎了上去，先在气势上压倒对手。四部联军不战而退。努尔哈赤又来了个"以其人之道还治其人之身"，以毗邻的哈达部为突破口进行突袭。他派少数兵马直接杀入富尔佳齐寨，而将大队人马埋伏在中途，欲围点打援。哈达贝勒孟格布禄得报后，忙率大军增援富尔佳齐寨。

努尔哈赤令步骑前行，独身殿后，以诱敌入伏。这时，追兵已至，前一人举刀猛扑，努尔哈赤回身拉弦，射中马腹，敌骑遁去。另三人联骑举刀冲来，安费扬古突然截击，连斩三人。努尔哈赤急发一箭，孟格布禄坐骑中箭倒地，他的仆从把自己的马让给主人，主仆慌乱逃回。

史载："太祖率马兵三人、步兵二十人迎敌，杀敌兵十二人，获甲六副、马十八匹胜利而归。"有些史书将这次战役说得很玄乎，说是努尔哈赤大败四部联军。事实上，四部联军偷袭了一下就撤了，努尔哈赤败的不是四部联军，而是哈达之军。

双方相互之间的偷袭，迅速拉开了古勒山大战的序幕。

万历二十一年（1593 年）九月，以叶赫贝勒布寨、纳林布禄为首，纠集哈达贝勒孟格布禄、乌拉贝勒满泰之弟布占泰①、辉发贝勒拜音达理三部，长白山珠舍里、讷殷二部，蒙古科尔沁、锡伯、卦尔察三部，共九部，结成联盟，合兵三万，分作三路，浩浩荡荡地朝建州苏克素浒河的古勒山杀来。

此时，努尔哈赤正在扩大和整编自己的队伍，现有的兵器、盔甲、马匹、粮草都急需补充，刻不容缓。他先把原先的兵器场扩大十倍，派人迅速打造出一批兵器、盔甲等。马匹、粮草的购买，将士服装的制作，由额图珲负责操办。军队的扩编与训练则由额亦都与安费扬古负责。为提高警戒、加强保卫，他又组建了侍卫队，由费英东任侍卫队长。

为了迎战以叶赫为首的海西四部的挑战，努尔哈赤殚精竭虑，调动一切积极因素，率领五十多名战将，在费阿拉厉兵秣马，严阵以待。

而九部联军则扎大营于浑河北岸，南向扎喀关（今辽宁新宾境）、古勒山一带推进。

一天傍晚，建州探骑兀理堪飞驰来报："九部联军由叶赫贝勒统率，入夜到浑河北岸，举火煮饭，火密如星。敌军饭罢起行，夜奔沙济岭而来，明日拂晓将要压境。"

努尔哈赤闻报，急召军师柘祐天，大将额亦都、安费扬古及弟弟穆尔哈齐等人商议对策。柘祐天说："势态虽然极为严峻，但对我们却颇为有利。因为明廷正和朝鲜忙于议和、班师，而叶赫、哈达又屡遭重创，元气大伤。只要我们利用好时机和地形，做好迎敌准备，就无大患。"

努尔哈赤认为他说得有理，便向大家介绍说："古勒山位于苏克素

---

① 乌拉那拉·布占泰（？—1618）：乌拉部贝勒、末代国主。万历二十年（1592 年），布占泰投靠努尔哈赤，先后娶了努尔哈赤的三个女儿，但仍然对曾有婚约的女真第一美人叶赫那拉·布喜娅玛拉（即东哥）不死心，竟失去理智用苍头箭惩戒努尔哈赤的女儿，并试图抢走努尔哈赤未过门的妻子布喜娅玛拉。万历四十一年（1613 年），努尔哈赤率众进攻乌拉，城破，布占泰仅以身免，逃至叶赫，乌拉部灭亡。眼光极高的布喜娅玛拉看不上败兵之将布占泰，最终毁了婚约，布占泰在思念中含恨而终。

浒河南岸，扎喀关西南，图伦城东南，在城西一百里古楼村界内，苏子河贴其背下流，水势至此甚大，山路纵横，四面断崖峭壁，中间一条狭路，我们就在那里寻找机会。”

随后，他与几位大将详议了作战方针，确定了居高临下、依险固守、诱敌深入，以期伏兵制胜的作战计划。

第二天用完早饭，努尔哈赤率领诸将领祭堂子。案台上摆好了天地神祇的灵牌，牌位前摆着一碗酒、一碗土块、一碗熟肉、一碗生血、一碗马骨头作为供品，两个香炉里面放了用金达莱花瓣做成的香粉。努尔哈赤于案台前下跪，一次拜祝说：“皇天后土，上下神祇，我与叶赫，本无衅端，守境安居，彼来构怨，纠合众兵，侵凌无辜，天其鉴之。”再次拜祝说：“愿敌人垂首，我军奋扬，人不遗鞭，马无颠踬，惟祈默佑，助我戎行！”三次拜祝说：“待胜敌兵，再祭祀天地神灵。”叩拜完毕起身，香火突地喷出一团浓烟，直上中空。努尔哈赤此举是为了借助天神的威灵，发布檄文，鼓舞士气。

联军主帅叶赫贝勒布寨、纳林布禄认为，古勒山下地势狭长，两山之间宽只有二三里，又有苏子河和两条小河流淌其间，不利于九部联军纵横作战。于是，他们决定先围攻古勒山右侧的扎喀城，但多次进攻都被建州守军打退。叶赫兵马又掉头围攻古勒山左侧的黑济格城，整整攻了一天，但毫无进展。布寨和纳林布禄求胜心切，见大军受阻，内心急烦难耐，第二天又发起了更激烈的进攻，建州守军损失较多，形势有些不妙。

关键时刻，努尔哈赤登上古勒山，派大将额亦都率精骑百人，驰至黑济格城诱战，令守山各军做好伏击准备。

额亦都果然是个天不怕地不怕的好汉，他仅带了一百多人就往前冲。布寨见额亦都带这么少人马冲过来，拍马挥刀，大叫一声“杀”，就迎面而上。

双方人马快要接近时，额亦都突然停下来，用大刀一指，喝道：“我刀下不斩无名之鬼，来者赶快报上名来。”布寨大声说道：“你这乳臭小儿，我且问你，为何跟在那努尔哈赤屁股后面干坏事？我九部人马今日讨伐建州，誓要活捉努尔哈赤。你赶快下马投降，我还能放你一条生路。”额亦都听了，故意激他道：“尔等纠集九部人马，无端挑衅，为虎作伥。可惜只是一群乌合之众，人心不齐，我劝你还是放聪明点。”布寨气得红了眼，大刀一挥，朝额亦都砍杀过来。

额亦都与布寨交战不到三个回合，掉头就往回跑。

布寨不认识额亦都，以为他是个胆小怕死的无能之辈，心想：你不是急先锋吗？这就怕了？等我追到你，非宰了你不可！

这时，在后面为他观阵的纳林布禄见建州兵败，不知是计，一挥大刀，命令联军一起追杀过去。辉发、乌拉人马此刻刚出大营，突见叶赫部拼力冲击，担心好处都被叶赫独占，也跟着急冲，大军一直追到古勒山下。额亦都回马连续砍杀数人，又返身飞速转入山中不见了。

布寨、纳林布禄一直追到一片空地上。这里原本不是空地，而是一片树林。那些树已经被努尔哈赤的人砍掉，留下尺把高的桩子。布寨往前冲时，驱骑过猛，战马触木墩绊倒。

建州武士兀理堪迅猛扑去，骑在布寨身上，将他杀死。纳林布禄见兄长被杀，惊呼一声，昏倒在地。叶赫众将见布寨贝勒被杀，另一个贝勒昏倒，皆痛哭失声。他们抱起纳林布禄，拼抢布寨的遗体，结果遗体被撕成两半，大半被叶赫夺回。其他贝勒、台吉心胆俱丧，弃众溃逃。

安费扬古率兵截杀蒙古部，与科尔沁贝勒明安[①]遭遇。明安是蒙古三部中最勇猛的武士，但与安费扬古仅交手四五个回合，便被安费扬古一棍打在后背，连人带马落入河中，“马被陷，弃鞍，赤身体，无片衣，

---

① 博尔济吉特·明安（生卒年不详）：蒙古科尔沁兀鲁特部贝勒，祖先为元朝皇族。万历二十一年（1593 年），叶赫贝勒布寨、纳林布禄纠合九部人马前来攻打建州，明安参与了九部联军，战败后独自逃走，但很快便与努尔哈赤修好。万历四十年（1612 年）与建州女真联姻。天聪三年（1629 年），与固山额真武讷格、额驸恩格德尔一起降服察哈尔两千户。天聪五年（1631 年）跟随皇太极伐明，围攻大凌河城，大败祖大寿。天聪六年（1632 年），跟随皇太极讨伐察哈尔。天聪八年（1634 年），改封为三等昂邦章京。顺治初年，晋封为二等伯。逝世后，追谥忠顺。

骑骣马”，狼狈逃脱。

努尔哈赤见布寨被杀，九部联军四散溃乱，便督率古勒山上的铁骑冲了下来。一时间，骑涛呼啸，矢石如雨，山谷殷红。努尔哈赤的追兵如风卷残云，直达百里外哈达部柴河寨南的渥黑运地方，由于布寨之子布扬古酋长的阻截，至天黑才收兵回营。

第二天，有个兵卒生擒一人，前来跪见努尔哈赤，禀报道：“我逮住这个人时，兵卒们出于对九部联军的愤怒之情，举刀欲杀他，吓得他大声呼叫，求刀下留人，表示自己愿出金赎罪。我看他穿戴与众不同，想必是一个大头领，就把他绑来见大王。”

努尔哈赤从未见过此人，问道：“你是什么人?”此人叩首不已，回道：“乌拉贝勒满泰之弟布占泰，恳请罕王饶命!”努尔哈赤怒道：“你们会合九部之众，欺凌无辜，天怒人怨，失败是必然的。昨日布寨已经被杀，连尸体也被我们捡了一半回来，这是他应得的下场。如果遇到你，你也必然和布寨的下场一样。今天，你既然来见我，我怎么能杀你呢？赦你不死!”

此次努尔哈赤虽然大败九部联军，但却使建州与海西女真的矛盾更加激化。为了缓和与部邻之间的矛盾，努尔哈赤“遂解其缚，予以猞猁狲裘”，将布占泰在费阿拉城恩养起来。

古勒山一役，建州军斩杀叶赫贝勒布寨及其部下四千人，俘虏乌拉贝勒满泰之弟布占泰，缴获战马三千匹、铠甲一千副。

此战是辽东女真各部统一战争史的转折点，它打破了九部军事联盟，改变了建州女真和海西女真的力量对比，成为扈伦四部灭亡的决定点。努尔哈赤自此“军威大震，远迩慑服”。

3. 吞并哈达

万历二十一年（1593 年）秋末，努尔哈赤挟建州大胜的余威，趁九部败溃各自返回、局势不稳之际，率兵出击长白山的珠舍里部。该部贝勒于楞格会一直依附于叶赫，曾随叶赫出兵古勒山。现在被努尔哈赤兵马围困，却无人能够支援。于楞格会自知不敌，只得开城投降。

随后，努尔哈赤利用古勒山之战后的有利形势，对海西四部——哈达、辉发、乌拉、叶赫展开攻势，远交近攻，先弱后强，精心策划，各个击破。

乌拉部的布占泰在建州闲居三年，努尔哈赤将自己的一个女儿许配给布占泰为妻。舒尔哈齐也按照努尔哈赤的旨意，将自己的女儿嫁给布占泰。乌拉贝勒满泰死后，努尔哈赤见时机成熟，立即派部将额图珲、安费扬古率兵护送布占泰回归乌拉部，迅速掌管乌拉部政权。显然，他对乌拉部布占泰采取的是以恩宠拉拢的办法。

努尔哈赤一面施恩，一面施威，分化瓦解海西女真联盟。

在海西各部中，实力最弱的是辉发。万历二十三年（1595 年）六月，努尔哈赤亲率大军攻占了辉发重镇多壁城，为消灭辉发打开了一道缺口。

对于叶赫部，由于关系太复杂，努尔哈赤采取的是伐宠结合的策略。性情暴躁的纳林布禄在古勒山战败回城后，时而因念兄仇，昼夜哭泣；时而又因九部兵败，号叫不止，忧怒成疾。布寨的儿子布扬古继承了叶赫西城贝勒，纳林布禄的弟弟金台石也实际掌管了叶赫东城的大权。他们把父兄的仇恨掩藏在心底，用心经营祖辈留下的家业，暗中与建州较劲。叶赫作为四部的霸主，尽管两次进攻建州都损兵折将，以失败告终，但实力依然非常强大，而且还有大明的支持，要想彻底打败它也不是一件易事。所以，努尔哈赤暂且将叶赫放在一边，而把哈达部作为施威的首要对象。

哈达一度为海西女真各部之首，地广人多。建州、叶赫、乌拉等部女真都曾隶属于女真名酋万汗（王台）之下，王台为明代女真第一汗。王台病卒后，其子争位、争遗产，内乱频仍。其中，康古鲁与扈尔干两个异母兄弟互为竞争对手。康古鲁并非王台的妻妾亲生，而是王台在外面与女人私通所生。扈尔干见他居然敢跟自己争财夺权，大怒之下痛骂他是野种并扬言要杀了他。康古鲁吓得逃往叶赫，从此对扈尔干及其子歹商怀恨在心，后来终于借叶赫之手杀了歹商。同时，叶赫还趁机抢走了歹商手里的一百三十七道敕书。

扈尔干执政后，仅一年就忧愤而亡，他的两个弟弟孟格布禄和康古鲁相互争雄。歹商还有个堂兄叫吴尔古代（孟格布禄之子），也想从中分一杯羹。于是，哈达部最终被一分为三。

由于康古鲁和孟格布禄都依靠姻亲关系结好叶赫，而叶赫部首领纳林布禄也极力想从哈达的衰落中获得最大的实惠，于是一再鼓动甚至帮助孟格布禄和康古鲁进攻歹商，致使哈达部战乱不已。

孟格布禄和康古鲁曾合兵进攻歹商，歹商不敌，只得向明廷求救。辽东总兵李成梁对哈达部和叶赫部的联合十分忌讳，决定对两部重拳出击，进行严惩。他出兵协助歹商，并俘获了康古鲁。孟格布禄后来在叶赫的帮助下，再次击败歹商，就连歹商的妻子也成了孟格布禄的战利品。孟格布禄由此登上了哈达部大首领的位置，明廷只得同意孟格布禄继位，并让他承袭其父王台的左都督和龙虎将军之职。

哈达部所辖三十多个城寨，方圆三百多里，一度全归孟格布禄父子管辖。但无论孟格布禄还是歹商，都是毫无城府的人。孟格布禄本以为自己与叶赫部首领纳林布禄是表兄弟关系（孟格布禄的生母是叶赫部前首领清佳砮的妹妹、纳林布禄的姑姑），很长一段时间一直把表兄纳林布禄当作信得过的盟友，加上他一向屈从于叶赫，甚至一度去投靠叶赫部，以为可以换得叶赫的支持和帮助，没想到叶赫居然不讲情面。

古勒山之战后，叶赫部的两位继任贝勒布扬古和金台石开始窥视哈达部的地盘。尽管哈达的势力已渐渐衰落，但毕竟是块肥肉，谁都想吞掉它。

万历二十七年（1599 年）五月，哈达部又发生内讧。叶赫贝勒金台石趁机率兵进攻哈达部，大肆烧毁村寨、抢掠财物，并抢走了哈达部的三百六十三道敕书。这样一来，哈达部整整五百道敕书全部落入叶赫手里。失去了敕书，也就失去了与大明进行互市贸易的资格，断了哈达部的财路。对于这个沉重的打击，孟格布禄实在无法忍受。

孟格布禄在本部族中势单力薄，更没有足够的力量抵抗叶赫的进攻，但他又不能眼看着自己的部落被吞并，于是召集各路头领商议对策。他愤怒地说："金台石凭借人多势众，欺负弱小算什么英雄！面对强大的敌人，我们绝不能坐以待毙！"

他的部将纷纷发表意见说："咱们保证不了所辖的部众安危，愧对族民！""金台石率兵抢掠，一路上非常残暴，干尽坏事，哈达民众叫苦不迭。"

"光愧对不行，得想出解决问题的办法来！"孟格布禄心焦地说。

"依我之见，不如与建州结盟，可否请建州的努尔哈赤派兵增援，保护哈达部不受侵害？"

"办法虽好，但如何取得努尔哈赤的信任呢？这是一件很为难的事情。"孟格布禄也觉得叶赫兵虽然暂时撤退了，但还会再来，这对哈达始终是个威胁，求助于建州是眼下唯一可行的办法。他来回踱步思索着："看来只能用忠诚和诚信来打动努尔哈赤了。尽管自己与建州没有太多交情，甚至还打过仗，但好歹也是亲家，自己的侄女嫁给了努尔哈赤做侧福晋，或许努尔哈赤能看在亲戚的情面上帮自己一把。"

同年六月初，走投无路的孟格布禄亲自领着三个儿子与四十名护卫，带上厚礼来到费阿拉城，向平素很少来往的侄女那拉氏阿敏（扈尔干之女、努尔哈赤的侧福晋）求助，表示愿意将三个儿子送到建州作为人质，请求努尔哈赤出兵相助。

这一天，努尔哈赤正在书房里看汉文书，侍卫进来禀报说："哈达贝勒孟格布禄一行已到城里，有要事拜见罕王。"

努尔哈赤一听孟格布禄亲自来建州，知道必有大事相商，急忙出来迎接。孟格布禄随努尔哈赤进了议事大厅，努尔哈赤请他坐下，他急忙跪拜说："哈达贝勒孟格布禄有要事求助于罕王。"

努尔哈赤上前一步，扶起他说："贝勒请起，既然是要事，那就请坐下慢慢讲！"

"叶赫的金台石背信弃义，撕毁盟约，最近不断袭扰哈达地区，烧杀奸淫，无恶不作，使我部民不聊生，想逼迫我部归顺于他，还将我和东哥的婚约解除了。近日他统兵进攻我部，大肆烧掠我部城寨。我出兵与之交战，但却战败。”说到这里，孟格布禄痛心地掉下了眼泪，“我这次来，主要是请求你借我一支人马，帮助我守卫哈达部。我现在带三个儿子来做人质，等打败叶赫，我一定重谢贵部。”

其实，这段时间，努尔哈赤一直密切关注海西四部局势。他心里明白，叶赫早有吞并哈达之心。哈达是出入建州的咽喉，一旦落入叶赫之手，建州将面临门户之患，随时遭到叶赫的侵扰，延缓自己统一女真的进程。他想到近年来建州的势力逐年强大，归并的部众也日益增多，但因大多居住在山地中，土地瘠薄，粮草明显不足，急需扩充土地。相反，哈达部落多数在平原，那里土地肥沃，如能归顺过来，建州将如虎添翼。

因此，哈达部的乞援正合努尔哈赤之意。他对孟格布禄说：“叶赫背信弃义，加害邻邦，实在令人无法容忍。哈达既然与建州立盟，我怎么能不管？请你先行歇息一下，我与部将商议后立即发兵。”

孟格布禄感激地说：“多谢罕王！你的恩德，我将终生不忘！”

很快，努尔哈赤便派得力大将费英东、噶盖[1]率领援军两千人奔赴哈达。

消息传到了叶赫，大敌当前，金台石给孟格布禄写了一封信，以联姻进行拉拢，明确表示：只要孟格布禄能捉拿前来援助的费英东和噶盖，撤回送往努尔哈赤的质子并消灭两千援军，叶赫就与哈达恢复盟好，并把孟格布禄一向倾心的叶赫美女布喜娅玛拉（东哥）许配给他。

东哥这个诱饵果然有效，看完信后，分不清利害关系的孟格布禄欣然同意了。

实际上，东哥在两年前已经许给努尔哈赤，但她的兄长布扬古一直不送亲，现在已长成大姑娘了，过了出嫁的年龄。孟格布禄见过她后，

① 伊尔根觉罗·噶盖（？—1600）：满洲镶黄旗人，世居呼纳赫。努尔哈赤赐号“扎尔固齐”，地位仅次于开国五大臣。

便开始魂不守舍，当即派出使者与金台石联络，同时撤回在建州的质子，又派人去开原商议袭击建州援军、迎娶叶赫美女的具体细节。

孟格布禄的背信弃义激怒了努尔哈赤，他当即决定不惜一切代价讨伐哈达部。

万历二十七年（1599 年）初秋，努尔哈赤亲率一万大军，征伐铁岭南的哈达城。出发时，舒尔哈齐请为先锋，率一千人马轻骑快进，走了大半天来到哈达城下，努尔哈赤大军的头旗也在五六里之外的路上。

此时，孟格布禄也得到了消息，急忙调遣五千人迎击建州兵马。舒尔哈齐见哈达士兵盔甲鲜明，旌旗如云，有条不紊，心生惧意。他命令士兵下马集合，持盾牌拦路，与哈达兵对峙。等努尔哈赤兵临城下时，哈达的五千人马已全部进城，紧闭城门，准备死守城池，等待叶赫部派兵增援。

努尔哈赤得知刚才的阵势，当着所有将士的面大动肝火，对舒尔哈齐怒声说道："这次来，难道是因为城中没有防备吗？"扈尔汉忙劝努尔哈赤不要动怒，努尔哈赤依然怒气冲冲地说："如果刚才攻击、混战，大军一到，定可围杀敌军，使其溃逃。我军乘势，或许可得城门，现在却战机全失。舒尔哈齐，让你那些怕死的士兵退后！"说完，他与大将安费扬古一起率军攻城。

这一战，努尔哈赤付出了惨重的代价，不仅失去了上千建州勇士的生命，而且失去了胞弟的忠心。

努尔哈赤攻城时，哈达兵出城抵挡。城上箭矢如雨，巨石乱投，努尔哈赤的部众伤亡严重。但努尔哈赤不顾城防严密，挥军猛攻，前面的中箭倒下，后面的又不断跟上，死战不休。

之后，努尔哈赤再调兵马围住城池，四面架云梯，堆沙袋，日夜轮番攻打，连续围攻七天，终于攻破了城楼。安费扬古生擒孟格布禄后，立刻命人夺马出城，将消息报到城外的大营，努尔哈赤下令不要杀死孟格布禄。贝勒遭擒，顷刻间全城失陷，哈达部就此灭亡。

战后，孟格布禄衣衫破烂，头顶滴血，匍匐跪行，请求免死。努尔哈赤为了避免明廷干涉，暂时没杀孟格布禄，还把自己的貂皮帽子给他戴上，又脱下身上的虎皮大衣给他披上，免了他的死罪，带回费阿拉城收养。另外，哈达城的财物不掠夺，家中妻子儿女团聚如故，但将部众编入建州户籍。

孟格布禄主政哈达十年，终究是努尔哈赤的心腹之患。努尔哈赤反复思谋良策，最后设下一计，纵容自己的小妾法赖和孟格布禄私通，然后以通奸罪将孟格布禄射杀。

哈达部一直以来还算忠于明廷，明廷也一直将哈达作为扶持的对象，采取拉拢加打击的双重手段。努尔哈赤攻打哈达时，明廷不闻不问，直到孟格布禄被努尔哈赤杀了之后，才出面质问努尔哈赤为何擅自杀死孟格布禄。

聪明透顶的努尔哈赤连忙向明朝边将悔罪，于万历二十九年（1601年）正月将三女儿莽古济格格转嫁给孟格布禄的儿子吴尔古代，并在抚顺关外杀白马立誓，送吴尔古代回哈达继任新贝勒。

吴尔古代返回哈达后，叶赫又屡屡侵扰。此时，哈达部的经济状况已经陷入极度困难的境地，人祸加上天灾，导致粮食严重歉收，饿死了不少人，哈达部众不得不以牲畜甚至妻儿换粮食求生存。吴尔古代向明廷求救，但万历皇帝久居深宫，对此置之不理。于是，努尔哈赤放心大胆地正式吞并了哈达。

4. 覆灭辉发

借助哈达内乱和叶赫侵扰，努尔哈赤吞并了哈达，获得了众多人丁和物资，组建了更为强大的军队，也增加了广阔的土地和众多的牲畜，实力大增。因此，吞并哈达部具有承上启下的意义：承上是巩固了古勒山战役的成果；启下是努尔哈赤的战争意义进入了一个新阶段，他已突破海西女真各部的联防，取得了向海西真正的强敌叶赫进攻的物质基础和前哨阵地。

万历二十九年（1601 年），在大学士沈一贯的推荐下，李成梁再镇辽东。此后几年间，蒙古势力渐衰。努尔哈赤忙于统一女真各部，对明廷继续采取相对恭顺的态度，辽东处于一个比较安定的局面。

万历三十三年（1605 年）二月，舒尔哈齐之妻病故。此前李成梁的儿子李如柏[①]纳舒尔哈齐之女为妾，李成梁与舒尔哈齐是儿女亲家。于是，李成梁命守备佟某置办二十桌酒席，外带牲畜前往吊祭，并与舒尔哈齐私下结盟。

舒尔哈齐与李成梁的交往，本是努尔哈赤对明廷两面政策的组成部分。然而，在兄弟二人嫌隙日深的情况下，舒尔哈齐借助李成梁的势力，成了努尔哈赤权位的一个潜在威胁，不过一时也掀不起什么风浪。

在相对平静的形势下，努尔哈赤将下一个目标对准了相对弱小的辉发部，只是一时找不到合适的理由。辉发部的地理位置非常好，是女真各部的买卖商人往来于乌拉和叶赫的必经之地。商人们往往在辉发居留，进行贸易，使辉发部渐渐发展成一个商贸集中地。这让努尔哈赤很是垂涎。

辉发部在前首领王机褚掌管期间曾兴盛一时。王机褚死后，他的长孙拜音达理一口气杀了自己的七个叔叔，夺取了辉发部的统治大权，并自封辉发贝勒。

此时的辉发城处处破烂，物资匮乏，士兵和百姓无衣无粮。但拜音达理不是想办法解决眼前的灾荒，而是把他爷爷的四个小福晋纳为自己的福晋。这四个小福晋，年龄最大的十八岁，最小的十六岁，都比拜音达理小很多。现在，拜音达理共有福晋六个。他还命令侍卫说："每个月都要再给我选上来一个女人，纳为福晋。"

辉发城中的侍臣将官见新贝勒的作为远不如老贝勒，既愤慨又无奈，有些人就暗中联络，偷偷投奔老贝勒流落到叶赫的后人。叶赫收留

---

① 李如柏（1553—1620）：字子贞，号肖城。辽东铁岭（今辽宁铁岭）人。名将李成梁之子，官拜辽东总兵，习知辽中情事。萨尔浒之战中兵败，逃回后自裁。

了这些流亡之人，并支持他们对抗拜音达理。在叶赫的支持下，辉发部有七个城寨想要反叛，投靠叶赫。

为了要回这些逃离的部众，拜音达理与叶赫多次交涉，但叶赫拒不放人。拜音达理自知不是叶赫的对手，急得团团转。他手下的一个侍臣说："现在叶赫坑我们，主子可以求建州帮忙。叶赫与建州向来不和，我们送去人质，努尔哈赤肯定会管的。"

辉发曾跟随叶赫部攻打过建州，说来也跟建州有旧仇，但此时拜音达理也顾不了那么多了。他再三思虑后，将本部七个酋长的儿子送到建州作为人质，寻求努尔哈赤的帮助。

机会难得，努尔哈赤为了抢先拉拢辉发，孤立叶赫，当即派褚英、代善和费英东率领两千兵马，一气攻破了辉发七个反叛的城寨，平定了叛乱。事后，努尔哈赤有与辉发结盟之意，但拜音达理却有些犹豫不决。

叶赫得知消息后，派使者对拜音达理说："若让建州撤兵，便放回辉发叛逃的人员。"拜音达理信以为真，便遣走建州兵，要回人质，还主动把自己的儿子送往叶赫作为人质。

但叶赫接受人质后，却不送回辉发叛逃的人。拜音达理几次派使者去索要，金台石都避而不见。

拜音达理无奈，只得又派使者到建州对努尔哈赤说："我被金台石骗了，请您宽恕我的过错。如果您把格格嫁给我，辉发愿意与建州通好。"努尔哈赤虽然有些不相信，但为了孤立叶赫，还是答应了拜音达理的请求。不过，努尔哈赤现在没有未婚的成年女儿，舒尔哈齐和穆尔哈齐也没有，只有一个已经许给部将常书之子的女儿，还没有过门。无奈之下，努尔哈赤便将原本打算嫁给常书之子的女儿改许给了拜音达理。

拜音达理准备了三十匹马、三十副盔甲以及人参、貂皮、鹿茸等作为聘礼。辉发的侍臣们对拜音达理说："不能只忙着联姻了，再不快点购买粮食、牛羊，士兵和百姓就要饿死了。"拜音达理这才让人去买粮食，准许各处的商人进城做买卖。

金台石得到消息后，再次派使者来到辉发，对拜音达理说："辉发叛逃的人一直没有送回，是因为他们中有不少人得病了。等他们病好了，就立即给你送回来。”

拜音达理再次相信了叶赫使者的话，说：“要快点押回来，他们不回，早晚是个乱子。”使者说：“那是，我家主子还说了，你如果不娶建州的格格，就把贝勒布扬古的妹妹东哥许给你。”拜音达理一听大喜过望，他早就听说过东哥的美貌，想到能娶个大美女，他心里乐开了花。

于是，拜音达理立即与努尔哈赤断交，又投向了叶赫，并把送往建州的聘礼改送到叶赫去。

与此同时，拜音达理还从小宝库中取出比鸡蛋还大的夜明珠，比秋水还清澈的宝玉送给美人。在衣粮缺乏之际，拜音达理却用赈灾的钱来博美女一笑。为此，一个侍臣提醒他说：“主子娶叶赫的格格，建州会愤怒的。”拜音达理听了心里咯噔一下，但很快又被迎娶美女的喜悦给冲淡了，他对侍臣们说：“不要紧，我们马上和叶赫就是一家人了。”另一个侍臣说：“叶赫离我们远，建州却近得多，不能不提防，而且城中的食物、兵器都没有了。”拜音达理想了想说：“对，我们现在应该多买粮食、多打猎物储备，防止被人困城，挨饿的滋味真不好受啊！”侍臣又说：“主子，被困时那才叫挨饿，我们的城墙已经被蒙古兵打得有些破损了。”于是，拜音达理传令说：“大修城墙，要加高加厚，还要加修内城。再打造箭支标枪，上山砍伐滚木，往城内搬运礌石。”

努尔哈赤听到拜音达理投奔叶赫的消息后，立即派人去辉发查明实情。面对努尔哈赤的责问，拜音达理敷衍说：“没有要娶叶赫格格的事，只因我的儿子、女儿还在叶赫，等他们回来，我就去建州下聘礼。”他以此为借口，一边推迟和努尔哈赤之女的婚期，一边加紧修筑城池，防止建州出兵。三个月中，拜音达理大兴土木，在扈尔奇山城外又加建了两层城墙，使扈尔奇城变成了一座内、中、外三层的城池，以备战时之需。

等拜音达理的儿子从叶赫放回后，努尔哈赤再派使者去催促拜音达理择期迎娶自己的女儿。拜音达理已经没有推脱的由头，干脆拒绝道：“我不娶了！我辉发如今城池坚固，看你们建州能奈我何?”

努尔哈赤气愤至极，终于忍无可忍了。他几次帮助辉发，还欲将女儿嫁给拜音达理，没想到这只小小的绵羊竟然强硬起来，并且出尔反尔，把自己当猴耍。不灭辉发，誓不为人！

万历三十五年（1607 年）九月，在击败乌拉部的布占泰后，努尔哈赤决定亲征辉发。在费阿拉城的议事大厅，努尔哈赤让弟弟穆尔哈齐和巴雅齐率领两万五千人守费阿拉城，防止叶赫出兵；又命何和礼秘密挑选四百人，有老有少，高矮胖瘦不齐，装扮成商人，用骡马驮着各种货物，分成十几伙，进入辉发城里做内应。他亲自带领费英东、安费扬古、扈尔汉、扬古利、雅尔哈齐，以及儿子褚英、代善、阿拜、汤古代和莽古尔泰①，率领一万五千兵马出征辉发河东岸的扈尔奇城。额亦都和巴雅齐则率领五千轻骑兵作为后援兵力。

将领们各自领命下去准备，大厅里只剩下舒尔哈齐还没有分到差事。舒尔哈齐问："我去哪?"努尔哈赤说："你回去歇着吧。"说完，努尔哈赤便带着侍卫离开了议事厅。舒尔哈齐愤愤地转身回家去了。

努尔哈赤的大军很快就来到了扈尔奇城下。拜音达理本以为凭着坚固的城墙就能太平无事，不料努尔哈赤此前已派出一部分士兵扮作商人，混入扈尔奇城中。当时正值秋收季节，辉发正在收购粮食、牛羊和山上采集的干果，出售库存的貂皮、虎皮、熊胆、鹿茸和珍珠，各地商人云集，买卖兴隆，建州兵很容易就冒充商户混进了城内。

听说努尔哈赤要攻城，拜音达理急忙聚拢辉发各个城寨的人马共八千人进入辉发城，然后下令关闭城门，隔绝往来，城外任何人不许进入，城内的也一概不准外出。

---

① 爱新觉罗·莽古尔泰（1587—1632）：清太祖努尔哈赤第五子。与代善、阿敏、皇太极并称四大贝勒，领正蓝旗。少时跟随努尔哈赤征伐乌拉部，英勇善战，连克六城。天命元年（1616 年）四月，受封为和硕贝勒。天命四年（1619 年），参加萨尔浒大战，先随努尔哈赤在萨尔浒全歼明总兵杜松所率的六万大军，又南下歼灭刘綎部四万余人。天命五年（1620 年），受命追袭明军直至浑河。天命十一年（1626 年），攻击喀尔喀巴林部，独自率兵渡河，斩俘甚众。清太宗皇太极即位后，数次进攻明军，屡立战功。天聪六年（1632 年），莽古尔泰逝世，死后被揭发有谋上之罪，被褫夺其封爵。

努尔哈赤大军来到扈尔奇城下后，只见高大的城墙修建一新，足有十米多高，平整得没有一点缺口。城墙上旌旗密布，甲士林立。

这么高的城墙，云梯已经无法搭到城头了。不过，努尔哈赤也是有备而来。他调出三千重甲骑兵，这些骑兵不但全身披甲，带有护手和护脸，而且马匹也披着铁甲，只露出眼睛。他们先行出击，没有爬墙攻城，而是列成纵队奔向城墙，跑到城墙根，拨马再往回跑。战马折转的时候，士兵将马背上的一个沙袋扔到城下。不一会儿，堆积的沙袋已有一米高。城上的辉发兵开始放箭，但努尔哈赤的骑兵不仅跑得快，而且铁甲也能有效地挡住箭矢。

当每个士兵运去五六个沙袋后，城墙下被垫起了一条近丈高的坡路。攻城的步兵开始行动了。架梯的士兵冒着箭雨，推着带有牛皮盾牌的云梯，把它顶到城头。攻城的士兵则乘坐挡箭战车驶到城下，一手举盾牌，一手持刀枪，开始攻城。城上辉发的士兵紧守城垛，箭似飞蝗，滚木礌石齐落，胜过雷霆震动。努尔哈赤的人马前仆后继，杀声震天，双方兵将都损伤不少。

建州兵一直攻打到傍晚，也没有拿下辉发城。不过，一向善于用计的努尔哈赤并不着急，下令停止进攻。城上守兵以为攻势减弱了，且天色渐晚，正准备休息吃饭，突然城下鼓角声再起，又一轮猛烈的进攻开始了，刚下去的辉发士兵连忙登上城墙。这时，城内大乱，建州的内应打开城门，城外早已准备好的重甲骑兵如一阵旋风冲入城中。箭矢从守兵背后射上来，城上兵将立马乱作一团，攻城的建州兵很快占领城墙，拜音达理也战死城上。辉发部就此覆灭。

此役，努尔哈赤收编降兵四千人，夺得敕书二百二十道。

回到费阿拉后，努尔哈赤赏赐有战功的将士，带兵的将领得到的财物要用大车搬运，即使是普通的士兵，赏赐也不少。努扎是攻城的前锋兵，获赏银子八两一钱，没鞍子的马四匹，绸缎五米多，牛车一辆，粮食一石，随军出征为他放马的奴仆也获赏银子一两四钱、绸缎两米多。

雅尔哈齐参加了这次出征，获得的财物却很少。努尔哈赤看军功簿时，见雅尔哈齐得到的赏赐还没有普通士兵多，特意找到他问："你的功劳很少，是真的吗？"

雅尔哈齐有些惭愧地说："是的，我上阵既不如哥哥弟弟，也不如子侄额驸们，以后还是别带我出征了。"

"没功劳的话，你家里的东西就比别人的少多了。"

"没事，够吃！"

"不出征，你愿意做什么？"

"我想跟额尔德尼[①]学习各族文字。"

努尔哈赤答应了，同时还把自己分到的二百两银子，让护卫给雅尔哈齐送去。雅尔哈齐此后极少出征，潜心学习，翻译大明的书籍，详细记录了建州的一些真人真事。

舒尔哈齐这次没有带兵出征，满腹牢骚怨气无从宣泄，从军国大政到人财小事，不断与努尔哈赤口角相争，甚至努尔哈赤命各部出役筑城，他也命属下不赴工，要自筑一城。

努尔哈赤不予理睬，仅冷冷地抛给舒尔哈齐一句话："你所得的家业及属人僚友，并非阿玛留下的，而是我赐给你的。"

一方喋喋不休，近乎无理取闹；一方不予理睬，尽管道理在手。众人心中好恶的天平，日渐倾向努尔哈赤。

5. 倾亡乌拉

兄弟间的纷争并没有阻挡努尔哈赤前进的脚步，这一步，他把目光转向了乌拉。

乌拉部，姓那拉氏，居住在乌拉河（今松花江上游）流域，因滨乌拉河，故称乌拉。乌拉东邻朝鲜，南靠哈达，西接叶赫，北达牡丹江

---

① 额尔德尼（？—1632）：纳兰氏，世居都英额，满洲正黄旗人。早年跟随努尔哈赤南征北战。兼通蒙古语、汉语，主要职掌是"记典例司文书"，赐号"巴克什"（蒙古语，意为师傅）。

口及其以北、以东的广大区域。在扈伦四部中，至努尔哈赤兴起之时，乌拉疆域最广，兵马最强，部民最多，治城最大，但也离建州最远。所以，两部之间往来较少，既没有太多的交情，也没有太大的冲突。

为笼络布占泰，巩固建州与乌拉的联盟，努尔哈赤曾先后与布占泰五次联姻、七次盟誓。布占泰十分感激努尔哈赤对自己的不杀之恩及扶位之助。

布占泰回到乌拉继位后，努尔哈赤又将弟弟舒尔哈齐的女儿娥恩哲嫁给了他。礼尚往来，布占泰也将自己的亲妹妹嫁给舒尔哈齐为妻。几年后，他又将自己的亲侄女、满泰的女儿，年仅十二岁的阿巴亥①送给努尔哈赤为妃，以感谢努尔哈赤的抚养和栽培之恩。阿巴亥身上集中了孟古和衮代的优点：衮代直率、泼辣，但相貌和才情不及孟古；孟古漂亮、端庄，但却没有了少女时的浪漫。

尽管表面十分顺从，但布占泰也不是省油的灯。他永不服输，以世积威名自负。时值不惑盛年的他，羞于与建州为伍，更不愿屈从他人。当年那个如小羊羔一般任人宰割的布占泰已无视狼的存在，首先为争取“藩胡”与努尔哈赤干了一仗。

所谓“藩胡”，是指元末明初期间，许多女真人进入朝鲜地区，牧耕居住，一些酋长还向朝鲜国王称臣纳贡，被朝鲜官府称之为“藩胡”。努尔哈赤起兵后，除了加强管理，大胆攻伐外，还有一个重要因素是积极拉拢了“藩胡”，增加了人丁，壮大了实力。

布占泰在建州三年，目睹了努尔哈赤因收取“藩胡”而迅速壮大的经验。因此，他在万历二十四年（1596 年）回乌拉本部主持政务后，始终把收取“藩胡”作为重要的发展策略。经过短短六七年，乌拉的军事实力有了很大提高，士卒增多，兵械精良，“甲胄、戈剑、战马极

① 阿巴亥（1590—1626）：乌拉那拉氏，乌拉部满泰贝勒之女，清太祖努尔哈赤第四任大妃。生有三子：阿济格、多尔衮、多铎。天命十一年（1626 年）被逼殉葬。后来顺治皇帝年幼登基，多尔衮掌权为摄政王，追尊她为皇后，谥号为“孝烈恭敏献哲仁和赞天俪圣武皇后”。顺治皇帝亲政后，以多尔衮曾图谋篡位为由，开除了多尔衮的宗籍，并取消阿巴亥的谥号，其神牌也从太庙撤出。

其精健曾未所见”“其进退合战之状，颇有纪律，有非昔年杂胡之比”。可见布占泰收取“藩胡”、训练军队后实力大增，已今非昔比。这极大地刺激了努尔哈赤，他意识到两部必然要为收取“藩胡”而大打出手。

万历三十五年（1607 年）初，东海女真瓦尔喀部的斐优城城主穆德黑风尘仆仆地来到建州拜见努尔哈赤，表示愿意举部南迁前来归附。努尔哈赤觉得很奇怪，建州与东海女真各部相距甚远，向来没有什么交往，为何会有人突然前来归附呢？

原来，斐优城距乌拉不远，由于乌拉部势力渐强，穆德黑选择了投靠乌拉。但后来乌拉部恃强凌弱，经常侵掠斐优城，穆德黑不胜其扰，特地赶来建州请求努尔哈赤的援助，并愿意率部南迁。

同年正月，努尔哈赤派弟弟舒尔哈齐、长子褚英、次子代善、大将费英东、侍卫扈尔汉和将领扬古利等率三千人马，到东海瓦尔喀部斐优城，护送新归附的部众回返建州。同时遣官前往朝鲜，说明布占泰之兵杀掠藩胡，殃及朝鲜，以及为避乌拉之扰，其城主等相继离去的真相，意在为借道朝鲜、搬接穆德黑而取得朝鲜的谅解。

布占泰很快得知了消息，他对努尔哈赤大老远跑到自己门口夺食的行为感到十分愤怒，也想借此机会练练兵，给努尔哈赤一点教训，让他知道如今的布占泰已经不是当初那个委曲求全、任人摆布的布占泰了。

建州的兵马来到斐优城后，顺利收取了附近屯寨的五百多户居民，然后返回建州。

此时，布占泰已派其叔叔博克多和大将常柱、胡里布统兵万人，前往朝鲜钟城图们江地带阻截建州军。三月，建州的三千人马和乌拉的一万人马，在图们江畔钟城附近的乌碣岩展开了大战，史称乌碣岩大战。

扈尔汉率部在山上竖栅扎营，派扬古利领七百人守护五百户居民，自己和费英东各带三百人与乌拉军前锋战斗。不料舒尔哈齐领五百人滞留山下，他的两名心腹骁将常书、纳齐布也各率百人逗留不前。褚英与代善见此情形，各率五百人马，分两翼夹击乌拉军。褚英率先冲入敌阵，驰突厮杀。时值天寒雪风，建州军抖擞精神，锐不可当，代善擒斩乌拉主将博克多。自午至暮，愈战愈烈，乌拉军将死兵败，丢马匹、弃器械，一败涂地。建州军追南逐北，得胜而还。

乌碣岩大战不仅进一步增强了建州实力，削弱了乌拉力量，还得到精兵五六千人作为心腹之军，获得大量的甲胄战马。而且，远近部落几近降服，收取“藩胡”的工作取得了进一步发展，建州军实力大增。

战后，努尔哈赤觉得舒尔哈齐十分可恨。他一面大加讽刺地赐给舒尔哈齐“达尔汉巴吐鲁”的称号，一面以不为力战之罪，宣布将常书和纳齐布二人正法。

舒尔哈齐气急败坏，宣称：“诛二臣和杀我一样！”

努尔哈赤眼中闪过一丝不易觉察的轻蔑，改罚常书金百两、夺纳齐布所属部众人口，并以“临阵退缩，时有怨言”为由，自此不遣舒尔哈齐将兵。

舒尔哈齐为此哀怨地说：“此生有何可恋，不如一死！”他对三个儿子阿尔通阿、阿敏、扎萨克图说明原委：“我岂能为衣食所得而受制于人！”

他的长子阿尔通阿、三子扎萨克图立即回应，在明朝军事重镇、铁岭东南八十里远的黑扯木（今辽宁清原县境内）伐木造房，拟为将来据点。因为黑扯木临近明朝边关，东接乌拉，北邻叶赫，不仅可就近得到明廷庇护，还可借助努尔哈赤之敌乌拉、叶赫的势力，更可得到三次联姻的乌拉的援助。

与此同时，在乌拉与建州矛盾日益尖锐的情况下，布占泰深感力量不足，决定与叶赫部进一步携手，与科尔沁蒙古密切联系以对抗努尔哈赤。消息很快被努尔哈赤知道了，他心里又开始不痛快了。

万历三十六年（1608 年），努尔哈赤终于找到机会再次给布占泰一个教训。他派长子褚英、侄儿阿敏率五千人马，突袭乌拉部重镇宜罕山城。这里是乌拉兵的粮库和军械库所在地，由布占泰的儿子阿尔泰镇守。

这一次，褚英采用了努尔哈赤攻打辉发扈尔奇山城的计策，先派几批精干的士兵扮作商人模样入城，作为内应。当褚英和阿敏带领兵马来到城下的时候，城上守兵才知是建州的军队，仓促应战。而城里的内应则四处点火，牛棚、羊圈、马棚、粮仓等全烧着了。

这时，褚英一声令下，士兵们冒着如雨的箭矢奋力攻城，很快攻克了宜罕山城，“杀千人，获甲三百副，尽收人畜而回”。当布占泰得到消息，亲自率大队人马赶来时，褚英的士兵已经打扫了战场，带着战利品凯旋了。

经此一战，布占泰深刻体会到自己跟努尔哈赤之间的实力差距，对努尔哈赤的畏惧也进一步加深。他再次向努尔哈赤服软，写信让使者前往建州，表示与建州重新修好，恳请努尔哈赤嫁一个亲生女儿给他，并发誓如果得到努尔哈赤的女儿，将永远依附建州。努尔哈赤爽快地答应了，随后将亲生女儿穆库什嫁给了他，这已经是双方的第五次联姻。

这样一来，努尔哈赤和布占泰之间的关系变得十分奇特，两人既是对方的岳父，又是对方的女婿，很难搞清楚谁是长辈，谁是晚辈。但可以肯定的是，双方嫁女的次数再多，也都是出于政治目的，与感情毫无关系。而且双方都明白，他们最终会是你死我活的敌人。

就第五次联姻来说，布占泰要求娶努尔哈赤的女儿，只是为了缓和与建州的武力冲突，争取一个喘息之机，发展本部势力；而努尔哈赤之所以嫁女，是因为乌拉的实力依然强大，一下子无法彻底消灭，所以要先将布占泰稳住，再寻找下手的机会。

就在这时，努尔哈赤与舒尔哈齐之间的争斗露出了可怕的端倪。

万历三十七年（1609 年）初，舒尔哈齐回到建州，与三子密谋投靠明廷、叶赫，随即移居黑扯木。

二月，努尔哈赤得知消息，怒责舒尔哈齐，劝其归来。舒尔哈齐不听。

三月十三日，努尔哈赤断然剥夺了舒尔哈齐的全部家产，杀死舒尔哈齐的两个儿子阿尔通阿和扎萨克图，并将与此事有关的舒尔哈齐的部将乌尔坤吊在树上活活烧死。之后努尔哈赤仍余怒未息，还想杀掉舒尔哈齐二子阿敏。代善、皇太极[1]等诸兄弟极力谏止，阿敏才免于一死，但也受到了被剥夺所属人口之半的惩戒。

建州女真血溅萧墙，明总兵李成梁对此却置若罔闻。舒尔哈齐见指望不上他，只好回来向努尔哈赤请安谢罪道："兄长优养恩深，而我却妄想到别的地方居住，实在是大错特错。"

努尔哈赤并不多言，大度赐还此前没收全部家产。但舒尔哈齐认为努尔哈赤是故作姿态，内心一点也不感激。

努尔哈赤何尝感受不到这些，他佯称费阿拉新宅落成，邀请舒尔哈齐赴宴，便乘机将其幽禁。随后又以舒尔哈齐之命召来他的心腹骁将常书、纳齐布，在二人步入房门时，令潜伏的甲士斩杀之。

舒尔哈齐被囚禁在暗无天日的屋子里，门窗皆被砖石密封，仅留"通饮食、出便溺"两个洞口，生不如死。两年后，即万历三十九年（1611 年）八月十九日，舒尔哈齐忧愤而亡（另一说为努尔哈赤所杀），时年四十八岁。

内部的问题解决后，努尔哈赤得以彻底腾出手来对付乌拉。万历四十年（1612 年）九月，努尔哈赤在"冷战"中失去了耐性，首先撕开了友善的伪装。他以布占泰出尔反尔，亲近叶赫，又抢掠建州治下的女真部属为由，亲率莽古尔泰、皇太极、费英东等人，统领一万兵马进军乌拉。同时，令代善和阿敏率领五千轻骑作为二队接应兵马。

仅七八天时间，建州兵就以迅雷不及掩耳之势，攻下乌拉河畔的六座城寨。随后，努尔哈赤将兵马驻扎在乌拉河边，与河对面布占泰所率的主力展开对峙。

狼在发起攻击的时候，总是先对形势进行分析判断，然后一边想计

---

① 爱新觉罗・皇太极（1592—1643）：清太祖努尔哈赤第八子。努尔哈赤去世后，皇太极受推举袭承汗位。天聪十年（1636 年），皇太极被漠南蒙古部落奉为"博格达・彻辰汗"，又称天聪汗，同年改女真族名为满洲，在沈阳称帝，建国号大清。皇太极前后在位十七年，发展生产，增强兵力，不断对明朝作战，为下阶段清王朝迅速扩展入主中原，打下了坚实的基础。崇德八年（1643 年）八月九日，猝死于盛京后宫，时年五十二岁。葬于沈阳昭陵（北陵），庙号太宗，谥号为"应天兴国弘德彰武宽温仁圣睿孝敬敏昭定隆道显功文皇帝"。

策，一边寻找下手的时机。此时的努尔哈赤并不急于渡河开战，而是冷静地关注着对面乌拉军的动向。

几天之后，努尔哈赤的五子莽古尔泰和八子皇太极按捺不住了。他们跑到努尔哈赤跟前，请求渡河作战，欲乘胜一举拿下乌拉。

面对两个血气方刚的儿子，努尔哈赤语重心长地说："我和你们一样着急，但是，这事不像在河面取水那么容易，须探清对方的底细，知己知彼才行。想砍伐一棵树，就别指望将它一刀砍倒，必定要用斧头一下一下地砍，越砍越细，然后才能折倒。建州与乌拉实属相等之族，想一举取之，岂能完全消灭？暂且将所属外围城廓全部削平，使其都城孤立无辅，到那时，无仆何以为主，无民何以为君？"

这便是努尔哈赤有名的"伐大木"理论，而乌拉便是他所说的"大树"。诸子和诸将都对努尔哈赤的理论十分佩服，连声称道。

之后，努尔哈赤命他们带人四处抢掠和焚烧乌拉各城寨的房舍和粮草，然后又将已经攻占的六座乌拉城寨全部烧毁。一时间火光冲天，黑烟如深秋的乌云，遮挡了半个天空。

布占泰看得心惊胆战，既心痛又害怕，连忙派人去跟努尔哈赤讲和，但他连派了三次，努尔哈赤都拒而不见。布占泰无奈，只得亲自带上几名部将，乘小船渡河去见努尔哈赤。努尔哈赤一出来，布占泰连忙跪在甲板上磕头，说："必是有人离间阿玛与我。"求努尔哈赤放自己一马。努尔哈赤破口大骂，数落布占泰种种背信弃义的恶行，布占泰只得连连磕头赔罪。

努尔哈赤骂了一阵，气也消了不少。他表示同意退兵，但要求布占泰马上将他的儿子和亲信大臣的儿子全都送到建州去做人质，并保证以后再也不与建州为敌。布占泰满口答应下来。

又待了几日，努尔哈赤留下一千人在此筑营留守，率部扬长而去。布占泰盯着努尔哈赤离去的方向，攥紧了拳头，目光中满是恨意。

布占泰左思右想，觉得现在蒙古各部都靠不上，只有叶赫能够扶自己一把。于是，他决定联合叶赫一起对付建州。

努尔哈赤回到建州后，左等右等，始终不见布占泰送人质过来，也没有看到布占泰有任何示好的表示，心里疑窦渐生，便派人去打探消息。几天后，安置在乌拉那边的探马回来报告说，布占泰打算送人质了，人质是他的一对儿女加上十七位寨主的儿子，但人质是送给叶赫的。而且布占泰还要聘娶叶赫的东哥格格，与叶赫结盟。这时，嫁到乌拉的侄女娥恩哲也派侍女送来了不幸的消息："贝勒布占泰用包骨箭射主子。"包骨箭是把箭矢的铁箭头拔掉，换上钝头的骨头，射人时不会插进肉里，却能射出一个大包，是一种羞辱人的刑罚。

这回，努尔哈赤真的被激怒了！万历四十一年（1613 年）正月底，冬雪满山，长河冰路。努尔哈赤调集三万兵马向乌拉进军，随征的有费英东、何和礼、扈尔汉、额亦都和安费扬古等大将，还有子侄代善、阿敏、莽古尔泰及皇太极四人，几乎是倾巢而出。

布占泰心里明白，生死存亡全在这一战。他急匆匆地调集人马，准备迎战。多年来的忍气吞声，多年来所受的屈辱，如巨石般压在胸口，让他无法再忍受下去。他要用行动证明，自己是真正的血性男儿。他不相信，乌拉与叶赫联手会对付不了一个建州。

可惜人算不如天算，布占泰还没有与叶赫真正结盟，努尔哈赤大军的铁蹄就踏上了乌拉的土地。就在布占泰准备把人质送到叶赫的前一天，努尔哈赤的大军就迅速攻占了乌拉的三个城寨。

布占泰的计划被打乱了，看来叶赫是指望不上了，毫无办法的布占泰，只能跟努尔哈赤拼了。

努尔哈赤大军在积雪的河面上行进四日，沿途攻城拔寨，如入无人之境。第五天，布占泰召集本部三万人马，出了富尔哈城，与努尔哈赤大军面对面摆开了阵势。这是最后的决战。

努尔哈赤也不敢掉以轻心，他召集主将布置兵力：代善、阿敏和额亦都三人率领五千兵马，出击左路敌营；莽古尔泰、皇太极和安费扬古率领五千兵马，出击右路；他自己则率领一万四千兵马出击中路。费英东和扈尔汉率领六千兵马，先于三路前攻击敌营，等敌兵反击出营，费英东和扈尔汉后退，引诱敌兵到地势开阔处，左、中、右三路兵马听鼓号声同时出击，合围出营的乌拉人马。倘若蒙天眷佑，可乘势夺城门，破敌营，攻下富尔哈城，现在他们城里只有两千守兵，只要夺下城池，乌拉兵就回不去了。

两军开战，人马漫山遍野，首先是乱箭互射。双方射出的箭如狂风暴雨，发出的破空之声如同群蜂的嗡嗡声，双方都死伤不少。乌拉兵依仗人多势众，兼有骑兵冲击，大喊大杀向阵中疾进。费英东等人带兵将边挥刀抵挡，边向后退却，乌拉兵因此冲杀得更快了。紧接着，短兵相接开始了，双方喊杀声震天，打得异常激烈。努尔哈赤指挥他的主力大将各领人马，分多条线路向乌拉军发起进攻。

建州的士气和战斗力很快占了上风，更何况建州兵还有一群能征善战的大将。渐渐地，乌拉兵在建州兵的狂攻下败下阵来，被杀被俘者各有万余，其余的也丢盔弃甲，四散而逃。

努尔哈赤乘势下令攻城。把守富尔哈城的是布占泰的次子达拉穆，他是布占泰最宠爱的儿子，也是乌拉部贝勒的继承人。达拉穆一直开着城门，准备随时接应布占泰，后来见建州兵如狼似虎般地朝城门杀过来，连忙下令关上城门御敌。但建州兵已经分成多路，通过云梯攻上了城楼。富尔哈城很快就陷落了，达拉穆绝望之余挥刀自杀。

在城外苦战的布占泰眼见不敌，大声呼叫，调人马堵左路，右路溃败；派兵右进，左路则覆没。山川沟壑，尸横遍野，血流成河，马惊兵窜，战场延伸到富尔哈城下。

布占泰带着几十名亲兵想进入城内死守，等接近城门口时，才发现儿子已死，城楼上已经插上了建州的旗帜，努尔哈赤正坐在西城楼上朝他冷笑。

布占泰领着几十名亲兵掉头就跑，不料又被一队建州人马拦住，等他杀出重围时，侍从已死了大半。布占泰好不容易才甩开追兵，仅领着十八人投奔叶赫而去。

6. 降服叶赫

乌拉部灭亡了。努尔哈赤的目光终于转向了女真内部最强大的敌人——叶赫。

叶赫东临辉发部，南接哈达部，西靠蒙古，北通乌拉部，西南距开原较近。由于地处镇北，又控制了女真人来往镇北关的要道，所以又称“北关”。

叶赫（意为盔顶）所属十五部部民皆勇猛，善骑射。尤其需要提到的是，叶赫出美女，在叶赫发生的很多故事都与女人有关。

早在万历二十五年（1597 年）古勒山战役后，乌拉与努尔哈赤缔结盟约，并结为姻亲。叶赫贝勒金台石不愿看到建州与乌拉成为联盟，但又无力与两部对抗。为避免遭到建州与乌拉的联合打击，他决定也与建州交好，于是联络哈达与辉发，同派使臣出使费阿拉城。

努尔哈赤将各部使臣迎入厅堂，叶赫使臣首先行礼，对努尔哈赤说：“我们以前做的事情有违道义，结果兵败名辱。从今往后，愿意像以前那样和好，重新缔结婚姻。贝勒布扬古愿把十三岁的妹妹布喜娅玛拉，小名东哥，许给努尔哈赤，请明年迎娶；贝勒金台石愿把女儿礼娜嫁给代善，可择日迎亲。不知道您愿意吗？”

努尔哈赤早听说东哥是女真族第一美女，自幼就美名远播，部落巫师还说她“可兴天下，可亡天下”。因此，他心花怒放地说：“三部要恢复前好，我赞同！”说完，命侍臣准备四十匹带有鞍子的战马、四十副盔甲以及东珠、布匹等，作为送给叶赫的聘礼。随后，杀白马乌牛祭天，置酒、土、肉、血骨各一碗，四部族盟誓道：“倘若悔婚背盟，就像这土，这血骨，要死于非命；倘若始终不渝，则共饮此酒，食此肉，永享福禄。”

可惜的是，没有任何同盟与誓言能够持久。一方面，叶赫不愿意坐视努尔哈赤继续强大，于是不断拉拢蒙古，并以各种手段让其他扈伦三部与建州构怨；另一方面，鉴于以上种种行为所导致的后果，努尔哈赤也可名正言顺地去讨伐那些背盟的部族。所以，在这类虚伪的政治盟约背后，隐藏的是更为复杂的斗争和更为隐蔽的阴谋。

几部族盟誓后不久，叶赫部就成了第一个背盟者。当时，蒙古有个部落得罪了建州，努尔哈赤派穆哈连带兵征讨，当穆哈连带着战利品四十四匹蒙古马返回建州时，被纳林布禄抓住，夺了马匹又将他送往蒙古。随后，叶赫部又将许嫁代善的金台石之女嫁给蒙古喀尔喀部的介赛贝勒，并与乌拉部暗中勾结，招诱建州属部的安褚拉库、内河二路。对此，努尔哈赤一直忍着没有直接出兵叶赫。

与此同时，东哥也坚决反对嫁给努尔哈赤，她对哥哥布扬古说："罕王是杀父仇人，谁能够杀了他，我就嫁给谁。"于是，布扬古便以"杀罕王"的条件，向诸部落公开为东哥征婚。

事实上，这已经是东哥第三度悔婚了。她九岁时许嫁哈达部歹商贝勒，但这只是一条美人计——在迎亲的路上，歹商被"岳父"安排的伏兵所杀。

之后，叶赫部又将东哥许配给乌拉部的布占泰，诱使他参与"九部之盟"。结果，布占泰在这场战争中做了努尔哈赤的俘虏。

哈达部酋长孟格布禄听说东哥公开征婚，立即血气上涌，应征订下婚约，向努尔哈赤宣战，结果兵败，一年后被努尔哈赤设计所杀。

万历二十九年（1601 年），万历皇帝遣使到建州，责怪努尔哈赤不该灭哈达而取其部属人民。努尔哈赤此时对明廷尚有几分忌惮，就让孟格布禄的儿子吴尔古代带领原哈达部的部众归还本土。但是纳林布禄随即又纠集蒙古兵数次侵掠哈达努尔哈赤遣使禀奏万历皇帝，说："您让我复哈达部，我做到了，现在叶赫又屡次侵掠，为什么我战斗获得的部族现在成了叶赫所属?"但万历皇帝不予理会。

就在努尔哈赤满腔怒火的时候，又发生了一件让他更为恼火的事情。万历三十一年（1603 年）秋，孟古病危，她握住努尔哈赤的手说想见见自己的额娘。此时努尔哈赤内心悔恨交加，自己这么多年来对孟古不冷不热，实在是不近人情。孟古没有享受到她应有的一切，不到三十岁就要告别人世，今后再也见不到她了。但后悔已经晚了，他现在唯一能做的就是满足孟古最后的要求，派人到叶赫部去接孟古的额娘。但孟古的哥哥纳林布禄不同意，他担心自己的额娘做了建州的人质，因而仅让他的仆人南太前去探视。就这样，孟古在绝望中死去，年仅二十九岁。

望着孟古的遗容，努尔哈赤只能悲泣，也许这时他已下定了收拾叶赫的决心。他对南太说："你们叶赫贝勒是我的姻亲，以前无缘无故劫掠我建州的布察寨，又率九部合兵攻我。现在，我的福晋病重思念额娘，你们竟然不许一见。是你们要绝友好之意，既然这样，我将会兴兵问罪于你们的城池和土地，不再有什么避讳了。"

第二年春，努尔哈赤果然率兵去征讨叶赫，攻克叶赫二城七寨，俘获二城人畜两千多还归建州。也许努尔哈赤觉得此时给叶赫一点颜色看看也就够了，还不到吞并整个叶赫部落的时候，随后的两年双方相安无事。

孟格布禄的结局和叶赫的挨打，并没有使垂涎东哥美色的男人就此止步。万历三十五年（1607 年），辉发部贝勒拜音达理与东哥订婚，背弃了原来与努尔哈赤之女的婚约。同年九月，怒火中烧的努尔哈赤出兵扈尔奇城，消灭了辉发部。

类似的事情还在继续发生。纳林布禄和布扬古又故技重演，向乌拉部抛出了橄榄枝，这次的橄榄枝还是东哥。

万历四十一年（1613 年）正月，努尔哈赤率大军亲征乌拉，不日即灭七城。布占泰只身突围，逃往叶赫。

努尔哈赤这几次的兵锋所向是哈达、辉发和乌拉三部，似乎没有追究始作俑者的意思。实际上，努尔哈赤心中怨恨最深的便是叶赫。也许叶赫部自恃有明廷的支持，根本没把努尔哈赤放在眼里，抑或是叶赫部的首领们政治目光短浅，不知道"唇亡齿寒"的道理。

布占泰被叶赫收留后，努尔哈赤派人去索要，但金台石拒绝交人。

不久，又有探马送来消息，金台石要帮布占泰夺回乌拉城，复立乌拉部。努尔哈赤立刻召集各个侍臣将领，商议对付叶赫的办法，合计的结果是立即出兵讨伐叶赫。

夏末，努尔哈赤亲率四万人马，绕道苏完，从东面进兵叶赫。四万大军分左右两翼，分前队后队，依次北进，悄无声息地进入叶赫境内。

此次出征的士兵中，不少是新收编的乌拉部的兵马。前锋营的一个牛录里，有十多人原是布占泰的亲兵。其中有两个乌拉亲兵偷偷地对其他人说："我们去打叶赫，不就是打我们以前的主子吗？这样太不讲情义了，我们应该一起反抗。即使不能救主子，也算没辜负过去的恩典。"

这两个亲兵见其他人没反应，便走到僻静的地方私下商议。其中一个说："怎么办，没有人响应啊！"另一个想了想说："要不这样，我们今晚逃奔叶赫，先给主子报个信。"

于是，天黑后，他们假装找水饮马，悄悄消失在夜色里。

金台石得到消息后，立即收拢境内各个城寨的兵马，集合到叶赫东城，加上贝勒布扬古的兵马，共有三万多人。

当努尔哈赤的前锋到达叶赫的张城和吉当阿城时，两城已空无一人，守城的兵卒早带着家人、牲畜和粮食退入叶赫东城。再往前到达的是兀苏城，城中有兵马一千人。由于城里有一个人出水痘，金台石没有让这个城池的人马撤退，而是让他们原地把守。

建州前锋兵马包围兀苏城后，派人到城下喊话，问他们降不降，不降就攻城。城中众将官合计说："建州兵马刀枪如林，师众如泉，甲亮如冰雪，岂是我等所能抵挡的。如果招抚我们，不如降。"于是，守将山谈和副将户石木开城门投降，率人出城跪迎建州兵马。努尔哈赤欢迎他们归附，随后命令大军继续进兵，所过城寨都没有多少兵马，一鼓作气，接连攻下大小城池十九座，直逼叶赫东城。

金台石知道自己难以抵挡努尔哈赤的大军，急忙去开原求救，将十辆马车的礼物送进开原兵备使府中。于是，开原兵备使派了一千明军支援叶赫。

建州兵马还没有到东城下，努尔哈赤便得知了这一消息。考虑到叶赫已有防备，他决定停止进兵，回师赫图阿拉。但许多将官不愿退兵，代善首先劝阻道："我们四万兵马出征多日，还没真正地打上一仗，俘获极少，今日兵临城下，难道只因为多了一千明兵，就胜不了叶赫吗？多个千八百人，不也是三万多，比我们四万还是少，怎么就怕了他们？"大家听了都表示赞同。努尔哈赤说："明军一千人马确实不多，容易灭掉，但公开斩杀明军一人，就是与明朝开战。现在还不是惊醒这头老狮子的时候，所以要退，等待时机再来。"于是，四万大军全部撤回建州。

努尔哈赤的兵马刚回到赫图阿拉城，辽东巡抚兼都御史张涛和辽东总兵李如柏（李成梁之子）也派使者跟着进了城。明朝使者坐着八抬大轿，仪仗队高举回避牌，鸣锣开道，由建州迎接的兵马在前面引路，进入城内。见到努尔哈赤后，明使者盛气凌人地说："自今以后，不许侵扰叶赫。若是听从，我则罢兵；若不从再侵扰他们，就是侵扰大明。"努尔哈赤表示服从明廷旨意。

明朝使者传完军令，吃饱喝足，索要了礼物，便高高兴兴地回去了。努尔哈赤命人把讨伐叶赫的理由写成书信，亲自带去面见抚顺关总兵李如柏，随行的有八岁的十一阿哥巴布海及奴仆数人。李如柏忙着在自己开的妓院里喝酒听歌，没时间接待，便令手下的游击将军李永芳①去看看。努尔哈赤见到李永芳后，对他说明详情，并自愿将儿子留下做人质。

李永芳收下书信，对于留不留人质，不敢做主，又去请示李如柏。李如柏正搂着两个歌女兴致勃勃地看跳舞，哪里听得清李永芳说话，摆手叫他退下。李永芳误会了，出来告诉努尔哈赤说："大人不收人质。"于是，努尔哈赤便带着所有人返回了建州。

---

① 李永芳（？—1634）：辽东铁岭（今辽宁铁岭）人，明末清初将领。原为明军游击，万历四十六年（1618 年），投降努尔哈赤，是明朝第一位投降后金的边将，被授为三等副将，并娶贝勒阿巴泰之女。后随努尔哈赤伐明，授三等总兵官。天聪元年（1627 年），李永芳随贝勒阿敏征讨朝鲜，缔盟而回。天聪八年（1634 年）病逝。

就在建州与明廷关系紧张的时候，叶赫却与明廷打得十分火热，金台石把自己的儿子送到副总兵马林（驻开原）家里作为人质，实际却是马家的上宾，马林还增派三千人马到叶赫驻防。金台石有了明廷做靠山，态度再次强硬起来，准备联合蒙古，与喀尔喀部结盟、通婚，把三十多岁的老姑娘东哥嫁给蒙古喀尔喀部的忙谷尔大台吉。

努尔哈赤与叶赫的矛盾和恩怨可谓越积越深。与此同时，努尔哈赤征服野人女真的大业也有了很大进展。

第四章　恩威并施建金国

1. 东海女真

女真的一支——东海女真（亦称野人女真），居住在黑龙江支流松花江和乌苏里江流域及乌苏里江以东滨海地区。东海女真主要有三部，即渥集部、瓦尔喀部、库尔喀部。

要统一女真，就要征服东海、黑龙江女真各部。努尔哈赤对野人女真的经营先后长达三十年。由于地盘扩大、兵员增多，建州的一部分将领主张立即向明廷开战。他们认为，目前明廷政治腐败，宦官当权，特别是辽东军备废弛，兵无斗志，对建州来说正是伐明的大好时机。更何况建州“军威大震，远迩慑服”，而偌大的明朝已是外强中干，不堪一击。

努尔哈赤一时拿不定主意，于是请来善于运筹谋划的智囊柘祐天，想听听他的看法。

柘祐天分析道：“明朝的腐败是真真切切的，而且会越来越腐败下去。不过，有句俗语说得好：‘瘦死的骆驼比马大。’要想在与明王朝逐鹿中原时有一个稳固的后方，还是暂缓攻明为妙。先东征东海女真，再北讨黑龙江女真，最后西伐漠南蒙古族。这样，后方就安定、稳固了，兵源问题也随之解决了。到那时，明朝将更加腐败，这头瘦骆驼只剩下一副空骨头架子，不是更容易对付吗？”

努尔哈赤听了，赞许道：“你这一席话真使我茅塞顿开，还是军师高瞻远瞩啊！”

随后，努尔哈赤召开全体将领会议，要求全军将士积极备战，准备征讨东海女真。

万历二十四年（1596 年），努尔哈赤派大将费英东率兵马一千人，“初征瓦尔喀，取噶嘉路”，揭开了统一乌苏里江流域及其以东滨海地区女真部落的序幕。

瓦尔喀部主要居住在图们江流域及乌苏里江以东滨海地区，东讫海滨及沿海岛屿之地，部民多以捕鱼、耕种为生。部长拉古力四十岁出头，为人忠厚，对部民爱护备至，会治病，经常外出采集草药，义务为部民治病，深得部民爱戴。

瓦尔喀部的精壮部民一般农时耕种，闲时捕鱼，战时集中打仗。带兵将领葛利厄善使一杆丈八长矛，有万夫不当之勇。但他嗜酒如命，有海量，能喝两坛酒不醉，人称“酒将军”。

费英东带领一千兵马，来到瓦尔喀寨城门前宣战。拉古力即派“酒将军”葛利厄迎战，并提醒他说：“不能硬拼，应以智取为主。”葛利厄披挂整齐，带上四百人马，出了城门，与费英东对阵。

费英东拍马出战，二人立即厮杀起来。费英东用的是五环大砍刀，与葛利厄的长矛碰得叮当作响。二人你来我往，刀去矛来，大战五十多个回合，仍难分胜负。拉古力担心葛利厄久战有失，便鸣角收兵。回到城内，拉古力送去美酒两坛，对这位“酒将军”进行奖赏。

费英东收兵回到营帐，心里暗想，葛利厄武艺高强，明天再战也未必能赢他，不如使点小计。他叫来二三十名士卒，向他们交代了一番。

第二天，费英东与葛利厄再次交战，前后打了约四十个回合。费英东虚晃一刀，勒马朝河边丛林中逃去。葛利厄不知是计，拍马便追，只见费英东飞马窜进丛林，一晃便不见了人影。葛利厄追进林子里，正在树下东张西望，只听哗啦一声响，树上撒下一个特大的渔网，把他紧紧地网在中间。接着，从树上跳下二十几个士兵，将那网一拉，葛利厄连人带马倒下。这些士兵把葛利厄捆紧，拖回营里。

费英东叫士兵为葛利厄松绑，并摆上酒菜。葛利厄一见有好酒好菜，马上忘了对方是敌人，竟和费英东像朋友一样同坐共饮。酒至半酣，葛利厄说："我见你费将军也是条汉子，你对我有情，我也要对你有义。让我回去劝劝拉古力部长，前来投靠算了。"费英东大喜过望，说："那太好了，罕王也不愿意与瓦尔喀部刀枪相见，听说你们部长是个好人，部民都说他爱民如子，又会治病，罕王不会亏待他的。"

酒足饭饱后，葛利厄带着醉意骑上马，拖着自己的长矛回去了。当天下午，守门士卒进来报告："瓦尔喀部部长前来求见。"费英东连忙出营门之外迎接，只见拉古力带着"酒将军"等人站在门外。费英东请他们进营内叙话，对他们说："罕王派兵出征，是为了使女真一统，真正强大起来。对于所有支持他的朋友，他都是有情有义的。"接着，费英东现身说法，将自己跟随努尔哈赤十几年来的所见所闻，说给拉古力等人听。在费英东的劝导下，拉古力表示愿意随他去建州，当一名随军医生。瓦尔喀部部长则由葛利厄接任。

临行前，费英东告诫葛利厄说："酒这东西固然能够成事，但也会误事。古往今来，因酒受害的例子太多了，你要引以为戒，平日不能过分贪杯。你如今是瓦尔喀部部长，更要谨慎从事。"葛利厄听了，连连点头应允。

瓦尔喀部就此率先归顺努尔哈赤。

万历二十六年（1598 年），努尔哈赤派其五弟巴雅齐、长子褚英和将领噶盖、费英东等领兵马两千人，征讨安褚拉库路（今松花江上游二道江一带）。

战事的起因很简单：

安褚拉库路管辖二十多个屯寨，路长巴图鲁五十多岁，性格暴躁，好美色，娶了六个妻子，生有二子一女。长子巴图耶夫年近三十，性格忠厚。由于父亲整日花天酒地，不务正业，巴图耶夫主动帮助管理屯寨，各个寨主也都听从他的指挥，称他为"少路长"。二子巴图新性格温良，长得一表人才。女儿巴图嬉喇时年十六岁，生得美丽动人。巴图鲁见大儿子巴图耶夫办事利索，各个寨主也拥戴他，就顺水推舟把路里的大小事情都交给他，自己平日在府中与几个妻子一起玩乐，有时还带着她们一起上山打猎。

有一天，巴图鲁带着几个侍卫正往胡里寨走，经过一大片松林时，遇到一个名叫费利尤拉的女子，她那不施脂粉的天然美色令巴图鲁魂不守舍。他对费利尤拉说："小女子真美，我想娶你呀！"但费利尤拉毫不领情，还大骂了他一通。巴图鲁很生气，便用拳头教训这个狂野的女子，尽管费利尤拉像一匹烈马乱撞乱踢，但还是被巴图鲁打倒在地。他的几个侍卫一拥而上，将费利尤拉绑了个结实。

巴图鲁一边喘着粗气，一边谑笑道："小女子真厉害！"说着，还用手在她身上乱摸。摸得兴起时，索性张着嘴往她的樱唇亲去。没想到他把舌头向她口中探入时，她突然张开嘴，咬住巴图鲁的舌头，将他的舌尖肉咬下一小块。

巴图鲁疼得躺在地上滚来滚去。侍卫们也吓坏了，一时竟不知如何是好。这时，胡里寨主，也就是费利尤拉的爷爷骑马过来，看到这种情形，知道费利尤拉遇到了老色狼。他急忙翻身下马，走到她身边，用刀割断绳子，然后扶她上马，直奔建州而去。

在宽畅明亮、陈设简朴的都督府内，费利尤拉的爷爷一见努尔哈赤，便扑通一声跪在地上，哭着说："尊贵的都督（大明封的官职），我们活不下去了，救救我们吧！"

努尔哈赤见状连忙扶起他，问道："这是怎么回事？"

胡里寨主见努尔哈赤如此客气，便将情况一五一十地说了一遍。努尔哈赤听了，看了看费利尤拉，见她长得确实美丽，觉得这女子非等闲之辈，于是对他们说："安褚拉库路的问题很快就可以解决。看你们这模样，定是饿坏了吧！到了这里就等于到家了，先吃饭，换上干净衣服。"

努尔哈赤说完，立即下令派兵日夜兼程地赶往安褚拉库路。待胡里寨主爷孙俩用完午饭，又洗脸更衣后，努尔哈赤坐下来与胡里寨主谈论费利尤拉的婚事。

胡里寨主说："我们忍受巴图鲁很久了，现今只有请罕王替我们做主。"

努尔哈赤对待东海女真主要采取安抚策略，如联姻、筵宴、赏赐、封官等。在向东海女真举起猎枪的同时，又向另一部分顺服者伸出橄榄枝。于是，费利尤拉不久便成为努尔哈赤的小福晋。

话说巴雅齐、褚英、噶盖、费英东等带领两千兵马，于第三天晚上赶到安褚拉库路扎下营盘。次日早晨，巴雅齐带领将士到安褚拉库路寨前挑战。

巴图鲁和儿子巴图耶夫一起带着兵马出寨迎战。巴雅齐喊道："让巴图鲁出阵说话。"巴图鲁手拿一柄五股钢叉，拍马走到阵前，啰唆半天也听不清他说了些什么（他的舌头被咬掉一截）。建州军看见巴图鲁这副丑态，都哄笑起来。巴图鲁恼羞成怒，不再答话，将钢叉一拧，带着兵马一头冲进建州军内。他将钢叉上下左右一通乱刺，眨眼之间，一连戳死五六个人。

噶盖见势不妙，急忙手挥大刀，迎了过去。二人刀对叉混战一通，费英东也拍马过去，两人一起对战巴图鲁，又战了六七个回合，费英东终于逮到一个机会，一刀砍在巴图鲁的马屁股上。那马疼痛难忍，乱跳乱踢，几下就把巴图鲁掀下马来。噶盖催马上前，手中大刀一挥，将巴图鲁斩于马下。

巴雅齐和褚英见巴图鲁被砍死，便指挥所有兵马掩杀过来。建州军士气如虹，势如破竹，杀得安褚拉库路的士兵丢盔卸甲，落荒而逃。

巴图耶夫随败军而逃，褚英眼尖马快，追了上去，将他斩于马下。安褚拉库路的兵马所剩无几，建州军一鼓作气，冲进寨子。

随后，建州军一连攻取二十七个屯寨，收服所属屯落。同时又攻取了内河路（今松花江上游一带）。战后，努尔哈赤赐巴雅齐为卓礼克图，褚英为洪巴图鲁，噶盖、费英东等均得赏赐。

万历二十七年（1599 年）正月，东海渥集部虎尔哈路路长王格、张格归附努尔哈赤，贡纳“黑、白、红三色狐皮，黑、白二色貂皮”。从这一年开始，渥集部虎尔哈路每岁纳贡，他们中的部长博济里等六人求婚。努尔哈赤因其率先归附，将六位大臣之女分别嫁给他们做妻子，以联姻方式巩固建州女真与东海女真的关系。

此后，努尔哈赤加速了对乌苏里江流域各部的统一进程。

万历三十五年（1607 年）正月，东海女真瓦尔喀部斐优城主穆德黑至建州求助，努尔哈赤派巴雅齐、额亦都、费英东、扈尔汉等与布占泰在乌碣岩进行了一场大战。建州军大获全胜，乘胜攻取了赫席黑、俄漠和苏鲁、佛讷赫托克索三路，俘两千人而还。这场战役打开了通往乌苏里江流域及其以东地区的大门。

万历三十六年（1608 年）九月，渥集部虎尔哈路出动一千兵马，突然袭击宁古塔城。宁古塔城守将萨拉乌率五百人出城迎战。虎尔哈路长伍袭喇出阵，被萨拉乌几个回合就斩于马下。虎尔哈路兵见路长被杀，四散而逃，萨拉乌率部乘势追杀，生擒其首领十二人，斩杀一百多人，缴获战马四百匹、盔甲一百副。虎尔哈部被收服。

万历三十七年（1609）十二月，努尔哈赤命侍卫扈尔汉统兵千人，向东北深入，伐取渥集部所属滹野路（滹野为满文，意为射雕的隐身穴）。滹野路即明正统后设置的呼夜（兀也）卫，在珲春东北，乌苏里江上游支流瑚叶河（今俄罗斯滨海地区刀毕河）一带。扈尔汉击取滹野路，俘虏两千人，于次年二月返回建州。此次扈尔汉因军功获赏甲胄、马匹，并被赐号达尔汉侍卫。

万历三十八年（1610）十一月，绥芬路路长图楞降附建州后，被渥集部雅揽路人掳掠，努尔哈赤遂命额亦都率兵千人，到图们江北岸、绥芬河和牡丹江一带，招抚渥集部的那木都鲁、绥芬、宁古塔、尼马察四路，其首领分别是康武理、喀克都理、昂古、明噶图。他们先后降附，并举家迁到建州，归顺了努尔哈赤。额亦都又乘胜进击雅揽路，即今海参崴（符拉迪沃斯托克）东北雅兰河一带，“获人畜万余而回”。此役后，努尔哈赤将那木都鲁等降民，“编二佐领，令康武理与伊第三弟喀克都理各统其一”。

万历三十九年（1611）七月，努尔哈赤派七子阿巴泰和费英东、安费扬古带兵千人，征讨渥集部之乌尔古宸、木伦二路。据《吉林通志》载：“乌尔古宸路，一作库尔布新，河名也；在兴凯湖东北入乌苏里江，路亦以河名也。”木伦路在今木伦河流域及木伦河与乌苏里江汇流处附近。

原来，努尔哈赤赏给宁古塔路首领僧格、尼喀礼的盔甲四十副，放在绥芬路，结果被乌尔古宸、木伦路的人袭击绥芬路时夺去。努尔哈赤派使者博济里前去会商说：“将那四十副盔甲，用四十匹马驮来！”但乌尔古宸、木伦路的路长都置之不理，努尔哈赤这才派兵前去征讨。

阿巴泰、费英东、安费扬古等带兵来到乌尔古宸路寨门前，让士兵喊其路长出来说话。但对方紧闭寨门，不予理睬。建州军遂开始攻寨，阿巴泰、费英东、安费扬古各带兵马从三面攻城。由于寨门与寨墙全用木材筑成，安费扬古便用火烧毁了寨墙，守军见状纷纷逃命。安费扬古带领兵马一拥而入，迫使乌尔古宸投降，归顺努尔哈赤。木伦路见乌尔古宸路被降服，也只好投降。

同年十二月，努尔哈赤派何和礼、额亦都、扈尔汉率两千人马征伐东海虎尔哈部扎库塔城。扎库塔城在图们江北岸，珲春河、海兰河之西，距珲春城一百二十里。努尔哈赤这次征讨的原因是，扎库塔城主对建州和乌拉采取中立政策。但努尔哈赤要求东海女真各部只能倒向建州，不允许有其他选择。因此，他发兵惩罚扎库塔城主，兵到之后围城三天，遭到守城军民的顽强抵抗。

扎库塔城面对图们江，依山而建，易守难攻。城墙既高又厚，全用大块石头垒叠砌成。何和礼、额亦都、扈尔汉三人经过商议，决定采用偷袭的办法攻城。

时值十二月，正是滴水成冰的季节。夜间太冷，城上的守卫比白天松弛得多。当夜三更时分，额亦都带着二百名士兵，轻装便行，从后山摸到城下，攀缘入城。城上士兵受不住零下四十多度的寒冷，正躺在避风城楼里酣睡。建州士兵入城后，在额亦都的带领下，到处纵火，扎库塔城里顷刻间便浓烟滚滚，火光冲天。城外的两支人马见城内火起，攻城更加激烈。守城士兵见城内已有建州兵马，更加惊慌起来。额亦都纵火后，马上带领二百人杀向城门，与外面的人马里外夹击守城士兵。

城陷后，“斩首一千，获俘二千”，并招抚附近地区的居民。

万历四十二年（1614 年）十一月，努尔哈赤派出三千人马，分两路袭击锡林路和雅兰部。

费英东、扈尔汉带领的两千人马，在攻打锡林路营寨时，遇到了一些麻烦。原来，锡林路的路长索卡列夫是个少见的壮士，身高两米，体重三百多斤，平时出门总是两匹马换着骑，力大无比。索卡列夫一顿饭能吃两只猪腿，一斗米的饭，每日以酒当茶，酒量如海。他手使一把三棱大砍刀，重约二百斤，背上还有弓箭，腰上挂着短剑，腿上插着两把飞镖。

费英东以三环大刀大战索卡列夫的三棱砍刀，交战不到十个回合，便累得气喘吁吁，只有招架之功，没有还手之力。索卡列夫大笑着说：“你不是我的对手，快回去吧！”一边说着，一边将他那把三棱砍刀用力一挥，费英东的三环大刀立马被削去半截。

扈尔汉见状，挺举手中钢枪，对准索卡列夫的心窝就刺。索卡列夫不躲不避，直待那枪刺到面前时才伸出左手，一把抓住那枪头，往怀里一拽，将扈尔汉连人带枪拽了过去。扈尔汉眼看要被拽下马去，连忙松开手中的枪。索卡列夫不慌不忙，把扈尔汉的钢枪朝地上一扔，说：“小蛮子，别来送死！”说完，他顺手扔出一支飞镖，正中扈尔汉的马屁股上。那马长嘶一声，猛地蹿跳几下，把扈尔汉摔下马来。

费英东见索卡列夫如此厉害，忙驰马飞报努尔哈赤。军师柘祐天正与努尔哈赤商谈收服锡林路事宜，见费英东匆匆进入营帐，已料知大事不妙，忙问道：“是不是遇到强劲的对手了？”

费英东哭丧着脸，把事情的经过讲述一遍，最后又补上一句：“那小子像头野牛！”

努尔哈赤听了不急不恼，说："此人如此厉害，我倒要亲自见识见识。"

这时，扈尔汉也回来了，听到努尔哈赤的话，忙劝阻道："不行啊父王，太危险了。"

柘祐天说："既然这样，不如我们先想个法子。"

努尔哈赤说："那位壮士不伤你二人，只伤你们的刀和马，说明他不愿与我为敌。硬敌不过，我们可来软的。"

柘祐天明白努尔哈赤的意思，软的一套无非是宴请、封官、赏赐，于是说："我们先探探那小子的底细吧。"

经过一番周折，他们在军中找到了索卡列夫小时候的一个朋友，名叫阿克敦，向他了解索卡列夫的性格品行。努尔哈赤觉得索卡列夫是个人才，决定亲自去收服他，便和阿克敦一起去锡林营寨。

在酒宴上，阿克敦与索卡列夫大谈往日的友情，又将努尔哈赤的功绩细说一番，最后说："据我观察，明王朝已腐败得一塌糊涂，它的步兵怎么能阻挡女真骑兵的冲击。要不了多长时间，努尔哈赤就可以主宰中原了。请大哥再听小弟一句劝，凭大哥的本事，现在正是建功立业的好机会，何不随小弟一起归顺了努尔哈赤，出去闯荡一番，也不枉有这一身的好武艺。"

索卡列夫说："我也听说过一些罕王的事情，他确实是个干大事的人。但耳听为虚，眼见为实，等我一睹他的真面目再说。"

阿克敦看了努尔哈赤一眼，笑道："罕王是个看重英雄的人，对朋友可谓义薄云天。正因为罕王讲情义，才让我来劝说大哥，大哥还有什么可犹豫的呢?"

索卡列夫说："锡林虽不大，却有酒喝，有肉吃，又有女人陪着，这就够了，为何要跟着罕王去受罪呢？咱们小时候吃了很多苦，也该享乐一下了。"

这时，一直隐藏身份的努尔哈赤闻言，便对他说："这位小兄弟说得在理，日子过得好好的，为何要去自讨苦吃呢？可是，小兄弟想过没有，近几十年来，女真界有几人是真正过着安稳日子的？大明朝的歧视，地方官吏的盘剥压榨，女真人之间的血腥争夺，使得大家都像猎人一样，要与各种野兽搏斗，不是将野兽打死，就是自己死于野兽之口。情势所迫，谁能安于一隅？再说，这位小兄弟是大将之才，一个小小的锡林又怎么能容得下身？只有让女真真正统一、强大起来，才能在当今之世立足。”

努尔哈赤说这番话的时候，索卡列夫惊讶地盯着他看，心想：一个莽汉竟能说出这番大道理，实在是不简单。他说：“这位大哥倒是胸怀大志，不知能否交个朋友？”

努尔哈赤大笑道：“太好了，我正是为交你这个朋友而来。”

索卡列夫愣了一下，一下子明白过来，说：“难道你就是努尔哈赤？”

阿克敦拉起索卡列夫的手，说：“大哥，这位就是我们的罕王努尔哈赤，他希望你能成为建州的一员大将。”

索卡列夫闻言，忙单膝下跪行礼，说：“不知罕王亲临，多有得罪！”

努尔哈赤扶起索卡列夫，说：“既然是朋友，又何必拘礼？”

索卡列夫说：“久闻罕王胆识过人，今日一见，果然名不虚传，实在是英雄本色。我也有心跟随罕王，只是一下子还丢不下锡林。”

努尔哈赤说：“此事可从长计议，望兄弟三思而后行。”说完，便向索卡列夫告别而回。

路上，阿克敦问努尔哈赤：“事情已经到了火候，大王为何不直接把他收编呢？”

努尔哈赤笑了笑，说：“收了他，锡林路由谁来管？话已经点到了，你的任务完成得很好，何去何从他自会选择。”

第二天晌午，锡林路送来了礼物。使者将礼单交过来，传到里面，努尔哈赤一看，说：马二百匹，威海鱼一千斤，牛二百头，谷物一千石。看完礼单，努尔哈赤笑着说：“给得不少啊！请回禀你们路长，他的选择是正确的，感谢他，以后我们会像朋友一样相互协助。”使者说：“没有问题。路长说了，只要罕王有令，锡林路绝对执行。”就这样，努尔哈赤收服了锡林路。

万历四十三年（1615 年）十一月，努尔哈赤遣额亦都、费东英率兵两千人，征讨东海渥集部额黑库伦。额黑库伦部民“住在东边的东海之北”，即今乌苏里江以东滨海地区。

大军东进四十天，到了纳赫塔赫河的河源下六十五公里处，在顾纳喀库伦扎营，传信招抚额黑库伦城中的人马，城中回信说“愿降”。但城外各处人马陆续进入城内，集合了三日仍不投降。额黑库伦的城墙由三米多高的巨木建成，木栅栏外有三道一人多深、五步宽的壕沟。额黑库伦贝勒命人撤走壕沟上的桥板，关紧城门，弓箭手布满城池四周，严密把守。

巴雅齐见城门紧闭，没有投降的意思，于是下令攻城。重甲骑兵列成“一”字阵往前冲，向壕沟里抛投土袋，很快便在三道壕沟上垫出一条路来。骑兵顺着垫出的路，顶着城里射出的箭矢冲到城下，抛出拉马的绳套挂在巨木的上端，然后用两匹马拽绳子，使巨木轰然倒地。几十个铁骑同时拽拉，木城墙顿时出现了数个豁口，城内的弓箭手纷纷逃命，巴雅齐等人率领千余兵马冲入城中。此战建州军斩杀对方八百人，俘获万人，收抚其居民，编户五百而回。

万历四十五年，即天命二年（1617 年）正月，努尔哈赤派四百人攻取沿海散居未服的诸部人马。二月，“遂将东海沿岸散居之民尽取之”。三月，“造大刀船，渡过海湾，逮住占据海岛未服的诸部人”。

万历四十六年（1618 年）十月，努尔哈赤派兵搬接东海虎尔哈纳喀达为首的百户降顺部民至建州。

万历四十七年（1619 年），努尔哈赤于正月和六月先后两次派穆哈连带兵千人，收取东海虎尔哈部民。六月初八，穆哈连“带来千户，男两千人，六千余口”。努尔哈赤亲自出城迎接，并命人搭八个凉棚，摆二百桌酒席，杀二十头牛，盛情款待穆哈连及归顺的各部大小首领。

天启五年（1625 年），努尔哈赤集中力量夺取辽沈地区并巩固对其的统治，先后六次发兵征讨东海女真。

努尔哈赤对东海女真前后用兵达三十年，基本统一了东海女真，在东起日本海，西迄松花江，南达摩阔崴湾、濒临图们江口，北抵鄂伦河这一广大疆域内，取代了明朝的统治。

2. 正式称汗

统一建州女真后，随着统治区域的扩大，管辖部民的增多以及王权的建立，努尔哈赤组建了一支常规军。这支军队分为四个兵种，即环刀军、铁锤军、串赤军和能射军。努尔哈赤又下令多造弓矢，四军分别练习骑射，严定军纪。四军编制，实际上就是后来四旗的基础。

万历二十九年（1601 年），努尔哈赤对建州军队又进行了一次整编。女真人出师行猎，往往依照族寨而行，每十人中立一总领来约束，这个总领叫作牛录额真（“牛录”即“大箭”的意思，“额真”即“主”的意思）。这种牛录制，本是临时性的军事或狩猎编组形式。现在努尔哈赤的地盘大了，人马也多了，出现了一些混乱现象。几万兵马，儿子们争位，部将们争权，兵找不到帅，帅管不了兵，还常常自相残杀，弄得努尔哈赤十分头疼，寝食不安。

费阿拉城东北约五里地，有座鸡鸣山。一天晚上，努尔哈赤来到鸡鸣山下的摄克河（摄克河是条小河，满语是“鸡鸣”的意思，因此又叫鸡鸣河）边散步。他站在摄克河边，朝着鸡鸣山和烟筒山望去，只见山谷中帐篷连片，山风把旗帜吹得哗哗作响，很是威严壮观，但与之不和谐的是从营房里传来的殴斗声。

努尔哈赤为此心急如焚，在河边走来走去，苦苦思索良策。侍卫长阿敦催他回去，他也不理会，直到夜深，山谷中帐篷里的灯光都灭了。

突然，远处传来几声鸡叫，他忙问身边的几个侍卫，他们也说刚才听见鸡叫了。努尔哈赤心里有些纳闷，半夜怎么会有鸡叫呢？他骑着马带上几个侍卫，朝鸡叫的方向走去。

鸡叫声没有了，他们发现摄克河边的河滩上闪出一片白光来，但跑到跟前一看，白光又不见了，只有河水在哗哗流淌，山风在呼呼地吹。努尔哈赤转身往回走，还没走出多远，侍卫们在身后大喊："罕王，快看，白光！"

努尔哈赤回头一看，果然河边又一闪一闪地亮起了白光，便又返回去，但一到近前，白光又不见了。努尔哈赤非常纳闷，这白光究竟是从哪儿冒出来的？为什么一到眼前就没有了？他看看天上，天上的月亮暗淡无光；望望河水，河水乌黑，闪不出光。努尔哈赤疑惑不解，只得回转，不料没走几步，侍卫们又大叫："那白光又出现了！"

他们回到河滩，仔细查找刚才出现白光的地方，努尔哈赤命令侍卫动手往河床下挖。侍卫们挖着挖着，挖出了鹅卵石；再挖着挖着，忽然露出来一张大弓。这张弓差不多有两人高，弓弦就像古藤那么粗，一个人根本拽不动，几个壮实的侍卫好不容易才从坑里把弓抬出来。努尔哈赤接过弓一看，发现上面刻有"大金收国宝弓"六个大字。

原来，这是先祖完颜阿骨打的弓，"收国"是金太祖的年号，此弓乃是镇国之宝。侍卫们走上前去，轮流试了试，没有人能拉得开。努尔哈赤拿到手里，仰天大吼一声，一下就拉开了。他松开弓弦，只听得"嗡"的一声，就像山风一样响。

努尔哈赤觉得此弓是上天所赐，心中充满了喜悦，他命侍卫们把弓抬回城里去。众将士知道后，都来祝贺说："今天得到金代开国的宝弓，这是罕王必定要得到天下的喜兆！"这句话说到努尔哈赤心里去了。他这么多年一直苦思冥想，不就是要有一个响亮的名号吗，不就是要将松散的军队统一到一面大旗下吗？

次日，努尔哈赤吩咐杀牛、宰马、猎鹿，全军祭天。祭天时，努尔哈赤想，人少人心齐，人多人心杂。眼下数万兵马，怎样才能让他们人多心也齐呢？金代完颜阿骨打的军旗分五种颜色——红、黄、蓝、白、黑。红色代表太阳，黄色代表土地，白色代表水，蓝色代表天，黑色代表铁。但是，铁又生于土，有了土就可以不要黑色了，这样就只剩下四种颜色。女真人靠天靠地，有水有日，就能发迹。那么，何不将军队按天、地、日、水分成四部来统辖？

于是，就在这一年，努尔哈赤按照“天、地、日、水”的思路对军队进行了整编。“复编三百人为一牛录”，每牛录设额真一员，并画一旗色，按旗编制，以黄、白、红、蓝四色为旗的标志，称为正黄、正白、正红、正蓝，旗皆纯色。

随着建州统一女真的步伐加快，努尔哈赤的地位和声望不断上升。他沿着通向汗位宝座的阶梯，不声不响地拾级而上。

万历三十一年（1603年），努尔哈赤迁都至赫图阿拉。照着费阿拉城的样子，赫图阿拉依然建有议事厅和祭祀堂，以便办理政务和拜祭天地祖宗。努尔哈赤及成年阿哥的府第、侍臣们的宅子都重新建造。为了不侵占原有部民的田地，努尔哈赤亲自指定每个阿哥建房的地点与房宅的规模。令努尔哈赤没想到的是，建宅竟然引起了一次小小的纷争。

原来，代善的财产、牲畜最多，他新建造的房宅不但最多，而且高大豪华，气势远远超过了努尔哈赤的府第。其他阿哥、侍臣的房子，都是根据努尔哈赤府的高矮调整修建，全都小于罕王府。

新房子盖完后，代善站在大门外，得意地欣赏着自己的新家。这时，阿敏骑马从后面走过来，对代善说：“二哥有什么喜事，别在心里偷着乐，说出来听听。”代善见是阿敏，满脸堆笑地说：“弟弟看我的新家怎样，还有哪里不妥当？”阿敏下马来到代善身边，对着他的耳朵小声说：“我看很不妥当。”代善立刻绷紧了脸，斜眼看了阿敏一下，指着远处的小房子说：“跟你的比还不好？”说完“嗤”地笑出声来。

阿敏依然小声说：“二哥，应该比我的好，但比罕王的房子好太多了吧？”代善听了身子一哆嗦，笑容凝固在脸上。阿敏依然声音细小地说：“大哥褚英原先执掌政务，因为什么被剥夺了牛录，大家都心知肚明。二哥怎么不小心些，竟如此明目张胆？”代善愣着不动，似乎失去了反应能力。阿敏又说：“别人不吱声，我不能不给二哥提个醒，我走了。”

代善这才像刚睡醒似的，伸手拉住阿敏的手，一脸哭相地说：“兄弟留步，我可不愿得罪阿玛和弟弟们，你得帮我想个办法。要不，我把房子全扒了重盖，行不?”阿敏说：“不好吧，你再想想。”说完就要走，代善抓着他不松手。阿敏挣不开，只好扶着代善的胳膊说：“进屋合计合计。”

代善赶忙拉着阿敏走进门里。进屋后，代善恐慌地问道：“有什么办法没？扒房子行不?”阿敏摇摇头说：“不行，二哥想想，这么豪华的房子，还没有住一天，突然扒了，别人会怎么想？大家都没说话呢，咱们自己这么折腾，不是更显得有问题了吗?”代善急了，问：“那到底该怎么办?”阿敏说：“别急，有个办法，你看行不？你把这个宅子送给罕王，说是给罕王建造的，不就行了吗？你自己再重新盖。”“这个办法好!”代善终于稳住了心神。

事后，代善按照阿敏说的，把自己的宅子送给了努尔哈赤。努尔哈赤高兴地收下了，又给代善指定了新的建房位置，并且拿出银子交给他，让他把自己的房子也盖得好一点。代善见努尔哈赤高兴，一件愁人的事情办得这么漂亮，还得了银子，便欢天喜地地张罗自己的新宅第去了。代善长子岳托①的宅子建完后，也想送给努尔哈赤做礼物。努尔哈赤接受了孙子的礼物，也给了岳托银子，让他自己重新再建。

不过，代善重新建造府第时，没有在努尔哈赤指定的地方盖房，而是自己选了一处房址，山林掩映，十分隐蔽。代善建起了一座比原来更气派、更宽敞的豪宅，只是被山林遮挡着，外面看不真切，只能看见巍

---

① 爱新觉罗·岳托（1599—1638）：清太祖努尔哈赤之孙，礼亲王代善之长子。岳托是清朝开国史上的一位重要将领，他在祖父去世后，以大局为重，劝父拥立皇太极。岳托很早就投身戎马，太祖朝时，他攻辽沈，征蒙古，与父亲代善同掌两红旗。先被封为台吉、贝勒，后因军功被封为亲王，主管兵部。他性情耿直，引起了皇太极的不满，动辄获咎，屡遭贬斥至贝勒。崇德三年（1638 年）病逝于济南。皇太极念其功绩，追封他为克勤郡王。康熙二十七年（1688 年），清廷为其立碑纪功。乾隆四十三年（1778 年），配享太庙，入祀盛京贤王祠，并以克勤郡王之爵世袭罔替。

峨的门楼。

努尔哈赤之所以收下代善父子的房产，并且自己的府第比众人气派，其实是想告诉所有人，他才是最高领导者，任何人都不能超越他。

万历四十一年（1613 年）十二月，山西布政使郭光复[①]被任命为辽东巡抚。为了增加自己的权势，排挤辽东的原有势力，郭光复上书朝廷，请求任命旧部老将张承荫担任辽东总兵。现任总兵李如柏是李成梁的儿子，李成梁经营辽东近三十年，结交朝中权贵，把四个儿子都安排成了高官大吏。如今，李成梁以宁远伯的身份养老，很久不到朝中走动，关系网早就断了。所以，郭光复一纸奏章，便让李如柏回家养鸟遛狗开妓院去了，张承荫走马上任。

新总兵张承荫是一个能干的将才。他继任后，整饬军纪，修造战具，操练兵马，亲自巡查边界城防，干得有声有色。他还装扮成小商贩，牵马驮货，进入建州地界，搜查当地实情，窥探努尔哈赤四旗兵马的营房驻地和校场。他看到各旗士兵体格雄壮，操练整齐，盔甲鲜明，纪律严整，比明军精神得多，就渐渐起了讨伐之心。

张承荫回城后，直接就去拜见巡抚郭光复，向他说明建州的情况，然后提出要出兵攻占赫图阿拉城。郭光复听了连连摇头，对张承荫说："咱们在辽东应该安抚边境，尽忠朝廷，万万不可意气用事，生出事端。"张承荫见郭光复不支持出兵，只好无奈地返回总兵府。

此后几天，张承荫都闷闷不乐，叹息不已。府中管家见状，小心翼翼地问他："老爷有何烦心事？"张承荫说："我手握重兵，却不能为朝廷出力，心里烦闷。"管家说："老爷您日夜操劳，怎么能说没出力呢？"张承荫喝了一口茶，顿了一下才说："我想出兵建州，为朝廷立功，但巡抚大人却不肯。"管家弓着腰走近，说："老爷要是想办法，

---

① 郭光复（？—1616）：河北固安人。万历十七年（1589 年）进士，授户部主事，升员外郎。历任扬州知府、淮徐兵备副使、山西右参政，调宁武道升左布政。万历四十二年（1614 年）升都察院右副都御史，任中巡抚辽东，万历四十四年（1616 年）以身殉职。明神宗特颁旨，称郭光复"尽瘁卫边，忠劳可悯"，准予祭葬，追赠兵部左侍郎。崇祯三年（1630 年）加赠正义大夫。

让建州先侵犯咱们，巡抚大人还不得派老爷出兵吗？到那时，老爷就可上阵立功了。”张承荫一听顿时来了精神，说：“好，好主意啊。”

不多日，张承荫派手下的通事董国阴出使赫图阿拉。董国阴见到努尔哈赤后，说：“你们住所以外的地方，都属于我们明朝。现在，我们要立界碑，柴河、三岔和抚安这几个地方的庄稼不许收割，住在那里的都要迁回城里，把地方还给我们。”

努尔哈赤说：“我们累世居住的田地房舍，现在突然让我们放弃，是你们想放弃盟好而故意说这样的话吧？有贤者云：海水不溢，帝心不移。今明军偏助叶赫，敌对建州，又令我境内部民不许收割庄稼而迁走，是帝心移了，不愿太平相处，与我交恶。我们地小兵少，受小害，你们不受大害吗？”

董国阴脸色不悦地说：“难道你们还敢跟朝廷动兵不成？”努尔哈赤说：“如果有兵祸，我们部民不多，不难迁走躲避。若兵戎相见，唯独是我们有祸患吗？”董国阴怒道：“这话太过分了，等着战场上见高低吧。”说完便怒气冲冲地走了。之后，张承荫命人立界碑数个。

安费扬古、代善、阿敏等人见张承荫如此霸道，都十分愤怒，请求出兵攻打辽阳。但努尔哈赤不同意，并派人传令给边界居住的部民和士兵，让明兵随便立界碑，不得与他们产生冲突。

张承荫一计不成，又开始寻思新的计策。他再次搬出屡试不爽的强有力的武器——“停止贸易”，以此来牵制女真。一场骚乱甚至战争正在酝酿之中。

万历四十二年（1614 年）十一月，努尔哈赤在赫图阿拉城中召见群臣。刚落座，他便对众人缓缓说道：“古人有云：‘心贵正大，予窃思之，心中有贵者莫过于正大也。’不要说我为何将疏远者又招而亲近，往后你们推荐贤才，千万不要过分注重出身根基，只要他心术正大就可以推荐，选择有才之士担任合适的职位，不可因族别之争而荒废了人才，耽误了国家前途。古往今来，但凡当政者，得一才一艺是很难的。希望你们以后多多推荐有才之士，为国家奉献一分力量。”

努尔哈赤对明廷的挑衅置之不理，只令众臣商讨厚待功臣的国策。

过了几天，努尔哈赤心情不错，下令出猎。这天大雪纷飞，寒风嗖嗖，白雪把大地铺盖得十分厚实。努尔哈赤唯恐浮雪会弄湿衣物，便脱下令人收起来。侍卫阿敦、博西勒二人对此感到很奇怪，便上前拱手道："主子您今日为何这般怜惜一件衣服呢？您尽可穿着它去打猎啊！"努尔哈赤听了，笑着说："我并非无衣而怜惜，而是怕雪弄湿了衣物多有不便。与其让雪弄湿衣物，何不如赐予尔等，岂不美哉？要是拿被雪弄湿的衣物赐予尔等，何美之有？我怜惜的是尔等啊！"

万历四十四年（1616 年）正月初一，努尔哈赤在赫图阿拉建国，国号"大金"（史称后金）。努尔哈赤被"拥推"为"奉天覆育列国英明汗"，正式称汗，成为后金大汗。

行大汗礼后，努尔哈赤开始加封官爵。首先，加封和硕贝勒八人作为八旗的固山旗主，分别是大和硕贝勒代善、二和硕贝勒阿敏、三和硕贝勒莽古尔泰、四和硕贝勒皇太极、五和硕贝勒阿济格[①]、六和硕贝勒多尔衮[②]、

---

① 爱新觉罗·阿济格（1605—1651）：清太祖努尔哈赤第十二子，多尔衮的胞兄。皇太极时期参加过攻打明朝边境以及朝鲜的作战；清军入关时作为清军前锋随多尔衮入关，顺治元年（1644 年）封和硕英亲王。地位仅次于四大贝勒。以靖远大将军自边外入陕西、四川，屡败李自成，杀死刘宗敏，俘获宋献策。顺治五年（1648 年）以平西大将军督师征讨姜镶在大同的叛乱。顺治五年（1648 年），要求封叔王，遭到摄政王多尔衮的拒绝。多尔衮死后，他企图摄政，被削爵幽禁赐死。

② 爱新觉罗·多尔衮（1612—1650）：清太祖努尔哈赤第十四子。清初杰出的政治家和军事家。天命十一年（1626 年）封贝勒；天聪二年（1628 年），十七岁的多尔衮随皇太极出征，征讨蒙古察哈尔部，因军功被赐号"墨尔根岱青"，成为正白旗旗主。天聪九年（1635 年），多尔衮等率军前去收降蒙古林丹汗之子额哲并获得传国玉玺。崇德元年（1636 年），因战功封和硕睿亲王，次年正月，皇太极令多尔衮追击朝鲜国王家属。崇德六年（1641 年）至崇德七年（1642 年），在松锦之战中立下卓越战功。

皇太极死后，多尔衮和济尔哈朗以辅政王身份辅佐皇太极第九子福临即帝位，称摄政王；顺治元年（1644 年），指挥清军入关，清朝入主中原，先后封叔父摄政王、皇叔父摄政王、皇父摄政王。顺治七年（1650 年）冬，死于塞北狩猎途中，追封为清成宗，谥号为"懋德修远广业定功安民立政诚敬义皇帝"。两个月后，即顺治八年（1651 年）二月被剥夺封号，并掘其墓。乾隆四十三年（1778 年），乾隆帝为其平反，恢复睿亲王封号，评价其"定国开基，成一统之业，厥功最著"。

七和硕贝勒多铎[①]、八和硕贝勒济尔哈朗[②]。八大和硕贝勒到殿前谢封，四位大的和硕贝勒都是二三十岁，大步进殿，撣开左右马蹄袖，跪地叩首。

当时，多尔衮只有五岁，多铎才三岁，是由他们的额娘带来的，大福晋阿巴亥一手抱着多铎，另一手领着多尔衮跨进大殿的门槛。进入大殿后，阿巴亥放下孩子，让多铎和多尔衮自己往前走。两个小不点像大人似的，走步，撣左袖，撣右袖，跪地，叩头。看着他们有板有眼的动作，旁边的人都跟着偷笑，就连御座上一脸严肃的努尔哈赤也是满脸笑容，跪在第一排的皇太极也忍不住侧头偷看。

封赏和硕贝勒八人之后，再由额尔德尼公布，加封其他贝勒十四人，有努尔哈赤的弟弟、儿孙和侄儿，分别是穆尔哈齐、雅尔哈齐、巴

① 爱新觉罗·多铎（1614—1649）：清太祖努尔哈赤第十五子，阿济格与多尔衮的同母弟，满洲镶白旗旗主，时人通称十王，清初八大铁帽子王之一，爵位世袭罔替。后金天命五年（1620 年），封为和硕额真，旋封贝勒，统正白旗。崇德元年（1636 年），封为封豫亲王。崇德六年（1641 年），参与松锦大战，获大捷。顺治元年（1644 年），以定国大将军身份跟从多尔衮入关，击败李自成军。旋挥师破扬州，杀史可法。下江南，俘南明福王，晋和硕德豫亲王。顺治六年（1649 年）三月十八日，多铎染天花而亡，年仅三十六岁，谥号“通”。乾隆年间诏配享太庙。他一生战功彪炳，乾隆皇帝称其为“开国诸王战功之最”。

② 爱新觉罗·济尔哈朗（1599—1655）：和硕庄亲王舒尔哈齐第六子，清太祖努尔哈赤之侄。济尔哈朗从小就生活在努尔哈赤的宫中，由努尔哈赤抚养，所以他与努尔哈赤的儿子们关系很好，尤其与皇太极的关系非同一般，也因此他才会在父兄反叛后依旧受到信任和重用。济尔哈朗自青年时代起就追随努尔哈赤南征北讨，因军功受封为和硕贝勒。他是努尔哈赤时期共柄国政的八大和硕贝勒之一，也是皇太极时代的四大亲王之一，成为清朝历史上除多尔衮外唯一一位受“叔王”封号的人。乾隆四十三年（1778 年）配享太庙。

雅齐、阿拜、汤古代、塔拜[①]、阿巴泰[②]、巴布泰、德格类[③]、巴布海、图伦、杜度[④]、岳托、硕托，十四个贝勒进殿叩拜。

接着，由近侍阿敦宣布加封一等大臣五人，分别是钮祜禄氏额亦都、瓜尔佳氏费英东、董鄂氏何和礼、觉尔察氏安费扬古、佟佳氏扈尔汉。

阿敦再宣布加封二等大臣九人和三等大臣十二人。二等大臣有额尔德尼、阿敦、穆哈连、博尔晋、旺善、扬古利、班布理、常书和龚正陆。三等大臣有鼐护、斋萨、阿林察、武谈、颜布禄、兀凌噶、鄂尔果尼、洛科、洛汉、雅虎、煌占和斐扬占。

加封贝勒、大臣之后，军中所有将士都有奖赏，从固山额真到最低等的牵马阿哈，个个都分到了银子和牛羊。登基典礼结束后，各旗兵将兴高采烈地回家过大年去了。

就在努尔哈赤建立大金国后不久，建州女真部众与大明边民发生了

---

① 爱新觉罗·塔拜（1589—1639）：清太祖努尔哈赤第六子。天命十年（1625 年），伐东海北路呼尔哈部有功，授三等甲喇章京。天聪八年（1634 年），进一等。寻封三等辅国将军。崇德四年（1639 年）九月逝世。顺治十年（1653 年），追封谥辅国悫厚公。

② 爱新觉罗·阿巴泰（1589—1646）：清太祖努尔哈赤第七子，隶属满洲正蓝旗。初授台吉，明万历三十九年（ 1611 年），与费英东一起征讨东海窝集部乌尔固辰、穆棱二路。天命八年（1623 年），与德格类一同征讨扎鲁特部，追斩昂安。天命十一年（1626 年），皇太极即位，阿巴泰被封为贝勒。崇德元年（1636 年），晋封为多罗饶余贝勒，驻防噶海城。崇德七年（1642 年），与郑亲王济尔哈朗一起攻克杏山。以奉命大将军的身份征明，攻破蓟州等州县。顺治元年（1644 年），晋封为多罗饶余郡王。顺治三年（1646 年）三月病逝。康熙十年（1671 年）追加谥号为“敏”。

③ 爱新觉罗·德格类（1592—1635）：清太祖努尔哈赤第十子，母为富察大福晋。初授台吉。天命六年（1621 年），率军攻打奉集堡（今辽宁沈阳东南），攻克海州。又与阿巴泰征讨喀尔喀蒙古扎鲁特部。天命十一年（1626 年），封多罗贝勒。天聪五年（1631 年），后金设六部，掌户部事。旋出征锦州、归化（今内蒙古呼和浩特）、旅顺等地。天聪九年（1635 年）逝世。

④ 爱新觉罗·杜度（？—1642）：清太祖努尔哈赤之孙，广略贝勒褚英第一子。初授台吉，天命九年（1624 年）封为贝勒。天聪元年（1627 年），跟从贝勒阿敏、岳托等伐朝鲜。天聪三年（1629 年），跟从皇太极攻打明朝，并且打败明朝援兵。天聪四年（1630 年）正月，大败反攻的明军，明军仍然力战，遂歼灭其部众。天聪七年（1633 年），明将孔有德、耿仲明投靠后金，杜度协同贝勒济尔哈朗、阿济格赴镇江迎接他们。崇德元年（1636 年），晋封为安平贝勒。崇德六年（1641 年），攻打广宁，击败松山、锦州的明朝援兵。崇德七年（1642 年）六月逝世。雍正二年（1724 年），清廷为其立碑记功。

一场流血冲突。铁岭一带，明军的家眷自发聚集了数百人，进入大金境内，采挖山中的人参，下河里捞沙子下面的狗头金。当地女真人见明朝人越境来采挖山货，便群起阻挡。双方互不相让，最后竟动起手来。碰巧扈尔汉带兵巡边路过这里，见有几百人在厮杀，就下令所率人马将民众分开，阻止这场争斗。因局势十分混乱，结果斩杀大明边民五十多人，其他人见势不妙都逃走了。

努尔哈赤听了扈尔汉禀报的情况后，觉得这无疑给了明军口实，郭光复和张承荫肯定会就此大做文章。鉴于事态严重，他连忙派纲古里和方吉纳为使臣，率领九名随从，去见巡抚郭光复。

张承荫正想找建州的茬，没想到机会这么快就来了。他在努尔哈赤的使者没有赶到广宁之前，就把这一事件添油加醋地向郭光复渲染了一番。郭光复闻报又惊又喜，心里美滋滋地琢磨着怎样拿捏努尔哈赤一把。这时，侍卫来报："建州派来两名使臣，随从九名，共十一名，求见大人。"郭光复传令道："不用见了，把那十一名建州人拿下，带上重枷下狱。"随后，他命人去建州逼迫努尔哈赤交出"杀人者"。

努尔哈赤听说纲古里、方吉纳及九名随从被扣押，来使又语言强硬，以出兵相胁迫，心中十分愤怒。但苦于一时没有更好的对策，只得把这口气暂时忍下，让费英东与使臣周旋。

费英东不愧为有勇有谋的一等大臣，他把明朝使者安置在客店住下，吩咐侍卫几句就走了。大明使者看见客店外面站立着威武的八旗兵，突然害怕起来：如果一不小心惹恼建州兵，他们悄悄杀了我们也说不定，此地不可久留，但如果努尔哈赤不杀扈尔汉，怎么向巡抚大人交代呢？想到这里，使者头上的汗直往下流，坐也坐不住了，忙叫侍卫把费英东找来，商量一个两全之策。

最后他们商定，随便绑几个罪人，押到边关城外斩首示众。使者回去后禀报郭光复，说建州已斩了巡抚要杀的人，将此事敷衍过去。

正所谓祸不单行，这事还未结束，噶达尔又来向努尔哈赤报告说，雅尔拜雷和几个建州商人被黑龙江女真杀了。为此，努尔哈赤不得不放下其他事情，先处理黑龙江女真杀人事件。

3. 且征且抚

野人女真的另一支——黑龙江女真，因居住在黑龙江流域而得名，包括虎尔哈部、萨哈连部、萨哈尔察部、使犬部、使鹿部和索伦部等。

这一带有水量丰沛的河流，广阔的草甸，蓊郁的丛林，茂密的灌木。灌木林中有红瑞山茱萸、红果山楂、绣绒菊和山葡萄。在杨树、柳树、松树和桦树的林荫中，散居着女真人、达斡尔人、鄂温克人、鄂伦春人、费雅喀人和索伦人，他们靠狩猎、畜牧、采集、种植或捕鱼为生。

黑龙江女真人除捕鱼之外，还采撷东珠。

长满水藻、绿苔的河汊，是采捞东珠的好地方。采珠人在每年四月至八月的采珠季节里，乘葳瓠（独木舟）并负袋潜水采珠。他们潜在水中，捞出河蚌，装入袋中，上岸后将捞取的河蚌敲开，寻找珍珠。

这本是一片原始而平静的土地，但努尔哈赤建立金国称汗后，为了从大明朝手中接管对黑龙江流域的统治权，便找了个借口兵指萨哈连部。

萨哈连部因居住在萨哈连乌拉流域而得名。萨哈连满语意为“黑色”，乌拉意为“江”。萨哈连乌拉河，即黑龙江，又名“黑水”。萨哈连部共有三十六个屯寨，居住在黑龙江中游流域，东至乌苏里江口，接使犬部，西邻索伦部，南至虎尔哈部，北面是使鹿部。

萨哈连部大酋长名叫兀里求思，五十多岁，娶有四个福晋，每个福晋都生了女儿。四个女儿由大到小依次是：兀里吉拉，二十岁；兀里恩乃，十九岁；兀里嬉娅，十八岁；兀里喇仙，十七岁。她们个个长得如花似玉，一个比一个漂亮，且都到了婚嫁之龄。按萨哈连的婚俗，女方相中男方以后，就允许男方亲自求爱，不需要媒人从中牵线搭桥。

自从努尔哈赤收服东海女真后，兀里求思一直心神不宁。他清楚地记得，小时候听老人说：东海女真与黑龙江女真都是野人女真的后代，元朝灭亡以后，他们受大明王朝的管辖。现在明朝官吏腐败，朝廷无能，没有力量来过问他们，刚过两年安稳日子，建州的努尔哈赤又插了进来。听说努尔哈赤打着统一女真族的幌子，行征服奴役之实。兀里求思四处奔走，想联络黑龙江其他几部，统一行动，阻止努尔哈赤的兼并。

事不凑巧，一个意外的发生使战事提前到来了。

万历四十四年（1616 年）初夏，兀里求思的四个女儿到帽儿山打猎，在林子里遇到了来黑龙江女真部落收购东珠的建州商人。他们奉努尔哈赤之命收购东珠，准备赴京城纳贡。这群商人一行二十人，领头的是努尔哈赤的一个远房侄儿，名叫雅尔拜雷。此人三十四五岁，是个好色之徒。他一见四个少女面貌俏丽，就上前搭讪，并指使众人纠缠她们。

说来也巧，前面不远处有一草棚，是打猎人搭的临时住所。雅尔拜雷走进去一看，屋里没有人，地上铺着干草。他想，何不把那四个姑娘弄来玩玩？于是，他让随行人员把她们都捆在草棚前边的树上，准备痛快地玩一下。

随行的将领噶达尔劝他说："你考虑这样做的后果没有？咱们临走时大汗一再嘱咐，不要惹麻烦！"雅尔拜雷这时魂儿已不在身上，早被那四个姑娘勾了去。

恰巧这天兀里求思去萨哈尔察部做动员，但大家对他的提议并不热心，他一赌气便走了。因饮酒过量，他坐在马背上晕晕乎乎地走着，突然听到一阵女人的哭喊声。他对后面的几个侍卫喊道："过去看看！"侍卫们一拍马，朝哭声跑去。

过了一会儿，兀里求思见几个侍卫久去不回，便亲自过去察看。他趺趺撞撞地进到草棚里一看，顿时如五雷轰顶：一个如野兽般的男人正在亵玩四个赤身裸体的姑娘，而她们正是自己娇宠的女儿。他愣了一下，立刻清醒过来，大喝一声："畜生！"随后从腰间拔出一把朴刀，对着雅尔拜雷的心口就刺。

雅尔拜雷见兀里求思的刀向自己刺来，赶忙闪开，但由于手无寸铁，又处于慌乱中，终究成了刀下之鬼。

兀里求思给女儿们松了绑，让她们穿上衣服。他从女儿口中得知外面还有这人的同伙，于是提着朴刀，找到那些商人，挥刀便砍。兀里求思一刀结果一个，一连刺死十几个人，雅尔拜雷的手下全被杀死了。

兀里求思带着女儿们回到萨哈连部后，立即派人寻找建州来的人，命令侍卫将他们全部捉来。建州将领噶达尔当时正好不在萨哈连，当他发现雅尔拜雷和那些商人的尸体时，已猜想到发生了什么事情，连忙赶回去向努尔哈赤禀报。

这时，兀里求思又抓了三四十个建州人，连夜将他们斩杀，只有七八个会武功的人逃脱。

六月二十八日，噶达尔回到赫图阿拉后，向努尔哈赤报告了雅尔拜雷及其手下和几十个商人被杀一事。努尔哈赤立即招来贝勒、大臣，商议处理萨哈连抢劫商队的事情。努尔哈赤表示要出兵讨伐，所有的贝勒、大臣都一致表示同意。

努尔哈赤说："萨哈连部路遥千里，人口稀少，不必派大部队，出动两千人马足够了。现在就准备，立夏前出发。"

贝勒巴雅齐建议道："大汗何必这么急着出兵，何不等到冬季，路上的草干黄了，河水也结冰了，容易行军时再攻打?"

努尔哈赤说："夏天如果不去，等秋天他们把肉干、鱼干和粮食埋藏各处，然后抛弃屯寨窝棚，藏到大山里的阴达晖塔库喇喇部，我方大军到后，抓不着人，又找不着吃的，只能回兵。我方大军撤走后，他们又回到故地，挖出埋藏的食物，还会边吃边嘲笑大金兵马不能把他们怎么样，更不会把大金放在眼里了，这岂不有损大金的威名？我们的兵马如果夏天去攻打，他们只顾自己逃避，没有工夫埋藏食物。而且他们以为这个夏季大军不会来，都闲散在家里没做防备，所以现在出兵，定能一举全胜。"

额亦都、扈尔汉、栢祜天等人都赞同努尔哈赤的说法。扈尔汉说："萨哈连和虎尔哈路途遥远，有一千多里，行军不能太快。现在准备，等到达那里也就快到秋天了。"于是，决定在这个夏季出兵。

努尔哈赤发布大汗命令，下军帖四道："从每个牛录中各挑选马八匹，再出人八名。把挑出来的两千匹马，赶到田野里饲养，不干农活了；挑选出来的两千人，由扈尔汉与安费扬古率领，进行操练。每个牛录再派出两个人，进山伐木造船。出征的两千兵马，每人准备四十天的干粮。"

军令发布后，各旗立即行动。扈尔汉与安费扬古亲自挑选人马，三日就选定了两千人，都是二十多岁年轻力壮的精兵强将。十阿哥德格类贝勒和十一阿哥巴布海贝勒也被选中了。扈尔汉与安费扬古率领他们到浑河进行水军操练，在河面上射箭，在水中练习刀枪拼杀。因为萨哈连与虎尔哈两部是沿河居住，部民终日在水中捕捉鱼蟹，水性极好，后金的兵马也必须能够水战。

派去伐木造船的共有五百四十人，他们来到兀尔简河上游，砍倒百年大树，刨制小船和木桨，用了二十多天的时间，造出能够乘坐七八人的独木舟，共二百艘，都绑在兀尔简河边。

是年夏末，扈尔汉与安费扬古率领训练了近一个月的后金水兵，骑马出发了。两千兵马在崇山峻岭中急行八天，到达兀尔简河上游刨制小船的地方。扈尔汉与安费扬古率领一千四百人，乘坐两百艘独木舟，顺水而行，进入松花江，向黑龙江进发。另外六百人由德格类和巴布海统领，分成六队，赶着一千四百匹马，沿着江边行进，每匹马的马鞍上都绑着一副盔甲和刀枪。大军水陆并进，又走了十八天，在松花江转向东流的地方，船只靠岸，大军登陆。一千四百人在岸边等了两天，赶马的六百人也到了，全军上马向北进发，再走两天，到达黑龙江南岸的虎尔哈部。

虎尔哈部共有大小屯寨十一个，分布在松花江和黑龙江之间的高山峡谷中，各个屯寨之间关山阻隔、遥望不及。当后金人马兵临城下时，屯寨中的人还不知情，毫无防备。金军一拥而上，轻易地俘获了第一个寨子里不足百人的猎户，而别的屯寨离得很远，消息完全没有传出去。后金有九个商人来过这里，知道山路和沿途屯寨的位置，于是引领大军快速前进，寨子一个接一个地被围困攻破。对于寨子里的人，投降归附者收养，抗拒者斩杀。金军用了不到一个月的时间，便夺取了虎尔哈部十一个屯寨，活捉虎尔哈部首领博济里。

与虎尔哈部隔江对望，黑河以东、黑龙江的北岸，就是萨哈连部。这时，波涛汹涌的黑龙江水阻挡住了后金铁骑的步伐。而且，由于兀里求思早有准备，萨哈连部的九个屯寨都加强了戒备，有兵马守卫。

扈尔汉与安费扬古扎下营盘，等待时机。过去在建州附近征战时，常有江河阻挡道路，金军越过那些七十多米宽的河流，从来不用舟楫，都是人和马一起下河，浮水而过。不过，眼前的黑龙江可不是浑河、辉发河所能比的。江面上风疾浪高，暗流涌动。站在江边，寒风刺面，好像风里夹着冰针似的。眺望对岸，遥远缥缈，分不清是远处青山还是天边乌云。蹲下捧一把江水，凉彻筋骨。水上不见船影，只能看见比人还大的黑鱼跳出水面；岸上没有人烟，只有老虎、黑熊溜达到江边喝水。究竟该怎么过河呢？扈尔汉与安费扬古在江边发愁。

这时，有几个水性好、胆子大的护卫，自告奋勇地表示要下水游过去探路。扈尔汉阻止说："这么大的江，从来没见过，能游过去吗？江心有多大的暗流，有没有水怪都不知道。远怕水近怕鬼，不能冒险，我们再想想办法吧。"

安费扬古命护卫找来几个年长的虎尔哈人，问道："这水什么时候能冻成冰？"有个人回答："早着呢，要等树叶落光后三十天才能封江，现在桦树梢上还有几片叶子，没落净呢。"

扈尔汉与安费扬古合计说："实在不行，咱们再伐树造船。"但是，手头一个好用的工具也没有。安费扬古说："先回营吧，明天再说。"

第二天早起，天气更加干冷，站岗的卫兵跑进大帐向扈尔汉报告："江面冻冰了。"帐子里的人都不相信，一起跑出去看，果然冻上了。

再跑到冰面上踩一踩，有的地方冰薄漏水，有的地方结实可以走人。扈尔汉等人跪在冰上，叩谢上天保佑，让江水提前结冰，使大军能够顺利过江。

当夜三更天，扈尔汉和安费扬古带领一千人牵马走过黑龙江，突然发起攻击。他们先纵火烧毁寨门，经过一番激烈的拼杀，兀里求思抵挡不住，还未勒转马头，便被扈尔汉一刀砍下马来。萨哈连的士兵见部长被杀，都四散奔逃。扈尔汉、安费扬古指挥军队掩杀过去，天未大亮，萨哈连部在江南岸的九个屯寨都被征服了。接着，大军一路破屯斩寨，夺取萨哈连三十六个屯寨。

接着，扈尔汉和安费扬古又移军萨哈尔察部。萨哈尔察部民居住在牛满河（今布列亚河）地区。萨哈尔察是“黑色貂皮”的意思。其部长名叫萨哈全，不到三十岁。他的父亲萨拉胡里当部长时，嗜好赌博，经常到所属屯寨里去赌博。半年前的一天，萨拉胡里到兀胡里寨寨主纳班胡家赌博，赢了很多钱。纳班胡输红了眼，就将自己的爱妾朱丽叶拉押上继续赌，结果又输了。萨拉胡里回家途中，纳班胡追了上来，将他一刀刺死，抢了他的钱，带着朱丽叶拉逃往蒙古去了。萨拉胡里死后，萨哈全继承部长。他为人忠厚，遇事谨慎，不像他父亲那样整日迷恋赌博。因此，他继任部长不过半年时间，萨哈尔察部便焕然一新，部民安居乐业。

听说建州大军压境，萨哈全召集各屯寨寨主开会，征求大家的意见。几个寨主说：“你看怎么办，我们都支持你。”萨哈全说：“努尔哈赤已统一建州八部，征服了海西四部，又吞并了东海女真。不久前，又征服了我们的邻部萨哈连部。萨哈尔察部不过弹丸之地，与努尔哈赤斗，正如鸡蛋碰石头，不会有什么好结果。俗话说，识时务者为俊杰。我们不是他的对手，还打什么？让大家安度日子吧！”

各寨主都赞同他的话，有的说：“以前我年年岁岁都向明朝纳贡，以后归顺了建州，就向罕王交纳贡品，不再买明朝的账了。”于是，萨哈尔察部主动归附建州。努尔哈赤听说萨哈全还未结婚，主动把女儿嫁给他，萨哈全便成了额驸。

建州大军继续沿黑龙江向下游进兵，又收服了使犬部和使鹿部。使犬部在萨哈连部以东到黑龙江出海口处，由于地域偏北，一年中大多数时间都是冰天雪地，猎人上山打猎或者刨冰捕鱼，都用犬拉爬犁。七八只犬拉着爬犁在雪地上跑，比马车还快。夏天则用犬拉纤，拽着用桦树皮和树胶制成的小船，在黑龙江上叉鱼。

扈尔汉与安费扬古在此地征集青壮部民从军，他们的家人牵犬架鹰，随大军同行。

与使犬部紧邻向北，是使鹿部，户户养鹿作为家畜，用鹿拉爬犁，以山中打猎、海边打鱼为生。屯寨人口不多，分散于雪山密林之中。

是年冬，使犬部归顺后，努尔哈赤派遣译登巴尔带领五百人马，与费英东合兵一处，共两千五百人，攻讨使鹿部。不久，使鹿部归顺。

到年底，扈尔汉与安费扬古率领两千人马和俘获的部分人口，返回赫图阿拉。

努尔哈赤对东海女真和黑龙江女真用兵多年，收服其土地，籍录其部民，从而在乌苏里江和黑龙江中下游广大地域，迅速而有效地取代了明朝的统治。努尔哈赤能够统一野人女真——东海女真和黑龙江女真，应归功于他采取了“且征且抚”“征抚兼施”的政策。

第五章　尽揽蒙古齐抗明

1. 蒙古诸部

统一女真后，努尔哈赤把目光转向了蒙古诸部。

蒙古可以说是明朝的死对头。从明太祖朱元璋开始，明廷对蒙古北元的战争就没有停止过。

明朝后期极为腐败，无力重新统一蒙古地区。而蒙古各部贵族长期内讧，也无法实现其内部统一。漠南蒙古自明初以来，已经遭受二百多年兵燹之难。明廷与北元势力之间，蒙古各部之间，长期无休止的战争，导致了漠南蒙古社会经济的落后和部民生活的贫困，许多贫苦牧民陷入“爨无炊”“衣无帛”的悲惨境地。

这对后金来说，正是伐明的极好时机。努尔哈赤旗下的部分将领主张立即向明朝开战。他们认为，当前明廷政治腐败，宦官当权，特别是辽东军备废弛，兵无斗志，不堪一击。

努尔哈赤觉得这是一个事关金国存亡的重大决策，除了征询各贝勒、各大臣的意见外，还要征询一下军师栢祜天的意见。栢祜天在后金建立之前，不知何故离开了建州，没有被封为大臣。但努尔哈赤十分重视他的意见，视他为国师，于是派人把他请来，想听听他的看法。

栢祜天建议说：“大汗，大金虽然日渐兴盛，但仍然势单力薄。明朝病入膏肓是真真切切的，可是，即使是一头病倒的狮子，几只狼也不敢轻易对它发起攻击。我依然认为，大金想逐鹿中原，须有一个稳固的后方，还要有足够的兵力。暂缓攻明，蓄势待发为上策。”

听了柘祐天的话，努尔哈赤意识到，辽东女真已基本统一，可向周边扩张的只有南面的朝鲜和北边的蒙古，若征服了漠南蒙古，就可以扩大兵源基地，那些体格健壮、性格彪悍的蒙古青年，无疑会成为他麾下的铁甲骑兵。而且漠南蒙古位于大金的右翼，只有征服了漠南蒙古，才能打通进入长城的走廊，解除进入辽沈地区的后顾之忧。同时，还可利用蒙古贵族不满明廷的心态和分裂割据等有利条件。漠南蒙古的林丹汗①等人与明廷缔结了共同抵御大金的盟约，只有拆散这个联盟，才能南入中原。

努尔哈赤抓住蒙古封建王公反复无常的特性，利用漠南蒙古与明廷的结盟与矛盾、蒙古各部之间的分裂与内讧，对各部封建王公，有的分化瓦解，有的武力征讨，有的征抚并用，开始了对漠南蒙古的征服。

他第一个瞄准的是科尔沁部。

科尔沁部居住在喜峰口外，牧于嫩江流域，其始祖是成吉思汗的二弟哈布图·哈萨尔。科尔沁是鲜卑语，汉语意为“锐利的箭”。嘉靖三年（1524 年），哈萨尔十四世孙奎蒙克塔斯哈喇（号卓尔郭勒诺颜）一系为躲避战乱，率部从世袭领地南迁后游牧于嫩江流域。为区别于同族的阿鲁科尔沁，便称为嫩江科尔沁，即嫩科尔沁，名称自此固定下来。嫩科尔沁东邻乌拉，东南靠叶赫，西南面是扎鲁特部，南边是内喀尔喀部，北面是嫩江上游地区的索伦部。整个科尔沁部东西相距四百三十多

---

① 林丹汗（1592—1634）：孛儿只斤氏，名林丹巴图尔，汗号为呼图克图汗，是蒙古帝国第三十五任大汗（1604—1634 年在位），一般认为是蒙古末代大汗（也有人认为额哲是末代大汗）。布延彻辰汗去世后，十三岁的长孙林丹继承汗位，统辖察哈尔部。即位后初信黄教，后改宗红教，并兴建了都城察汉浩特（今内蒙古赤峰阿鲁科尔沁旗）。

林丹汗试图恢复蒙古的统一，重建成吉思汗的霸业，同时又面临着新兴的女真族的威胁，为此，他对外采取联明抗金的方针，对内则谋求控制蒙古其他部落。同时，他以“攘外必先安内”为原则，优先统一蒙古，避免与后金正面交锋。天聪元年（1627 年），林丹汗西迁，平定右翼诸部。天聪六年（1632 年），皇太极远征林丹汗，林丹汗远遁青海。天聪八年（1634 年），林丹汗因天花死于青海大草滩，终年四十三岁。其子额哲于翌年投降后金，蒙古帝国灭亡。

公里，南北长近一千一百公里，辽远坦荡的大平原上，绿草青青，雕旋雁飞，一望无际。

科尔沁又分扎赉特、杜尔伯特、郭尔罗斯三部，兄弟同牧。同时，科尔沁部部长期与察哈尔部争雄，“二部久不睦，有不共之仇”，但每次交锋都是科尔沁溃败，损失人马、牛羊、蒙古包无数。

察哈尔部原本驻牧于阿尔泰山，强盛于明代中期，成为蒙古各部的中心，其汗为蒙古各部的“共主”，世袭蒙古汗位，人们称之为黄金家族。

自蒙古中兴之主达延汗之后，其孙博迪继位，后因年幼被其三叔巴尔斯博罗特济农废黜，三年后才恢复汗位。博迪在位期间，继续巩固汗权，瓜分了兀良哈万户。为了安抚三叔一系，封其子俺答和伯斯哈尔为土谢图汗和昆杜伦汗。

博迪死后，由其长子达赉逊继位，称库登汗（仍为蒙古宗主汗）。在此期间，以俺答汗为首的右翼蒙古愈加强大，他们不但不听从达赉逊的号令，反而打算吞并察哈尔。达赉逊为了避免与他们发生军事冲突，再次率领察哈尔部向东迁徙到西拉木伦河流域。

东迁不久，达赉逊听说科尔沁部部长博第达喇有个妹妹名叫娜齐格尼，长得美艳无比，就派使者到科尔沁部下聘。但娜齐格尼早已名花有主，被许配给女真叶赫部首领了，不久将要出嫁。

达赉逊知道后十分恼火，说：“不嫁给蒙古人，却要嫁给叶赫女真人，真是吃里爬外！”他与部下商议，准备派兵去偷袭科尔沁，把娜齐格尼强抢回来，以解心头之恨。

不久，达赉逊亲自带领一千骑兵，日夜兼程赶到科尔沁部，乘着夜色突然攻杀进去。科尔沁部没有准备，仓促应战，博第达喇还差点送命。达赉逊大获全胜，把娜齐格尼带回瓦察尔图察汉城，但发现她并不如传言般美貌，于是留下她一个多月，又派专人送回科尔沁了。这事让科尔沁人觉得受到了极大的侮辱与轻视，博第达喇从女真叶赫、乌拉部借来两千兵马，又把科尔沁的五千兵马集中起来，去偷袭察哈尔部的瓦察尔图察汉城。

那天夜里，达赉逊正搂着妻子温存亲热，忽听城外杀声四起。他还没来得及穿上衣服，就被冲进来的科尔沁人刺死在床上，年仅三十八岁。科尔沁部的士兵在城里大肆烧杀掳掠，使察哈尔部损失惨重。从此，两部之间结下了不共戴天之仇。

达赉逊死后，他的儿子图们继任，史称图们札萨克图汗。

图们上台后，对察哈尔部实施了一系列改革，对内颁布法典，形成内政外交的统一，对外征服了达斡尔族和额里克特人（鄂温克族的祖先）。他还多次入侵明朝边界，被明朝称为土蛮。此外，他还寻机把博第达喇杀了，报了父仇，并将科尔沁洗劫一空。科尔沁部台吉（即太子）齐齐克继袭父职成为首领，称巴图尔诺颜。两部之间的相互仇杀，又蔓延了两代人。

日月如梭，光阴似箭，一晃又过了几十年。

图们在位二十八年，于万历二十一年（1593 年）去世，他的儿子布延继汗位，即薛禅汗（又称布延车臣汗）。科尔沁部的部长齐齐克也去世了，他的儿子翁果岱及其兄弟纳穆赛之子莽古斯、明安相继成为科尔沁部的首领。

科尔沁部贝勒明安本是一个忠厚老实之人，但受到叶赫部的鼓动诱惑，于万历二十一年（1593 年），率领五百兵马，参与了九部联军，攻打建州的努尔哈赤。战斗打响后，九部联军大败，明安被追得丢盔弃甲，骑裸马狼狈而逃，差一点丢了性命。

战后经过反省，明安改变了以前不与建州接触的政策，主动邀约喀尔喀五部派遣使者到建州去，以示道歉。

努尔哈赤的对外政策一向灵活多变，他见科尔沁派遣使者前来通好，也从全局战略的利益出发，不计较科尔沁帮助叶赫出兵的旧怨，亲自接见了使者。他对使者说："建州与蒙古之间并没有根本的利害冲突，至少当前是这样。咱们为什么不可以遣使通好呢？你们帮助叶赫派兵攻打建州，结果老天爷不支持你们的行动，因为九部之师逆天悖理。滥杀无辜的行为，必然招致失败的结局。俗话说，‘一朝为恶而有余，终身为善而不足’。咱们不计前嫌，因为四海之内皆兄弟。”

于是，同意与蒙古诸部尽弃旧怨，联姻结盟。

万历四十年（1612 年）正月，努尔哈赤听说明安的女儿博尔济吉特氏颇有风姿，遣使欲娶之。明安便取消了原来已许的婚约，答应努尔哈赤的求亲，并亲自送女儿到建州。

努尔哈赤高兴万分，以礼亲迎，备下美酒佳肴，大宴成婚。当时，努尔哈赤五十四岁，已娶妻十一人，而博尔济吉特氏年方十八，正值妙龄。

万历四十二年（1614 年），明安再次到建州谒见努尔哈赤。临别时，他对努尔哈赤说：“昨日校场上比武，我见皇太极的马功箭功都甚为精湛。”努尔哈赤笑道：“老八弓马算行，人也精明。”明安又说：“我的侄女，莽古斯贝勒的女儿哲哲[①]，请许给皇太极，不知道能应允否？”努尔哈赤立刻说：“你既提出来，我岂有不应之理？哲哲现年几岁，几时可出嫁？”明安说：“已有十三岁，到了出嫁的年龄，这次也一同来了。”努尔哈赤高兴地说：“既然已经来了，明日我就给莽古斯贝勒下聘礼，然后操办婚事。我们再大喝一回，高兴高兴。”明安赞同道：“罕王说的是，我也有这个意思。”

努尔哈赤当即传来皇太极，命他准备礼品：盔甲二十副，腰刀二十把，青布十匹，绸缎四匹，貂皮镶领口袖口的猞猁狲皮旗袍十件，坤秋女帽十顶，花盆底鹿皮女靴十双。由皇太极自己带着聘礼拜见莽古斯贝勒。这位哲哲格格就是后来的孝端文皇后。

同年，努尔哈赤的次子代善又迎娶了蒙古扎赉特部部长钟嫩的女

---

① 博尔济吉特·哲哲（1599—1649）：清太宗皇太极的皇后，蒙古科尔沁贝勒莽古思之女，孝庄文皇后布木布泰、敏惠恭和元妃海兰珠的姑姑。无子，生三女。努尔哈赤和皇太极时期，后金逐渐重视与蒙古的联盟，哲哲也因而受到重视，地位逐渐上升，清太宗时为国君福晋、中宫皇后。崇德八年（1643 年），顺治帝即位后，与孝庄文皇后两宫并尊，称母后皇太后，无徽号。顺治六年（1649 年）四月十七日去世，享年五十一岁。顺治七年（1650 年）二月，葬于昭陵。雍正、乾隆累加谥，谥号为“孝端正敬仁懿哲顺慈僖庄敏辅天协圣文皇后”。

儿，莽古尔泰也迎娶了该部另一个部长内齐的妹妹。

万历四十三年（1615 年），努尔哈赤第十子德格类迎娶了扎赉特另一个部长额尔济格的女儿。

就这样，科尔沁诸部与努尔哈赤通过联姻巩固了同盟，加强了势力，来对抗察哈尔部。

这一年，察哈尔部部长林丹（布延车臣汗之孙）率领兵马一千人，攻讨科尔沁部的治所——拉土佛吉尼亚城。由于机密泄露，科尔沁部很快得到消息，明安让弟弟哈喇送五百匹从察哈尔部掠得的战马给努尔哈赤，请求他派兵援助。这五百匹战马全是清一色的察哈尔马，努尔哈赤对此十分高兴，遂派大将费英东、安费扬古各带五百兵马前去援助。

听到这一消息，林丹的兵马改道来到格勒珠尔根城下扎营。次日，林丹领着兵马，在城下耀武扬威，发起挑战。城主奥巴台吉的弟弟乎脱虎实在气不过，便取出弓箭对准林丹“嗖”的一箭射去。说时迟那时快，那箭镞从城头飞速而来，快要接近林丹时，他身后的额路巴里用手猛地一推林丹，使林丹躲过一劫。

与此同时，奥巴台吉的军卒前来报告：建州大将费英东、安费扬古带着兵马，随哈喇一起来到城外。明安欣喜万分，命城中士兵准备迎战。

费英东、安费扬古二人带着几百人马，来到林丹阵前挑战。林丹一看旗帜，是建州努尔哈赤的兵马，不免心中一惊，遂上前问道：“我与建州素无瓜葛，何必带兵前来助纣为虐?”费英东拍马上前说道：“科尔沁是建州的盟友，明安贝勒是我大汗的岳翁。你察哈尔部无端兴兵，恃强凌弱，真是欺人太甚！我劝你早早收兵回去，以免伤了和气。不然，我这大刀可不是吃素的!”

林丹见建州多管闲事，十分气愤，便挥动手中的大铁槌，对准费英东的脑袋砸来。二人战到一处，刀来槌往，直杀得尘土飞扬。明安见状，急忙打开城门，带领一千兵马冲向林丹阵中。林丹见势不妙，无心恋战，匆忙收兵。费英东和安费扬古乘势挥兵掩杀，并且与明安的兵马合在一处，如狂风骤起，把林丹的兵马杀得落荒而逃。

明安和费英东一直追了几十里地才收兵回城，夺得兵器、盔甲等几百副。明安下令宰牛杀马，犒赏建州将士。

事后，为了感谢努尔哈赤，明安让翁果岱之子奥巴台吉到建州跪谢努尔哈赤。努尔哈赤将舒尔哈齐第四子图伦之女许配给奥巴台吉为妻。随后，努尔哈赤与奥巴台吉杀白马黑牛，祭告天地，盟誓结好。显然，努尔哈赤与奥巴结盟，是为了对抗察哈尔部以及与察哈尔部订有盟约的明廷。

同年十月，明安长子伊格都齐台吉前往建州，献马四十匹，叩头谒见。努尔哈赤赐甲十五副，并厚赏缎、布。

万历四十四年（天命元年，1616 年）十二月，明安次子哈坦马图鲁台吉及钟嫩贝勒等人带马匹到建州叩谒，都受到了努尔哈赤的赏赐。努尔哈赤还向蒙古各个贝勒承诺："在赫图阿拉城东边，将修建蒙古喇嘛大庙，等各位贝勒再来建州时，就可以在大庙里做法事。"蒙古人信奉喇嘛教，但当时建州还没有一处庙宇，只能在野外简陋地祭拜。听说努尔哈赤要给他们建大庙，贝勒们及其随从无不合掌祷告，面露喜色。钟嫩贝勒高兴地说："大庙修成后，我们就可以住在里面，来赫图阿拉城就像是回家一样了。"同年底，努尔哈赤下令在城东阜上建佛寺、玉皇庙、十王殿等共七大庙，足足修建三年才算完工。

万历四十五年（天命二年，1617 年）正月，明安亲自率众到建州朝贡，庆祝努尔哈赤建立金国一周年。努尔哈赤对明安的欢迎格外隆重。他出兴京城百里之外，到富尔简山冈与明安行马上抱见礼，设宴洗尘。此次明安向努尔哈赤进献了大批礼物：驼十峰，牛一百头，马一百匹和干肉十三车，干酪、油两车，另有三峰骆驼驮载的毛毡。入城后，努尔哈赤"每日小宴，越一日大宴"地款待明安，留他住了一个月之久。临走时，努尔哈赤赏给明安四十户奴隶，甲四十副，以及大量的绸缎、布匹等，并且亲自送出京城十五公里，骑兵列队，夹道欢送，在外住宿而还。

后来，明安隶属满洲正黄旗，其三子多尔济为额驸，授内大臣，预议政；幼子朗素官至领侍卫内大臣；孙鄂齐尔管銮仪卫事，授领侍卫内大臣；莽古斯长子昂洪，授为领侍内大臣，封为三等男。天启二年（天命七年，1622 年），科尔沁部布颜代贝勒与明安率部归后金，娶公主，为额驸，隶满洲镶红旗，以军功晋任固山额真。布当亦随明安投后金，授二等参将世职，隶满洲正蓝旗，晋三等男。

同年二月，明安带领兀尔宰图、锁诺木等十六位贝勒及喀尔喀等部台吉，“各率所属军民，三千余户，并驱其畜产”，归附后金。从此，别立“蒙古一旗”，奠定了满蒙八旗的基础。同时，由于蒙古科尔沁部最早归附后金，博尔济吉特氏与爱新觉罗氏世为姻亲。清太祖、太宗、世祖和圣祖先后有四后、十三妃出自科尔沁部。

由此可见，努尔哈赤采用分化抚绥与武力征讨的政策，在蒙古科尔沁部取得了巨大成功。

2. 喀尔喀部

顺利解决蒙古科尔沁部后，努尔哈赤转而对付漠南蒙古内喀尔喀部。当时，在明朝与后金两大势力对峙的形势下，喀尔喀部因其特殊的地理位置及强大的军事实力，成为双方争取的焦点。

漠南蒙古内喀尔喀部，又名五鄂托克喀尔喀部。“喀尔喀部为达延汗第五子阿尔楚博罗特之后，因其子虎喇哈赤有子五人，故称喀尔喀五部。”该部主要驻牧于西拉木伦河和老哈河一带，东临海西女真叶赫部，西接察哈尔部，南近广宁，北为科尔沁部。明朝万历年间，在五部中，扎鲁特驻牧于开原西北新安关外，势力最为强盛。

扎鲁特部部长吉赛是虎喇哈赤汗次子兀班之孙，他骑兵众多，牲畜也多，自恃兵强马壮，认为自己不是凡夫俗子，而是“飞翔于天空之雄鹰，游走于山林之猛虎”，到处耀武扬威，欺压邻部。他支持察哈尔部的林丹多次掠扰科尔沁，一心想要统一漠南蒙古。

侉尔侉部部长唠扎为求得部落安宁，与首领们忍气吞声，按时按数把牛马送到扎鲁特部去。但吉赛并不知足，不久又带兵马劫掠侉尔侉部牧放的战马，一次掠去二百多匹。

明朝驻广宁总兵王在章秉承明廷“以夷治夷”的政策，与扎鲁特部部长吉赛关系密切。侉尔侉部部长唠扎不堪忍受吉赛的欺辱，于是联络巴岳特部部长恩格德尔，向建州遣使往来。

与扎鲁特邻近的齐布什部部长巴鲁厄胆小怕事，对吉赛的所作所为又恨又怕，但表面上仍毕恭毕敬。有时他还主动替扎鲁特筹集粮草，送牛送羊，甚至带兵协助吉赛去掠掳邻部。

巴鲁厄的妻子是巴岳特部部长恩格德尔的妹妹桑阿喇，她对丈夫屈从于吉赛的行为十分不满，生气地骂他是软骨头、胆小鬼。恩格德尔派人来，希望巴鲁厄和他们一起与建州结盟，但遭到他的断然拒绝。

不巧的是，没多久，吉赛带着一队兵马来到齐布什部，要巴鲁厄三天内给他送五十头牛去。吉赛准备上马回去时，忽然看见了巴鲁厄的妻子桑阿喇。桑阿喇生得一张瓜子脸，两条柳叶眉，一张樱桃口，肤色莹润。吉赛见了不觉心神摇曳，便过去一手搂住桑阿喇。巴鲁厄眼见妻子被人调戏，却敢怒不敢言，只是苦苦哀求吉赛放过自己的妻子。没想到吉赛得寸进尺，要巴鲁厄将桑阿喇送到扎鲁特去。

巴鲁厄喜欢桑阿喇，桑阿喇也是一个有情有义、自尊心极强的刚强女人。两人抱头痛哭了一会儿，桑阿喇怒骂道：“你是胆小鬼，我哥哥派人来联络你，要你和他们一起投靠罕王，你不答应。如今，吉赛要你妻子，难道你打算拱手相送吗?”

巴鲁厄一时也没有什么好办法，只得让桑阿喇先到巴岳特部去躲一躲。不料桑阿喇正要动身时，吉赛又来了，他见巴鲁厄想送桑阿喇走，上前抓住巴鲁厄狠狠打了一巴掌，然后又把桑阿喇拉到屋子里，将门闩上，欲行强暴。

桑阿喇在里面一边大声呼救，一边拼命抵抗。巴鲁厄听着桑阿喇的哀叫和厮打声，心如刀绞，但又手足无措，愣了半晌才叫侍卫去调集人马。等巴鲁厄的大队人马赶到时，屋子里已经没有了声息。

侍卫们把门撞开，只见地上桑阿喇半裸的尸体，吉赛全身赤裸，身上也流着血。

巴鲁厄血气上涌，差点昏倒在地。士兵们都义愤填膺，大声嚷道："杀死他！杀死他！"但巴鲁厄却颤抖着说："让这个畜生滚。"

吉赛一边穿衣服，一边轻蔑地说："胆小鬼，等我伤好了再来收拾你！"说完，就在众目睽睽之下走了出去。

桑阿喇死后，巴鲁厄受到巴岳特部民的指责和唾骂，齐布什的部民也一起唾弃他。但巴鲁厄慑于吉赛的淫威，仍不敢奋起反抗。他一方面思念爱妻，一方面又羞又恼，终于抑郁成疾，不治而亡。

巴鲁厄死后，他的弟弟奥巴厄承继部长职位，主动与巴岳特部、侉尔侉部联合起来，共同对抗吉赛。

万历三十三年（1605 年），侉尔侉部部长唠扎联合巴岳特部部长恩格德尔、齐布什部部长奥巴厄一起向建州朝聘，献马五十四、牛羊各二百头，受到努尔哈赤的欢迎。

为了帮助他们对抗扎鲁特的劫掠，努尔哈赤派遣大将扈尔汉、昂格尔等人到巴岳特、侉尔侉和齐布什部帮助他们训练兵马，共同对付吉赛。

这一天，吉赛到广宁总兵府献完贡品，正与总兵王在章把酒言欢，突然有侍卫在外面喊道："老爷，大事不好了，建州兵马打到扎鲁特来了。"

吉赛心中一惊，忙请王在章让那个侍卫进来说明情况。侍卫急急忙忙地报告说："部里派人来说，巴岳特、侉尔侉，还有齐布什一起带兵袭击我们……"

吉赛说："啊？这还了得，快去给我备马！"然后，他又拜请王在章，说，"大人，看样子这几个部都想对付我，建州又插上一脚，形势可能不妙。请大人务必出兵帮扎鲁特一把，他日定当重金相报。"

王在章答应派兵相助，但他又想，让你们打一打，互相消耗一些兵力，也能减轻我的压力。这叫作“坐山观虎斗”。

吉赛匆匆赶回自己的城寨，他的弟弟、儿子、女婿、首领头目等已经聚了一屋。吉赛询问了一些情况后，说：“你们不要急，有总兵大人支援我们，估计明军一两天内就会到。自古兵来将挡，水来土掩，当务之急是集中兵马，死守待援！”

随后，吉赛又来到城头，向城下一看，只见对方人马众多，旌旗猎猎，队伍整齐，士气高昂，心里不由得一阵恐慌。但他想到有大明军队做靠山，很快又有了信心：“正好趁着他们立足未稳，带兵出城狠狠杀他们一个下马威。等明军一到，再两面夹击。”于是，他披挂整齐，带上儿子、女婿领了三千兵马，开城迎战。

一见吉赛领兵出城，巴岳特部部长恩格德尔、侉尔侉部部长唠扎、齐布什部部长奥巴厄三人交换了一下眼色。恩格德尔拍马上前，高声喝道：“吉赛，你这披着人皮的畜生！我们代表喀尔喀部民前来惩治你，还不赶快下马投降！”

吉赛一向飞扬跋扈，岂会把恩格德尔放在眼里，他冷冷一笑道：“叫我下马投降，你先问问我手中这把大刀可愿意？”说罢，吉赛用力挥动大刀，朝恩格德尔砍过来。恩格德尔急忙闪身躲过，也举起大刀向吉赛砍去。二人一来一往，混战到了一起。

这时，唠扎和奥巴厄突然大声喊道：“杀啊，活捉吉赛！”

二人举起手中大刀，各领着一千兵马杀来。顷刻间，双方兵马战到一处，兵对兵，将对将，直杀得天昏地暗。吉赛的人马并不少，但平日缺乏训练，一味烧杀劫掠，难以抵抗经建州大将训练过的三部联军。而大明的援军仍不见踪影，吉赛见势不妙，急忙下令鸣锣收兵。恩格德尔与唠扎、奥巴厄乘势追击，一直杀到城下才罢休。

这一仗，三部联军大获全胜，缴获许多兵器、盔甲等。

万历三十四年（1606 年）十二月，恩格德尔引领喀尔喀五部之使来到建州，“进驼马来谒，尊努尔哈赤为昆都仑汗（汉语为恭敬之意），从此相往不绝”。此后几年，努尔哈赤忙于一统野人女真，尽量避免与蒙古各部发生冲突。

万历四十三年（1615 年），吉赛听说已经三十三岁的东哥仍是辽东女真各部争夺的尤物，便专程跑到叶赫亲眼一睹，结果也看中了她，当即向她的哥哥布扬古求娶。但东哥没有看中吉赛，即使他以征讨叶赫相要挟，她也坚决拒绝出嫁。

布扬古见妹妹年纪已大，同时为了结盟蒙古，最终将东哥许配给了喀尔喀部达尔汗贝勒的儿子——莽古尔岱。这一次，东哥终于同意了。东哥出嫁之时，年龄已远远超过当时普遍的婚龄，因此史书上也称她为“叶赫老女”。

努尔哈赤听到东哥出嫁的消息后，十分气愤，想出兵攻打叶赫，半路抢走新娘。但明廷担心努尔哈赤势力太大，所以明廷与叶赫结盟，派兵保护东哥。努尔哈赤有所顾忌，最终没有出兵，但他诅咒东哥说：“无论此女聘与何人，寿命不会长久，毁国已尽，构衅已尽，死期将至矣。”

东哥与莽古尔岱成亲之后，一直寡言少语，闷闷不乐，常常躲在屋里偷偷哭泣，茶饭不思，精神萎靡。她那传奇的人生，历经劫难，遭遇了数次无情的打击，使她的心灵蒙受了极大的创伤。如此艰难度日，东哥积郁成疾，一病不起。一年多后，果真如努尔哈赤的诅咒，她香消玉殒，含恨死去。这也成为努尔哈赤终生的一大遗恨。

东哥的生命结束了，但以她的名义而起的战争并没有随她而去，依然弥漫在叶赫、建州和明朝的上空。

第二年，努尔哈赤出兵攻打叶赫。金台石和布扬古分别固守东、西二城。努尔哈赤命士兵掘地为穴，城墙倒塌，金军攻入城中。金台石拒不投降，自焚而死。布扬古见东城已破，孤城无援，在得到降后不杀的保证后才出降。但努尔哈赤为防止叶赫东山再起，最终没有履行诺言，仍然杀了布扬古，叶赫部遂告灭亡。努尔哈赤将叶赫的平民迁到建州，入籍编旗，变成自己的臣民。

布扬古临死前，曾对天发誓：“我叶赫那拉就算只剩下一个女人，也要灭建州女真。”因此，民间一直流传着叶赫那拉与爱新觉罗世代为仇，清廷宫中有“后妃不选叶赫女”的祖制。

万历四十七年（天命四年，1619 年）七月，六十一岁的努尔哈赤亲自率领五千兵马，带着老将额亦都、安费扬古以及他的几个儿子，杀气腾腾地奔赴扎鲁特部，对吉赛进行征讨。吉赛闻讯，立即慌了神，他那久未训练的人马哪里是努尔哈赤的对手？他一面派人去广宁请明廷派兵救援，一面带领一万余部众及士卒埋伏在城外，准备伏击努尔哈赤大军。

当努尔哈赤的兵马走进伏击圈时，吉赛一声令下，万箭齐发，仓促之间，努尔哈赤的兵马损失不小。不过，身经百战的努尔哈赤岂会被吉赛的乌合之众吓倒，他命众贝勒大臣率兵反击吉赛军，自己也跨马挥刀，奋力杀敌。

在他的带动下，后金将士人人争先，个个骁勇，杀得敌人尸横遍野，狼狈逃窜。吉赛见败势无法挽回，忙领着部分人马逃回城里，其余大部人马四散奔逃。

接着，努尔哈赤包围了扎鲁特城，派人向吉赛传话，让他投降。遭到吉赛拒绝之后，努尔哈赤亲自指挥军队攻城。由于城墙低矮，守城士兵又少，金军很快便攻进城去，活捉吉赛。此战共俘获吉赛士兵两千多人，盔甲近千副，还捉到吉赛的两个儿子、两个弟弟及三个女婿。

吉赛被擒后，努尔哈赤并没有处死他，而是命木匠为他定做了一个大笼子，把他囚进笼子里，关在城楼内作为人质，以争取和该部结盟。

同年十一月，吉赛的长子吉喇西以牲畜万头来赎吉赛，并送其二子一女为人质。努尔哈赤答应了他的请求，并与吉赛及其子结盟。大臣额克星格、绰护尔、雅希禅、库尔缠和希福五人，携带誓词，与喀尔喀五部贝勒的使臣会于冈干色得里黑孤树处，杀白马、宰黑牛，对天地盟誓：“如征明，愿合议而征；如讲和，愿合议而和。”后金与喀尔喀五部的誓词，清楚地表明，努尔哈赤的策略是满蒙联合，共同抗明。这个联盟虽然有过反复，但这列有喀尔喀五部二十七位贝勒、台吉的名单，的确是努尔哈赤对漠南蒙古政策的一个胜利成果。之后，努尔哈赤设宴赐赏，又命令众将领送吉赛至五公里以外。

不久，努尔哈赤让吉喇西送来作人质的女儿吉郎娅嫁给代善为妻，结为姻盟。

经过努尔哈赤对喀尔喀诸部的瓦解、战争、笼络、结姻等，终于使喀尔喀五部对后金的政策发生了重大变化：由联明抗金，转变为联金抗明。

此时，漠南蒙古的察哈尔部仍联合明朝抗御后金。于是，努尔哈赤将对漠南蒙古的注意力转向了察哈尔部。

3. 群起攻之

万历三十二年（1604 年），漠北辽河河套的北元蒙古察哈尔部车臣汗布延病逝，他在位十二年，也窝囊了十二年。图们汗去世后，其苦心经营的五大辅臣议政制度便崩坏了，各万户首脑都不再到汗廷任职。布延汗虽有心恢复旧制，但实力不济；又因“汗”号满天飞，人们更希望去朝觐达赖喇嘛，而不是他这位“共主”。

因布延汗的长子莽和克早逝，他那十三岁的孙子林丹，继承了察哈尔部部长职位和蒙古汗位，并接受黄教沙尔巴呼图克图的灌顶戒教，称林丹库图克图汗（明人称作虎墩兔）。

林丹驻帐于广宁以北，梦想继承大元可汗的事业，力图重新称雄蒙古。但蒙古国没有君君臣臣、父父子子的传统，大汗要想获得尊重和服从，必须具备强大的实力和显赫的战功。草原上不相信“天子”，只信服马刀和弓箭。而原本应该完全统一的蒙古，现在已是诸侯林立，各自为政。

东北部大兴安岭地区，分布着成吉思汗弟弟们后裔的部落：哈萨尔系的阿鲁科尔沁、乌拉特、茂明安部；斡赤斤系的四子部落、翁牛特、喀喇车里克部；别勒古台系的阿巴嘎、阿巴哈纳尔部。这些部落与可汗若即若离，阿鲁科尔沁部首领还从达赖喇嘛那里获得了“车根汗”的封号。

嫩江流域是科尔沁部，与其相邻的则是游牧于西辽河和辽河流域的喀尔喀五部，即乌齐叶特、弘吉剌、巴岳特、扎鲁特和巴林部。他们组成了一个松散的联盟，暗中与可汗分庭抗礼。

俺答汗的土默特部仍然占据着库库和屯城与土默川地区，现已传至第三代，“顺义王”彻力克在位。

俺答汗四弟，“昆杜伦汗”伯斯哈尔的后裔哈剌嗔部与[illegible]则占据着土默特与[illegible]地区，则是鄂尔多斯部的领地。

身为全蒙古可汗的林丹，旗下拥有察哈尔八大营，即[illegible]奈曼、克什克腾、乌珠穆沁、苏尼特、敖汉、阿喇克卓特和主锡惕，控制的土地包括老哈河以东、广宁以北的辽河河套地区，人口有十万左右，算是实力最强的。但各营的首领都是林丹的长辈，要想让他们完全俯首帖耳并不容易。

万历四十八年（天命五年，1620 年）正月，努尔哈赤遣使赍书报察哈尔部林丹汗。在这封言辞犀利的赍书中，努尔哈赤试图祭祀元顺帝的亡灵，并陈述其兵败之辱，以激发林丹汗的隐愤，拆散察哈尔部与明朝的联盟；并通过炫耀八旗军威，拉拢察哈尔部倒向后金一边，共同对抗明朝。但是，林丹与努尔哈赤在辽东地区的现实利益冲突，抹去了孛儿只斤氏与大明朱姓贵族之间的历史旧账。林丹汗采取囚禁来使的方法，对努尔哈赤的赍书做出了回答。他自恃“帐房千余”，牧地辽阔，牲畜孳盛，部众繁衍，兵强马壮，依恃明朝，对后金态度愈加骄横。此外，他又拉拢蒙古各部中的反金派，打击亲金派，大有一统蒙古的野心。

林丹最初也选择向科尔沁部下刀，因为该部与后金走得最近。

科尔沁部部长明安与建州的关系越来越密切，但他并不想大事小事都依赖努尔哈赤。他参加完大金建立两周年庆典后，回到部里，立即召集几个首领开会，布置训练兵马事宜。他在会上说："我不能一有事发生就往建州跑，我科尔沁地广马多，盔甲也不少，只是士卒的人数不够，平时训练不足，我们应该自己训练出一支可以保卫本部的军队。"几个首领都表示赞同。于是，明安开始招兵买马，加强训练。

天启元年（天命六年，1621 年）四月，大明与喀喇沁部结盟。明使臣祖大寿①致察哈尔首领之一拱兔、朱梅致敖汉部首领都令，不久与敖汉等部结盟。林丹"见各部内附，亦孤而求款"，同年八月，明朝与察哈尔部结盟。随后，明兵部尚书兼右副都御史王在晋②令山海道阎鸣泰、关外道袁崇焕③与抚夷官李增等出关，与林丹的使臣贵英赫盟誓。盟词曰："愿助兵灭奴，并力恢复天朝疆土。若奴兵到，憨兵不到，断革旧赏；倘奴酋通路，背盟阴合，罹显罚。"

不久，林丹听说科尔沁部正在操练兵马，对明安恨之入骨。天启五年（天命十年，1625 年）十一月，林丹派兵前往科尔沁杜尔伯特部，准备教训一下明安。

林丹率兵马昼夜急行军，很快便来到杜尔伯特部，把格勒珠尔根城围得水泄不通。这时，明安已得到消息，急忙派遣三子多尔济台吉赶赴

---

① 祖大寿（？—1656）：字复宇，辽东宁远（今辽宁兴城）人，吴三桂的舅舅。崇祯元年（1628 年），祖大寿因守宁远获得"宁远大捷"而升为前锋总兵官，被派驻守锦州。后随袁崇焕入关保卫京师。崇祯皇帝中皇太极的反间计，将袁崇焕下狱后，祖大寿担心受到牵连，毁山海关出逃。崇祯皇帝命袁崇焕写信招抚，祖大寿这才返回明朝。崇祯四年（1631 年），在大凌河之战中粮尽援绝，于是诈降，后逃往锦州城对抗清军。清廷屡次招降不从。崇祯十四年（1641 年），在松锦大战中因援军洪承畴兵败，锦州解困彻底无望，于是率部降清。后随清军入关，顺治十三年（1656 年）病故于北京。

② 王在晋（？—1643）：字明初，号岵云，江苏太仓人。万历二十年（1592 年）进士，历官中书舍人、江西布政使、右副都御史、兵部侍郎、南京兵部尚书、兵部尚书。在魏阉逆案中因参与纂修《三朝要典》受到牵连。大学士韩爌等本云："以上三十人，俱应补入谄附定罪。"著有《岵云集》《三朝辽事实录》《越镌》等。

③ 袁崇焕（1584—1630）：字元素，广东东莞石碣人。万历四十七年（1619 年）进士，后通过自荐在辽东边关任职，得到孙承宗的器重，镇守宁远。在抗击清军（后金）的战争中，先后取得宁远大捷、宁锦大捷，但因为不得魏忠贤的欢心而辞官回乡。

崇祯皇帝朱由检即位后，袁崇焕得以重新启用，于崇祯二年（1629 年）击退皇太极，解了京都之围。随后，魏忠贤余党以"擅杀岛帅""与清廷议和""市米资敌"等罪名弹劾袁崇焕，皇太极又趁机实施反间计，袁崇焕最终以通敌叛国罪被处以凌迟。

建州，向努尔哈赤告急。

林丹带领兵马连续几次攻城，但因城墙坚固，加上滚木、礌石的袭击，始终攻不下来。奥巴台吉指挥兵士，严密防守。林丹在城下喊话道：“咱们同族，你们却投向女真族的罕王，送女儿给人家做妻子，送马匹让他们来践踏自己的同胞，与他们订立屈辱的盟约，这是背叛行为。你们不以为耻，反以为荣，真是民族败类！”

奥巴台吉说：“大汗尊重我，从来没有欺辱我。你们虽与我同族，但屡次侵犯科尔沁，杀害成千上万的科尔沁人，这是什么行为？”奥巴台吉话未说完，只听“嗖”的一声，他赶忙低下头去，帽子上的红缨子被射掉了。这是林丹身后的一位首领暗中发射的一箭。奥巴台吉的弟弟乎脱虎台吉见状，请求出城交战。奥巴台吉阻止不了他，便为他擂鼓助威。

乎脱虎台吉领着五百人马，冲出城门，来到阵前。林丹拍马上前，说：“只要你们与建州废除盟约，断绝往来，咱们既往不咎，立即撤兵。”乎脱虎台吉说：“我们与建州结盟，与你们察哈尔部有什么关系？你们察哈尔部的事情，我们科尔沁从来不过问，你们又何必替科尔沁操心？”

林丹听后觉得乎脱虎太过狂妄，便拍马上前，挥起大铁槌，对准乎脱虎的头顶就砸。乎脱虎挥动手中铁棍，迎了上去。二人战了数十个回合，林丹见久战不胜，怕拖久了死在一个无名小卒手中，便心生一计，打马回撤。乎脱虎见林丹败走，忙催马直追。

奥巴见乎脱虎单骑深入敌阵，情势不妙，连忙喊住乎脱虎，不让他冒进。乎脱虎杀得正兴起，哪肯就此收兵。他率领五百人马冲入敌阵，槌举棍迎，直逼林丹。双方鼓声如雷，震荡山谷，两边士兵齐声呐喊助威。

二人战到十几回合时，林丹虚晃一槌，勒转马头便跑。乎脱虎正要拍马追去，城上的奥巴喊道：“恐有伏兵，不必追赶。”乎脱虎不敢再追，正欲收兵回城，不料林丹又回转马来，继续与他交战。不多久，林丹再次佯败逃走。乎脱虎恨得咬牙切齿，说：“这次非把你捉住不可！”于是，拍马追了上去。尽管奥巴还在城上喊着，但他只当没有听到。

眼看就要追进林子，乎脱虎突然勒住马，生怕林里真有伏兵，中了林丹的计。他调转马头准备回城，不料林丹又催马追来。双方又打了好几个回合，仍不分胜负。

突然，林子里一声呼哨响过，猛然冲出一队人马，将乎脱虎围在当中。乎脱虎暗暗叫苦，但已经没有退路，只有硬拼了！他左冲右突，上挡下拦，身上已有几处受了伤，形势十分危机。奥巴见弟弟陷于敌阵，正要打开城门营救，突然看到从左右两面各杀出一队人马来。右面为首的一员猛将，正是努尔哈赤麾下的大将扈尔汉。他提枪在手，一阵冲杀，刺死十几个察哈尔部士兵，强行冲进包围圈。左面的大将则是安费扬古。

原来，科尔沁的告急请求一提出，努尔哈赤即派遣贝勒莽古尔泰和扈尔汉、安费扬古率领精骑三千人，前来格勒珠尔根城援救。莽古尔泰刚到城下，见乎脱虎被困在敌阵中，便让扈尔汉、安费扬古赶紧去解围，自己先去见奥巴台吉。

林丹见科尔沁的救兵已到，便无心恋战，下令收兵回营。

林丹带兵回营时，又遇上莽古尔泰和奥巴，双方交战十多个回合，林丹自觉不是对手，便勒转马头逃去。莽古尔泰也不追赶，与奥巴一起收兵回城。

林丹回营后，与众首领清点人马，损失不算太大。有的首领建议道：“建州的援兵已到，我们的粮草也不多了，攻城又无胜算，不如收兵回察哈尔去吧！”林丹听了很不高兴地说：“刚攻城就要撤，你当这是玩游戏吗？”他让大将贵英赫表态到底是进还是退。

贵英赫四十多岁，生得虎背熊腰，膂力过人，在战场上能力敌千军。他见林丹如此倚重自己，当即表态说：“让我先收拾那两个建州蛮子。”

第二天，贵英赫披挂整齐，来到两军阵前。扈尔汉出城迎战，大败贵英赫。

林丹见贵英赫奔马败归，便做好了撤退的准备。

奥巴台吉、莽古尔泰贝勒也不下令追赶，因为大汗事先有令，只要解了格勒珠尔根城被困之围就回军。

努尔哈赤的意图很明显：不想对林丹穷追猛打，赶尽杀绝。尽管林丹投靠大明，但只是相互利用，蒙古绝大多数部族都与大明有世仇，包括林丹的察哈尔部，这一点正是可以善加利用的。

当时，明廷、后金和察哈尔都想统一辽东地区，而后金势力的扩张威胁着察哈尔部，察哈尔部的强大也妨碍后金抚绥漠南蒙古。对明廷来说，察哈尔部与后金相比，后金的威胁更大。因此，在明廷、后金和察哈尔的鼎足矛盾中，明廷与后金的矛盾是主要的。后金为了对抗明廷，必须先征抚察哈尔部。明廷为了对付后金，便与察哈尔部联合抵御后金，条件是增加给林丹的岁币，并把缘由明廷直接给予漠南东部蒙古诸部的岁币，转交给林丹控制。明廷每年给林丹银四千两，后增加至四万两。

与此同时，林丹对内喀尔喀五部的策略是“拉强打弱”。面对部族的叛逃，林丹不是施以仁政进行安抚，而是暴力相加。为了扩充势力，壮大自己，林丹又派使者去游说南面的喀喇沁部，但遭到拒绝。林丹恼羞成怒，亲自带兵，连续几次劫掠喀喇沁的屯寨，牵走他们的马、牛、羊，又把部民绑起来放到油锅里烹炸。林丹这种暴虐无道的恶行，促使喀喇沁部主动投靠建州。

林丹外部四面楚歌，内部也处于分崩离析的境地。在察哈尔部的几十员将领中，林丹只信任贵英赫一人。但贵英赫并不争气，只会给他制造麻烦，甚至带来危机。

五路头目因受到贵英赫羞辱，去找林丹告状，结果林丹不分青红皂白，一味维护贵英赫。五路头目一赌气，便去投靠巴林首领炒花，炒花不敢接纳他们。他们又去投奔建州，努尔哈赤热情地接待他们，并收在帐下听用。林丹的孙子扎尔布、色楞对祖父宠信贵英赫感到不满，便向林丹提出劝谏，也遭到林丹的鞭笞。于是，二人逃往科尔沁部，又随科尔沁部来到建州，向努尔哈赤行了“叩首礼”。

如此一来，明廷、后金和蒙古之间的关系发生了变化。明廷与蒙古的不稳固的联盟被后金打开了一个缺口，林丹更加孤立无援了。这时，努尔哈赤开始向蒙古反金部族发动军事攻势。天启六年（天命十一年，1626 年）四月，努尔哈赤督率大军，八路并进，攻击巴林部。后金军前锋渡西拉木伦河，“获畜产无算，驱之不尽，乃还”，是为后金军事进攻蒙古察哈尔之始。

此后，努尔哈赤又派扈尔汉、安费扬古等带兵三千人，前往察哈尔本部征讨。林丹得到消息后，派贵英赫率两千人马，在察哈尔部的库滋里城迎战后金军。

库滋里城是林丹为了对抗金军而刚刚筑好的石头城，位于通往建州的必经之地——库滋里山口，既可抵御建州努尔哈赤的攻袭，又可以此城为据点，去劫掠南蒙的科尔沁、内喀尔喀等屯寨，还可远袭建州的城镇。所以，库滋里城进可攻退可守，位置相当重要。

后金大军来到城下后，扈尔汉找安费扬古商议，由安费扬古佯攻，他自己则带领一千人马回营休息，准备夜里偷袭。当晚三更左右，扈尔汉率一千兵马悄悄地把云梯搭上城头，自己率先攀梯而上。城上的守军因白天累了一天，有的在打盹，有的呼呼沉睡，根本没想到金兵夜里会来攻城。扈尔汉带领士兵爬上云梯，登上城头，手起刀落，连斩十几名敌军。城上的守军从睡梦中惊醒过来，见城上尽是金兵，不敢恋战，吓得东奔西窜。

扈尔汉一边砍杀，一边跳下城墙，朝城门处杀去。守门士兵急忙来拦截，但哪里挡得住扈尔汉的大刀，于是慌忙丢下城门，逃之夭夭。扈尔汉急令几个士兵去开城门，自己则带领其余人马杀向城里，先把那些草房用火点着，顿时火光四起，烈焰冲天。

贵英赫紧急召集四门首领，说：“内城与外城四门之间都有地下通道，现在金军已进入外城，咱们可以从内城由地下通道出去，将外城四门紧闭，重新登上外城墙，用关门打狗的战术，内外夹攻，把金军一网打尽。”四门首领听得目瞪口呆，他们完全不知道这些情况，这时只能乖乖听命了。

贵英赫带着他们来到四门城楼上，在门左第五块石板下面便是地下通道的洞口。不一会儿工夫，四门首领各带五十人，由下通道出了城，重新占据外城城墙。这时的金军仍蒙在鼓里，不知道自己已被关在内外城的夹道里，处于内外挨打的困境。扈尔汉正在组织士兵攻打内城，突然间鼓声大作，喊杀声骤起，内外城上，箭如雨下，礌石、滚木一齐落下来。顷刻间，金军死的死、伤的伤，一千人马损失大半，扈尔汉也多处负伤。

扈尔汉观察后，发现内外两城之间有地下通道，敌军正是从地道而来。他当机立断，迅速集中兵力，杀向东门。虽然金军死伤严重，但攻势仍十分顽强，终于将东门攻破，逃脱出来。

贵英赫见扈尔汉攻破东门，带领残余人员逃脱，忙吩咐四门首领抓紧时间修复外城，并多运滚木、礌石。这时，侍卫进来报告说：“部长亲自带领兵马前来，快要进城了。”贵英赫急忙走出内城，到外城西门迎接林丹。他刚到外城门下，便见林丹骑在马上，带着一队兵马，后面跟着两员大将。贵英赫赶忙上前扶林丹下马，又与二将见面。他们一个是部长的儿子额哲，另一个是大将格兀纳。

贵英赫领他们进入内城，把昨夜后金军马偷袭外城，几乎全军覆没，以及扈尔汉负伤后拼命脱逃的情况，一一向林丹汇报。林丹听了畅怀大笑，对贵英赫说：“建库滋里城是你的提议，而且由你亲自设计建造。这次大金已尝到咱们的厉害，也让他们知道察哈尔大有能人在！扈尔汉已受伤，不如咱们也来个乘胜夜袭，活捉扈尔汉！”贵英赫听了，拊掌笑道：“部长想得妙，我们今夜行动，定能取得全胜。”

林丹到来之时，扈尔汉和安费扬古正在营中谈话，探马来报说：“察哈尔部部长林丹带领两千人马，增援库滋里城，快到西门了。”

扈尔汉听了，对安费扬古说：“林丹亲自带兵前来，又见我攻城受损，伤亡惨重，说不定今夜会来劫我营寨。”安费扬古点头说道：“林丹善于劫掠屯寨，这是他的拿手好戏，将军想得有理。咱们就来个将计就计，如何？”二人拊掌大笑，只等天黑以后行动。

二更天，林丹与贵英赫传令出城偷袭后金营寨，林丹自己带领兵马正面攻击，命额哲和格兀纳带领兵马为左右二援，贵英赫则留下守城。

月色微明，凉风习习。林丹引军马从外城东门而出，径直来到后金军营寨前，遥望扈尔汉帐中灯火通明，正在饮酒。林丹大喊一声，城头擂鼓为助，直杀入营中，却见扈尔汉端坐不动。林丹驰马来到面前，一枪刺倒，原来是一个草人。他心知中计，急忙勒转马头往回跑。忽听帐后鼓声如雷，喊声大起，又见一员大将一马当先，拦住去路，此人正是安费扬古。

安费扬古挺枪跃马，直击林丹，二人在火光中战了二三十个回合。林丹一心盼着额哲、格兀纳二将来救，谁知二人的兵马已被扈尔汉的骑兵拦住，脱身不得。林丹迟迟不见救兵到来，又见身后兵马已被冲散，只得且战且退，孤身一骑逃回城里。

又等了一会儿，额哲、格兀纳二将才领着残余人马，败退城中。林丹勃然大怒，说二人不按预先吩咐，前去大金营帐接应，害得自己差点丢了老命。二将也诉说委屈，说半路被扈尔汉拦截，中了埋伏，也差点丧命。贵英赫忙命人摆上酒来，大家一边喝酒，一边商议守城之事。

与此同时，努尔哈赤得知库滋里城久攻不克，担心夜长梦多，于是派皇太极带领五千兵马，急奔库滋里城而来。

皇太极赶到后，与扈尔汉、安费扬古制订了新的攻城计划，准备兵分四路攻城。

次日一早，皇太极在东门外指挥兵马，以佯攻开始，引得城上万弩齐发；之后又派士兵分散以云梯作爬城状，城上滚木、礌石纷纷落下；接着以小股突击。皇太极率先登上城头，挥刀乱砍乱杀。与此同时，几十架云梯一齐搭上城墙。金兵异常勇猛，很快登上城头，鼓声、呐喊声响成一片。东门很快便被皇太极攻破。

安费扬古领兵攻打北门。由于东门已被攻破，城上守军就慌了，外城的四门守将慌忙退回内城，剩下的士兵也不敢恋战，呼哨一声四散而去，有许多人竟举手投降。

扈尔汉攻打南门和西门时，东门和北门已陆续攻破，这两道门几乎是察哈尔人故意放弃的，他们还想利用内外夹击的战术"关门打狗"，但他们这次的算盘打错了。安费扬古让投降的士兵到西门、南门分别找到暗道的出口，用大石块压上，并派专人看守。接着，后金的五千兵马，在皇太极、扈尔汉及安费扬古的带领下，将内城围得水泄不通。他们并不急于攻城，而是将士兵分成几个小组，轮流看住四个外城大门，以及城上的四个暗道出口。

林丹和贵英赫还指望这些暗道再现奇迹，不料暗道已被堵死，进退两难。林丹有些惊慌，便选择了另一个不常用的通道逃入内城。

这时，后金几千人马在外城呐喊起来，声势浩大，撼山动地。不过，金军第一次进攻还是遭到了如雨的箭弩和如雷的滚木、礌石的回击。皇太极鼓舞士兵们说："林丹已成瓮中之鳖，咱们一弯腰就可以抓住他了，希望大家一鼓作气，攻上城去！谁能亲手捉住林丹，将受到大汗的亲自嘉奖和赏赐！"

于是，数千士卒、数百副云梯一齐靠在高高的内城城墙上，士兵们如蚂蚁般蜂拥上前。一架云梯倒下来，又一架云梯靠上去；一个士兵被砍下来，另一个士兵又爬上去。城上城下死伤无数，皇太极与安费扬古身上也多处负伤，但金军攻城的势头丝毫未减。

金军攻入内城后，并未遭到林丹和贵英赫的拼死抵抗，甚至连他们的踪影也没有见到。皇太极下令搜索全城，才发现他们早已逃之夭夭。

攻下库滋里城后，努尔哈赤又增派大将扬古利率三千兵马，与皇太极、扈尔汉合兵一处，乘胜追击。金军六千人，浩浩荡荡，直逼察哈尔城。

努尔哈赤又派明安第五子巴特玛台吉前往库滋里城，负责管理这座以内外城闻名于漠南蒙古的石头城。

察哈尔城同样是一座石头城，里里外外共有三层。外城高有五米，城墙厚一米多。城外有护城河，河上架着吊桥。中城更加坚固，里城是一座碉堡式的建筑，也是林丹的住处，清一色的砖瓦结构，共有两层，地下有暗室，从暗室可以走到城外。中城住着部分将领及其亲属。外城全是士兵的住处。林丹认为，只要储备足够的粮食，守上一年半载，努尔哈赤的战线太长，粮草供给不上，自然就撤退了。因此，他决定据城死守，暗中再派人到广宁向明军求援。

很快，皇太极、扈尔汉、安费扬古、扬古利便领着六千兵马，赶到察哈尔城外安营扎寨。次日上午，他们到城下挑战。但见城门紧闭，免战牌高挂，任凭金军在城下叫骂，林丹也毫无回应。皇太极没有办法，只得与扈尔汉、安费扬古回营，留下扬古利一人指挥士兵继续叫骂，但城里始终不理。

皇太极、扈尔汉等人骑上战马，带着几十个精干骑兵，绕察哈尔城转了一圈。晚上，皇太极把几个大将召集在一起商议对策。安费扬古一向有勇有谋，他说："我们在库滋里城里收降了一千多名察哈尔士兵，可以从中选出几十名可靠的，让他们回去做内应。这样一来，我们攻城时就可以里应外合了。"

皇太极听了高兴地说："这办法不错，不妨试试看！"

于是，扈尔汉与安费扬古二人连夜赶回库滋里城，选出五十名降兵，让他们回到察哈尔城去。一切安排妥当，皇太极决定兵分四路攻城，每人带领一千兵马，一起攻击四门，同时留下两千兵马守营，以作后援。

次日凌晨，四位大将分头带领人马，悄悄来到城下，四千人马一起呐喊，声震山林。城里的守军惊慌失措，拿着弓箭乱射一通，又一阵阵地打下礌石、滚木来。

混乱之中，扈尔汉派进城里的降兵早已将城门打开。后金四千兵马分别在皇太极、扈尔汉、安费扬古和扬古利的率领下杀了进去，但到了第三层城墙外，就再也攻不进去了。皇太极等人经过商议，决定把士兵分成若干小组，轮番进攻，四面开花，使林丹应接不暇。同时向城中喊话，叫林丹出降，并申明降后保证他及家人的安全，报请大汗给予他特殊待遇。

城中无人应声，只有一阵接一阵的羽箭射来。皇太极也不着急，只是紧紧围住内城，连一只鸟都不让飞出去。到了第三天，皇太极见城中飞出的箭越来越少，便下令四路人马同时攻城，不到一个时辰便将城攻下。

战后清点降卒，搜索林丹及其将领，却没有发现他们的踪影。后来才发现内城有好几条暗道通往城外，林丹带着家属及部分将士在第二天就由暗道逃到一条河边，乘船逃走了。

天启七年（天聪元年，1627 年），喀喇沁部与后金会盟，双方“刑白马乌牛，誓告天地”，林丹已四面楚歌。

五年后，皇太极再率大军西进，多尔衮从征。至西拉木伦河畔，会集蒙古诸部兵，共击林丹。面对实力远远超过自己的金军，林丹无奈地从归化城驱人畜十万渡黄河西逃。

由于众叛亲离，林丹走投无路，“杀人以食，自相屠戮”，后窜至青海大草滩，患痘症而死。多尔衮与岳托等领兵万人渡河，招降林丹部众及其子额哲，林丹的妻子也归降，交出可汗的“制诰之宝”。

随着林丹的死去，漠南蒙古西部的鄂尔多斯部、土默特部等也相继降附后金。整个漠南蒙古完全纳入后金帝国的版图，蒙古帝国的汗位至此断绝，蒙古帝国也随之彻底消失。

第六章　南伐大明斗志昂

1. 创制满文

伴随着统一女真各部和征抚漠南蒙古事业的发展，努尔哈赤开始着手主持创制无圈点满文，为满族文化的发展做出了具有划时代意义的贡献。

东北一带有满语、赫哲语、鄂温克语、鄂伦春语等多种语言，可惜都没有文字，只是口头发音。要记录一个重要文件往往要借助蒙古文，但不是人人都懂。能够阅读汉语版《三国演义》《水浒传》的人，更是凤毛麟角。

满文是满族语言的文字符号。满语属阿尔泰语系。满、蒙是同属于阿尔泰语系的北方少数民族，在其内部又分成不同的语种，这在语言学上叫作语族。阿尔泰语系主要分为三个语族，即阿尔泰语系突厥语族，包括维吾尔语、哈萨克语、柯尔克孜语、乌孜别克语等；阿尔泰语系蒙古语族，包括蒙古语、达斡尔语、布里亚特语、裕固语等；阿尔泰语系满语族，包括满语、鄂温克语、鄂伦春语、锡伯语、赫哲语等。满族的先世女真人，讲的就是阿尔泰语系满语族的语言。

女真族在金代参照汉字创制了女真文，有女真大字和女真小字两种。女真大字为完颜希尹所造，金太祖完颜阿骨打于天辅三年（1119年）颁行。大定四年（1164年），金世宗完颜雍“诏以女真字译书籍”，后设女真进士科，而“用女真文字以为程文”，并在中都设女真国子学，诸路设女真府学，以新进士充教授。到大定二十三年（1183年）九月，译“易、书、论语、孟子、老子、扬子、文中子、刘子及新唐书”成，命颁行之。而所译《史记》《汉书》和《贞观政要》等书也已流行。

女真字是在变换契丹大字的基础上创制的，而契丹大字又依仿了汉字，所以，女真字是一种表音和表意相结合的方块字，与蒙古拼音文字有所不同。随着金亡元兴，蒙古族成为统治民族，蒙古语与女真语又同属于阿尔泰语系，在女真地区先是蒙古文和女真文并行，尔后女真文逐渐衰落下去，到元朝末年，懂女真文的人已经寥寥无几。

建州的各个机构逐渐有了雏形后，由于没有自己的文字，上传下达很不方便。

万历二十七年（1599年），努尔哈赤选中两个精通蒙古文和汉文的人，一个叫额尔德尼，一个叫噶盖，向他们提出了创制满文的构想。

额尔德尼属满洲正黄旗，纳兰氏，世居都英额，少年聪慧，兼通蒙古文和汉文。

额尔德尼身材高大，英俊潇洒，但性格有些怪异。据说，他年轻时，家乡一些有权势的人家，出于对他才貌的仰慕，都想把女儿嫁给他，但额尔德尼一个也不满意。与他同部落的齐尔计吉家有个姑娘，长得又胖又丑，黑黑的皮肤，大大的脚，但力大无比，双手举得起一个石磙。家里替她找了许多人家，她都不肯嫁。父母说：“你这样挑挑拣拣，究竟要挑个什么样的夫婿啊？”她说：“我想挑一个像额尔德尼那样才貌双全的人。”

不久，这话传到了额尔德尼耳中。他非常高兴，便向齐尔计吉家下聘，娶这个丑姑娘为妻。到了过门的日子，新娘精心地梳妆打扮了一番，头上插满各种珠宝，身上穿着绫罗绸缎。到了额尔德尼家，两人拜过天地之后，新娘子被送进洞房。谁知额尔德尼见了新娘的面后，掉头就走。一天两天过去了，额尔德尼不和她说话；三天五天过去了，额尔德尼还是不理她。新娘十分纳闷，到了第七天，额尔德尼仍然不理不睬。

这天吃完晚饭，新娘做完家务后，关上房门，来到床前给丈夫跪下，说："你这样不理我，一定是我犯了什么过错。请你指出来，我一定认真改正。"额尔德尼这才开口说："娘子呀，我家是贫苦人家，我又不愿意去做官，我要的妻子是个穿粗布衣衫，可以和我同甘苦、共患难的人。现在你这副样子，穿着华丽，涂脂抹粉，岂是我理想中的妻子呢？"新娘说："原来如此！"她高高兴兴地脱下身上的绫罗绸缎，穿上粗布衣衫，卸去头上的金珠玉器，把头发挽成一个简单的高髻，开始干起各种粗重的家务活来。额尔德尼见状，大喜过望："这才是我喜欢的妻子啊！"他还给妻子起了一个名字，叫齐尔计吉光，这名字中含有他对妻子的道德品质的赞赏。夫妻二人自此恩恩爱爱、和和美美地过起了日子。

努尔哈赤统一建州后，得知额尔德尼是个人才，几次派人邀请他出来做事，均遭拒绝。后来，努尔哈赤亲自前去拜访。额尔德尼才倾心归顺，跟随努尔哈赤南征北讨，建树功勋。

噶盖为伊尔根觉罗氏，世代居住在呼纳赫部，跟随努尔哈赤东征西讨，立下了赫赫战功。他文武双全，精通蒙古文、汉文，被努尔哈赤选中与额尔德尼一起创制满文。

作为将军，噶盖对打仗挺有信心，但一提到编创文字，他就紧张起来。他接受任务以后，觉得有困难，便对努尔哈赤说："咱们学习和使用蒙古文年代已久，现在要创制自己的文字，实在不容易啊！"

"创制我国（建州女真）的文字，难道比一代代都要学习他国的文字还难吗？"努尔哈赤问道。

对此，额尔德尼表示："能够按我国的语言制字当然很好，问题是具体操作办法，臣等还不甚明了，所以很难办！我又不是语言学家，几乎是不可能的！"

"怎么不可能？以蒙古字合我国之语音，连缀成句，不就得了！你们比较懂蒙古文，就试试看吧！"努尔哈赤一锤定音。

努尔哈赤早年在外祖父王杲和辽东总兵李成梁处学过一些蒙、汉文字，他进一步指示额尔德尼和噶盖创制满文的方法："可以参照蒙古文字母，结合女真语音，拼读成句，撰制满文。"他举例说："'阿'字下合一'玛'字，不就是'阿玛'（满语，父亲）吗？'额'字下合一'默'字，不就是'额默'（满语，母亲）吗？"于是，额尔德尼和噶盖遵照努尔哈赤提出的创制满文的基本原则，仿照蒙古文字母，根据满人的语音特点，开始创制满文。

令人没想到的是，由于创制满文，还引发了意外事件，几乎使努尔哈赤丧命。

一天，原哈达部部长孟格布禄请噶盖到自己家中喝酒。噶盖的母亲是哈达人，二人细聊之下，得知双方还是表亲关系。

当他们喝到有七八分醉意时，一个十八九岁的女人从里屋走出来。孟格布禄对她说："来得正好，认识一下噶盖将军。"接着又回头对噶盖说："她是我的小姨子兀拉乌娅。"兀拉乌娅举止大方，她走到酒桌旁，双手抱起酒坛，看了一眼噶盖，说："我与噶盖将军初次相会，让我先敬将军一杯。"噶盖是马上英雄，年纪不到三十岁，喝了几碗酒，略微有些醉意。他接过兀拉乌娅送来的酒，一饮而尽。孟格布禄眯着醉眼，对兀拉乌娅说："噶盖将军是我的表弟，你坐下来陪他喝几杯。"兀拉乌娅就坐在孟格布禄的旁边，噶盖目不转睛地看着她，兀拉乌娅也频送秋波，弄得噶盖神魂颠倒。孟格布禄趁机对噶盖说："表弟若喜欢她，就把她带回府去。"噶盖眉开眼笑地说："表兄如此照顾，小弟终生不忘！"

席散之后，噶盖挽着兀拉乌娅要走。孟格布禄忙派人牵出两匹马来，让他们二人骑马回府。

噶盖家中只有一个妻子，不久前得了眼病，已经双目失明，生活起居全靠仆人料理。噶盖把兀拉乌娅带回去后，安置在另一个房子里。

实际上，这是孟格布禄设下的"美人计"。原来，孟格布禄自从哈达被吞并、自己被努尔哈赤掳来之后，心里一直咽不下这口气。他住在费阿拉城里，总觉得有人在监视自己。这半年多来，他见到了原辉发部部长的儿子隆格儿、乌拉部布占泰的儿子布英迪南，以及叶赫部金台石的儿子穆拜里哈，闲聊起来都有相同的感受。孟格布禄知道噶盖是一个勇冠三军的大将，现在又在创制满文，经常在努尔哈赤身边，也许有机会帮自己复仇，于是就设下了这个“美人计”。

这次喝酒之前，孟格布禄已把自己的意图告诉了兀拉乌娅，让她色诱噶盖。开始时，兀拉乌娅只是哭，经他再三劝慰，并把复仇计划向她详细说明，她才勉强答应下来。

又过了几天，孟格布禄把隆格儿、布英迪南、穆拜里哈约到家里，关起门窗，整整密谈了一天，直到天黑以后才各自离去。

次日早晨，孟格布禄与隆格儿去了费阿拉城外的虎喇特里寨。

他们来到原叶赫部部长布扬古的小儿子布扬诺斯基家中，见布扬诺斯基躺在床上。二人上前与他拥抱后，隆格儿伏在布扬诺斯基的耳边小声嘀咕了几句，布扬诺斯基不声不响地从床席下面拿出一把被称为“叶赫熊”的七星宝刀，递给隆格儿。

孟格布禄与隆格儿带着七星宝刀，回到费阿拉城，准备佯装把宝刀献给努尔哈赤，再趁机将他刺死，为他们死去的父亲报仇。

晚上，孟格布禄来到噶盖家中，把自己的计划和盘托出，同时把七星宝刀拿出来，希望噶盖能助他一臂之力。噶盖说：“罕王有恩于我，你这是陷我于不仁不义的境地，我不能答应你的要求。这样吧，罕王每天中午都在客厅的虎皮长椅上休息，你跟在我后面进去，以后的事由你自己去做吧。”说完，二人又小声议论一会儿，孟格布禄才告辞回去。

次日中午，孟格布禄跟在噶盖后面，来到内城门口，噶盖放慢脚步，二人像是一同进府的模样。由于噶盖常到努尔哈赤那里去，守门人便没有阻止他们。他们一前一后，走到努尔哈赤的客厅门前，噶盖使了一个眼色，便抽身回去了。

孟格布禄小心翼翼地走进客厅，见努尔哈赤正躺在虎皮长椅上睡觉，刚要拔刀去刺时转而一想：这老贼力大无比，得靠近些再刺。于是，他又向前走了两步，正准备刺去，忽听身后有人大声说道："大汗请起！"孟格布禄一惊，宝刀差点从手中掉下。他转身一看，来人正是噶盖。原来，噶盖走后，心想一旦刺杀发生，无论成与不成，自己都脱不了干系。就算努尔哈赤真的死了，他还有那么多大将、儿子，他们会放过自己吗？再说努尔哈赤对自己有恩，杀了努尔哈赤，不仅对自己没有任何好处，反而会陷自己于不义。他想着想着就改变了主意，急忙转身回来。这时，努尔哈赤已翻身坐起。孟格布禄慌乱之中，持刀跪下说："七星宝刀现已找到，特来献给大汗！"

努尔哈赤接过刀一看，只见刀面银光闪耀，刀锋极其锐利，果真是把宝刀。他看完后，顺手把刀放在长椅扶手上，转头问噶盖："是将军带他进来的？"

"是的，他是我的表兄。"

努尔哈赤熟读《三国演义》，又多次经历暗杀事件，岂会不知他们本来的目的。但他不露声色，反而让侍卫送给孟格布禄白银一百两，对他说："回去吧，安分过日子为好！"

二人出了内城，噶盖去了额尔德尼那里，孟格布禄则直奔外城大门。隆格儿、布英迪南、穆拜里哈三人正在城外等着他。他见到三人后，没有说话就翻身上马，四人快马加鞭，飞奔而去，直到看见一片林子，孟格布禄才下马把经过情形说了一遍。四人一方面感到遗憾，一方面觉得形势不利，还是赶快离开费阿拉为妙。否则，一旦努尔哈赤怀疑起来，想跑都跑不掉。

努尔哈赤这边，等噶盖与孟格布禄走了之后，他拿出宝刀翻过来掉过去地看着，心里十分喜欢。但他始终想不明白，噶盖怎么会生歹心，跟孟格布禄走到一起呢？刚好八子皇太极来了，努尔哈赤把前后经过讲给他听。皇太极虽然年轻，但机敏过人，遇事善于动脑筋。他想了想说："就噶盖而言，他喊'大王请起'，说明不想行刺你，无论他是不是同谋。至于孟格布禄献刀，为何要选在中午休息时间来献？可以肯定他原本想行刺，因为噶盖一声喊，才改口来献刀。"努尔哈赤赞同道：

“有些道理，不如先把噶盖喊来诈他一下，就可以知道了。”皇太极说：“再派人去孟格布禄家看看，他若不在家，或是逃出城去，必是行刺。”努尔哈赤遂让侍卫前去察看。

皇太极即率五十名快骑，将孟格布禄等人捉住。经过几次拷问，他终于交代了刺杀真相。为了不对其他降者产生什么负面影响，努尔哈赤最终以“奸污汗妾”的罪名处死了孟格布禄。

之后，努尔哈赤又派人把噶盖带来，对他说：“我如此重用你，你反而来加害我，你的良心让狗吃了！”噶盖也不想隐瞒什么，哭着将事情的经过从头到尾细说一遍。最后，他说：“请罕王开恩，我实在不忍心让你被刺，才又回来喊醒你。都怪我色迷心窍，才一时上当失足，助人作歹。”努尔哈赤听了，非常气愤地说：“有人叛逆，邀你同谋，你却不及时向我报告，反而引人来行刺我。若是饶了你，今后怎么办？真是杀人可恕，情理难容啊！”说罢，下令将噶盖斩首示众。

噶盖被杀后，额尔德尼遵照努尔哈赤的指示，独自承担起创制满文的重任。

一天，努尔哈赤派人去叫额尔德尼。额尔德尼来时，努尔哈赤正搂着新娶不久的侧妃乌拉氏在调情。额尔德尼是一个十分严肃的人，见状转身就走，不顾努尔哈赤的喊声，坚持回去了。努尔哈赤十分恼怒，认为额尔德尼傲慢无礼，从此不再如往日那样信任他了，对他疏远起来。但额尔德尼根本不在乎努尔哈赤对自己的态度，他足不出户，不舍昼夜地进行编创工作。

这期间，额尔德尼的妻子齐尔计吉光生病了，开始是腰病和脚病，后来病情加重，整日不能下床，痛苦不堪。额尔德尼向努尔哈赤请假，请求回家为妻子请医诊治。努尔哈赤说：“你现在正撰制满文，这是公事。你妻子有病，是私事。不能因私废公呀！”额尔德尼说：“我请求辞去公事。”努尔哈赤不禁大怒，说：“胡说！你妻子死了，还可以再娶一个。你辞去公事，是对我不恭、不忠的表现，是叛逆行为。对叛逆行为的处置，你是知道的。为何要自寻死路呢？”没想到额尔德尼竟不辞而别，回家为妻子寻医治病，日夜伺候妻子，直到她痊愈为止。

事后，努尔哈赤并没有因此而处罚他，只是觉得天下竟然有他这样专一的男人，把妻子看得比工作甚至生命更重要。

三年后，额尔德尼终于完成了初稿。这种草创的满文，没有圈点，后人称之为“无圈点满文”或“老满文”。

从此，满族有了自己的拼音文字。满文制成后，努尔哈赤下令在已统一的女真地区施行。

努尔哈赤赐额尔德尼“巴克什”（即学者、博士）称号，宣召众大臣共同庆贺。宴会的盛况不亚于开国大典，众人轮番向额尔德尼敬酒，额尔德尼喝得酩酊大醉。蒙眬中，他仿佛看到了自己光明灿烂的前途。

雄才大略之人，思维敏锐胜于常人百倍。额尔德尼觉得努尔哈赤有朝一日一定会龙袍加身，自己也可以荣耀至极。

万历四十四年（天命元年，1616 年）正月，额尔德尼的预言变成了现实。赫图阿拉满地冰雪，银装素裹，衬托着热烈和欢乐。努尔哈赤正式称汗，建立大金国，年号天命。登基大典那天，额尔德尼在赫图阿拉的大政殿宣读告天表书，一人之下、万人之上的显赫，使他的声誉攀升到顶点。

荣誉与官爵加身，敦促他倍加勤勉，他将努尔哈赤的言行整理为《档子》（即著名的《满文老档》），留下了珍贵的历史资料。

额尔德尼切实体会到了“学而优则仕”的优越性，在大金国开疆拓土的大业中兵不血刃，却立下汗马功劳。但玩政治犹如玩火，额尔德尼再聪明，也有马失前蹄的时候。他预知皇太极会成为新主，于是出于为自己打算的私心，参与了争储斗争。

额尔德尼与皇太极接触甚密，引起其他诸子的嫉恨，便合谋拉拢这个才子。常言道，人在河边走，哪能不湿鞋。天启三年（天命八年，1623 年），额尔德尼被弹劾收受汉官礼物。努尔哈赤早对额尔德尼心生芥蒂，一经查实，便将额尔德尼抄家革职，贬为庶人。

然而，事情还没有完。额尔德尼家的婢女状告额尔德尼收受朝鲜使臣送的绢、珍珠和东珠。一查，又是事实。努尔哈赤当机立断：斩立决。一对恩爱夫妻就这样成了刀下之鬼。举世无双的文字发明家死了，只留下一串串字符，一页页书稿。

额尔德尼虽以微末之罪受诛，其功业却与世长存。清太宗曾谕文馆儒臣云："额尔德尼乃一代杰出之人！"这个评价是公允的。

无圈点满文在统一的女真地区推行了三十三年，发挥了巨大的作用。但额尔德尼创制的满文只能属于草创，因而出现了一些问题，譬如字母不够用、字形不统一、语音不好区别、语法不够规范等。

崇祯五年（天聪六年，1632 年），皇太极请儒臣达海①先生对老满文进行圈点、整理和改进，很好地解决了原来存在的诸多问题。

2. 大明日衰

一些小风波并不足以影响努尔哈赤统治下的后金蒸蒸日上的发展进程，他最大的敌人——大明王朝却是另一副样子。

明太祖朱元璋生前曾告诫太子朱标，要做一个好皇帝，就必须做到"先天下之忧而忧"。朱元璋本人做到了，明成祖朱棣也做到了。直到宣德帝期间，大明呈现出来的都是一片繁荣和富裕的景象。有些府县甚至因为粮仓里储存的粮食太多，都放坏了。

大明的转折点在英宗时期，"土木之变"以后，明朝开始走向衰落，各种矛盾开始激化，官僚和地主兼并、侵吞土地的现象严重，致使大量农民流离失所、背井离乡，他们成为历史上一个特殊的群体——流民。统治阶级荒淫奢侈，生活糜烂，朝中宦官干政乱权，朝廷日见腐败。嘉靖皇帝在位长达四十五年，即位之初，曾下令废除武宗留下的弊

---

① 达海（1595—1632）：觉尔察氏，满洲正蓝旗人。始祖索尔火，祖父博洛，父艾密禅。达海一生极为坎坷。从其祖父时起，便跟随清太祖努尔哈赤从军参战。天命五年（1620年）三月，努尔哈赤的小福晋德因泽首告侍女纳扎与巴克什·达海通奸，拟罪当死。努尔哈赤惜才，命杀死纳扎，达海被锁在柱子上拘禁，险些丧命。死后，谥号文成，入祀贤良祠。

政，诛杀奸臣，让很多人看到了大明中兴的气象。可惜好景不长，嘉靖皇帝很快就疏于朝政，将心思完全放到炼丹修道、寻求长生不老之术上去了。

努尔哈赤建立后金，满洲女真部族崛起于万历年间。这是努尔哈赤政治生涯的转折点，也是建州与明王朝关系史上的转折点。后金的兴盛与明朝的衰败形成了鲜明的对比。

明朝与建州、汉族与满族的关系，是中央与地方、统治民族与被统治民族的关系，这种关系会在一定条件下发生转化。嘉靖、万历年间，明王朝的“内忧外患”已经到了十分严重的地步。

“内忧”首先来自朝廷官吏。嘉靖皇帝重用大奸臣严嵩[①]父子，导致严嵩把持朝政长达十七年。其间，严嵩立朋党、除异己、杀忠良，导致国家边备废弛，财政亏空，危机四起，社会矛盾空前激化，土地兼并日益激烈。以皇帝、贵族、外戚、权臣、缙绅为代表的大小地主集团，更加疯狂地掠夺土地。明神宗万历皇帝的皇庄占地二百一十万亩，其弟翊镠，生四岁而封，占田“多至四万顷”；其子福王分封，“括河南、山东、湖广田为王庄，至四万顷，群臣力争，才减其半”。至于缙绅豪富，占田少者数百亩，多至数千亩乃至数万亩。“庄田侵夺民业，地主兼并土地，大量自耕农破产，致有田者什一，而无田者什九；富者连田阡陌，而贫者无立锥之地。”

土地高度集中，在辽东地区的表现是军屯制被破坏。辽东卫所只有官舍与军余，正子为军，次子为余，都属于军屯。后来，“边外屡遭兵燹，屯军多有逃死；屯田多为军官占夺，屯法尽坏。沿边穷卒，月止粮

---

① 严嵩（1480—1567）：字惟中，号勉庵、介溪、分宜等，江西新余市分宜县人，弘治十八年（1505 年）乙丑科进士。明朝著名权臣，擅专国政达二十年之久，累进吏部尚书，谨身殿大学士、少傅兼太子太师，少师、华盖殿大学士。六十三岁拜相入阁。严嵩书法造诣高，擅长写青词（实为他人代笔）。

明世宗下诏将严嵩罢职，被削籍为民，家产被抄，奸党与家人一一治罪。隆庆元年（1567 年），严嵩在贫病交加中死去，终年八十七岁。《明史》将严嵩列为明代六大奸臣之一，称其“惟一意媚上，窃权罔利”。

银四钱，尚不及蓟镇台兵三分之一。且每岁修守，时时防虏，非如他边”。辽东军屯破坏，军余逃散，军械朽蠹，军备废弛。

“内忧”还表现在宫廷斗争激烈。“三案”是突出的史例，即万历皇帝晚年及其殁后，明宫中发生的“梃击案”“红丸案”和“移宫案”。“三案”对明末历史产生了巨大的影响。

“外患”则分为南、北两个方面。南方有倭寇，即日本海盗，他们极其猖獗、手段凶残，在东南沿海地区与中国的一些海盗相勾结，进行武器走私活动，对商贾和平民进行肆无忌惮、丧心病狂的烧杀抢掠。从嘉靖三十一年（1552 年）开始以及之后的三四年间，共杀害数十万人，导致无数家庭家破人亡，状况惨不忍睹。明军对此却无可奈何，与倭寇打起来也是败多胜少。直到戚继光出现后，才将这些倭寇击垮，安定沿海地区。

北边的“外患”主要指蒙古。蒙古鞑靼部兴起后，一度统一了蒙古各部，势力十分强盛。在首领俺答的率领下，屡屡犯边作乱，明边的守军根本无力抵挡蒙古人的进犯。蒙古人得以长驱直入，渐渐向内地延伸。嘉靖二十九年（1550 年）七月，俺答率大批人马侵犯山西大同，作为严嵩同党的大同总兵仇鸾惊慌失措之下，以重金贿赂俺答，让他放过大同，改抢别处。俺答将重金收下，却继续抢了一通才移师东去，几乎没有遇到任何有效的抵抗。他一路烧杀抢掠，一直抢到通州，来到北京城下。

眼见京师危急，万历皇帝连忙调集五万明军保卫京师。这时，首辅严嵩无耻地上书说：“敌饱将自去，唯坚壁为上。”意思是说，他们只不过是一群土匪强盗，抢掠完了自然会走，现在最好的办法是坚守，不要出战。就这样，俺答在北京城下肆意抢掠，京城的守军及随后赶来勤王的部队加起来十几万人，竟一箭未发。俺答的人马在众目睽睽之下满载而去。这一耻辱的事件叫作“庚戌之变”。

万历皇帝是明代在位颇久的皇帝，他十岁登基，在位四十七年，也算是明朝晚期日子过得滋润的一个皇帝。他的爷爷嘉靖皇帝在位虽久，但国库空虚，一年不如一年，日子过得紧巴巴的。他的父亲隆庆皇帝英年早逝，在位七年便一命呜呼，更谈不上享清福了。他的儿孙们就更不消提了，一代不如一代。

那么，在努尔哈赤东征西讨、建军兴邦的时候，万历皇帝都干了些什么呢？

万历皇帝是在隆庆六年（1572 年）五月二十五日上午十一时举行登基大典的，到了下午三时，便有一道中旨传到内阁：免去孟冲司礼监掌印之职，由冯保接任。

中旨，就是不经过内阁讨论，由皇帝直接发布的圣谕。明代的圣旨颁布有着极为严格的规定。大凡朝臣呈给皇上的奏疏，需要给予回复的，先交皇上读过，再转至内阁。阁臣提出批复的建议，另抄在一张纸上，叫批黄或拟旨。批黄送呈大内司礼监，司礼监的秉笔太监再根据皇上的意见抄录成文，叫御批。这种御批，有的完全照抄内阁的拟旨，有的略加改动。如果皇上不同意内阁的拟旨，就发回内阁重拟。有时，为了一道批复，奏疏会在内阁与司礼监之间来回好几次。

万历皇帝登基后的第一道圣旨便绕开了内阁，对此，内阁首辅高拱立刻认识到了问题的严重性。这不仅涉及违背公文制度的祖制问题，更是皇权对相权的轻视和忽略，并且即将走马上任的冯保是高拱的宿敌。据说，当传旨太监读罢圣谕，高拱一怒之下将黄绫圣旨掼到地上。传旨太监吓得脸色都变了，咕哝了一句：“这可是圣旨啊！”高拱厉声斥道：“什么圣旨，十岁孩子懂得什么，还不是你们这帮太监鼓捣出来的，迟早要把你们都赶走！”

传旨太监跑回大内，立即将高拱的态度禀报给冯保。冯保又赶到乾清宫，向李贵妃和万历皇帝做了回奏。冯保当然不会如实禀报，他添油加醋，将“十岁孩子懂得什么”改成“十岁孩子如何当皇帝”。李贵妃母子听了，既震惊又害怕，抱在一起大哭了一场。

十天后，万历帝再传中旨，勒令高拱致仕，逐出北京，一刻也不许停留。空出来的首辅职位由张居正接任。

此后短短一个月时间，李贵妃换掉了内相、外相，起用冯保与张居正，但她并不是为了朝廷社稷、天下苍生，而是出于母爱，给儿子找两个可靠的人。冯保与张居正联袂登场，从而拉开了万历新政的序幕。

冯保是万历皇帝的大伴（即男保姆）。万历皇帝闹百日咳，整夜不能睡觉，冯保便让万历皇帝骑在自己背上，在砖地上转磨儿，两只膝盖都磨出血来。所以，李贵妃母子对他倚重甚深。而张居正则是万历皇帝的老师，他的严谨沉稳，政见特立，深得李贵妃母子的尊重与爱戴。

万历初年的新政之所以能够迅速推行并取得显著成就，正是因为有李贵妃、张居正、冯保这样一个牢不可破的“权力铁三角”。当时，万历皇帝尚小，凡需要皇帝决定的事情，都由他的监护人——生母李贵妃定夺。

张居正上任首辅后，第一件事就是给隆庆皇帝的两位遗孀上尊号。明朝晋封制度规定：“新天子登基，尊老皇后为皇太后。若有生母，亦封为太后，但加徽号以示分别。”陈皇后是隆庆皇帝的皇后，当然要尊为皇太后；李贵妃作为新皇帝的生母，也可以晋封皇太后，但应在陈皇太后前边加两个字的尊号。冯保与张居正认为，鉴于李贵妃担负着小皇上的监护作用，两宫太后不应该有差别，都应加两个字尊号。这件事在礼部实施过程中遭到了一些官员的反对，但因张居正的强力支持，最终获得了通过。陈皇后的尊号是仁圣皇太后，李贵妃的尊号是慈圣皇太后。从此，两宫太后无一差别。

李太后[①]对陈太后的尊敬，为她赢得了广泛的赞誉。李太后对自己儿子的管教极严。万历皇帝登基头几年，她将国事托付给张居正，让儿

---

① 李太后（？—1614）：明神宗朱翊钧之母。为人严谨，教子严厉，明神宗统治期间的繁荣也有其辅佐之功。她十五岁进入裕王府，为裕王朱载垕生第三子朱翊钧，进而由都人（宫女）升为侧妃。裕王登基后被封贵妃，地位仅次于陈皇后。万历元年（1573 年），朱翊钧即位，是为明神宗，为李氏上尊号为慈圣皇太后。万历六年（1578 年）三月，加尊号曰慈圣宣文皇太后。万历十年（1582 年），加尊号曰慈圣宣文明肃皇太后。万历二十九年（1601年），加尊号曰慈圣宣文明肃贞寿端献皇太后。万历三十四年（1606 年），加尊号曰慈圣宣文明肃贞寿端献恭熹皇太后。万历四十二年（1614 年）二月逝世，谥号为“孝定贞纯钦仁端肃弼天祚圣皇太后”，合葬昭陵，别祀崇先殿。

子以读书为主。

明代皇帝读书，叫出经筵。张居正亲自给万历皇帝挑选了六位讲臣。每次在文华殿听讲归来，李太后便邀来陈太后，让儿子将听讲的内容复述一遍。小皇帝讲完了，李太后就问陪皇上听讲的冯保，皇上讲的是否有错漏。如果全部讲对了，就给予褒奖；如果有错漏，就给予惩处。有好几次，小皇帝都因为逃学而被罚长跪。

由于李太后管教极严，万历皇帝对她充满敬畏。万历六年（1578年），母子间发生了一次极为严重的冲突。当时，万历皇帝新婚不久，李太后离开乾清宫，搬回慈宁宫居住。离开了母亲的监护，万历皇帝如释重负，在贴身太监的唆使下，做了一些往常不敢做的事情。有一次夜游西城，侍应太监孙海为他找来两位年轻貌美的宫女陪酒。喝到半醉时，万历皇帝要这两位宫女唱时令新曲。所谓时令新曲，类似于今天的流行歌曲，但明代坊间的曲子颇为轻佻，宫女们说不会唱。孙海在一旁怂恿，她们仍坚持不唱，万历皇帝因此大怒，喝令将宫女们推出去斩首。孙海一听，马上提醒皇帝，万历皇帝这才意识到杀人不是好玩的事情，于是改削发代替斩首。

第二天，李太后知道了这件事，找来那两位惊魂未定、花容失色的宫女，问明事情原委，顿时大怒。她跑到奉先殿祭告亡夫，并做出了撤销万历皇帝的九五至尊地位的决定，准备改让潞王继承皇位。

万历皇帝知道后，吓得三魂出窍、六魄离身。他跑到李太后面前长跪不起，乞求得到宽恕，并保证悔过自新。在陈太后的一再劝说下，李太后才答应不急着废帝，但仍坚持说："能不能留你，要看张大人的态度。"于是，张居正在李太后的授意下，写了一道劝诫皇上"慎起居"的奏疏。过了几天，张居正又遵李太后的懿旨，替万历皇帝代草"罪己诏"颁示天下，这场风波才告平息。

这件小事可视为万历皇帝与张居正君臣关系的转折点。在此之前，万历皇帝对张居正深为倚赖，信任有加；事情发生后，他对张居正除了敬畏之外，还多了许多不满。

此后，在张居正的扶持下，万历皇帝进行了一系列政治和经济的改革，使国家收入比嘉靖年代增加了两倍多，官僚的办事效率也大幅提高，官员不作为的现象大大减少，呈现一派中兴的格局。张居正在位的十年间，万历皇帝谨守戒律，一切皆以首辅大人张居正马首是瞻。他对张居正的依赖，从以下一件事可见一斑：张居正的父亲过世，亦不允守制三年，即所谓夺情。为夺情这件事，满朝文武大臣稍有异议，轻则罢职，重则廷杖或流放。

祸根也是这样种下的。张居正生前位极人臣，呼风唤雨，死后却差点遭受挖坟鞭尸的命运。皇帝还是那个对张居正尊崇无比的皇帝，社会还是享受着张居正改革带来好处的社会，但是，被压抑太久的皇帝，被压抑太久的官僚们，终于把他们的反作用力释放出来了。

万历十年（1582 年）到万历十九年（1591 年）的首辅是申时行，他也是一个绝顶“聪明”的官僚。大明正在稳步发展时，发生了“争国本”事件，也就是万历皇帝想立皇三子为太子。

这事还得从头说起。

一天，万历帝去李太后所居的慈宁宫请安，碰到了一个宫女王氏，这个宫女长得十分普通，但万历皇帝不知为什么对她产生了兴趣，匆匆临幸了她。事后，万历皇帝不顾王氏那哀怨的眼神，穿衣束带后径自走出慈宁宫。他觉得一切都会随着那片刻欢乐的过去而永远消失，哪里知道春风一度，王氏却珠胎暗结。

万历皇帝知道宫女王氏怀孕后，生怕李太后责怪，就叮嘱左右不要说出去。但李太后是何等厉害的角色，自己身边发生这么大的事，岂会不知。

这一天，万历皇帝陪李太后用膳。李太后问起此事，万历皇帝矢口否认，李太后拿出皇帝的《内起居注》，白纸黑字，无可抵赖。万历帝见了十分害怕，以为母亲要责怪自己。不过，天下的母亲都一个样，不希望儿子胡闹；但如果儿子胡闹出孙子来，自家添丁，却又很高兴。李太后说：“我已经老了，还没能抱上孙子。如果怀上的是男孩，那就是祖宗社稷的福分。”然后又说，“母以子贵，哪用得着分什么差别等级?”李太后对怀上朱家血脉的宫女有着感同身受的理解，因为她也是宫女出身。此后，她一直充当着王氏和皇长子的保护神。

皇帝首次有了龙子，本来是一件喜事，但却带来一场悲剧。其根源是万历皇帝遇到的另一个女人，即万历十年（1582 年）三月被册封为淑嫔的郑氏。这位长得乖巧玲珑的小家碧玉，十四岁进宫，两年之后才受到皇帝的殊宠。但她刚得宠，就使这位青年皇帝将王氏置之脑后。

郑淑嫔当时还没诞育皇子，因此王氏怀孕，遭到了她的嫉妒。由于郑淑嫔横加阻挠，万历皇帝又不喜欢王氏，使王氏不但没能得到封号，反而受到迫害。直到临近产期，朝臣纷纷上奏，万历皇帝才下诏把王氏晋封为恭妃。万历十年（1582 年）八月，皇长子朱常洛①出生。

郑淑嫔比万历皇帝小四岁，长相漂亮自不用说，但这并不是她受宠的最主要原因。因为光靠美色无法拴住皇帝的心，何况再美丽的容貌也有年老色衰的时候。皇帝在宫内有绝对的主宰权，所有人都对他战战兢兢，生怕龙颜大怒。每天面对这样的嫔妃、宫女和太监，皇帝难免寂寞孤独。而淑嫔却不一样，她活泼、善解人意，而且能陪着皇帝一起读书，敢于挑逗和讽刺皇帝，同时又能聆听皇帝的倾诉，替他排忧解愁。她不但不像别的妃嫔那样低头哈腰，小心谨慎，反而公然抱住皇帝，摸他的脑袋……这种大不敬的“野蛮”行为，除了她之外，无人敢做。孤独的皇帝需要精神上的慰藉，因此淑嫔成了万历皇帝的红颜知己，并很快由淑嫔升为德妃。

---

① 明光宗朱常洛（1582—1620）：明朝第十四位皇帝。明神宗朱翊钧长子，生母为孝靖皇后王氏。朱常洛的身世与明神宗一样，都是父皇偶然临幸宫女所生。朱常洛从小得不到父爱。他在位期间，进行了一系列革除弊政的改革措施，罢除了万历朝的矿税，拨乱反正，重振纲纪。但每日回宫后却沉迷酒色，纵欲淫乐，身体羸弱。泰昌元年（1620 年）九月二十六日病逝，终年三十八岁，史称“一月天子”，葬于明十三陵之庆陵。庙号光宗，谥号为“崇天契道英睿恭纯宪文景武渊仁懿孝贞皇帝”。

万历十四年（1586 年）二月，德妃生下了皇三子朱常洵[①]，再升为贵妃，其得君专宠的地位自然更加巩固。由于万历皇帝对王恭妃和郑贵妃的区别对待，导致了长达几十年的“国本之争”。

张居正死后，李太后再也不过问政治，而以首辅大臣申时行为首的一班文武大臣早已暗中洞察了万历皇帝的内心，看到了皇位继承的变数——这是帝制时代最大的政治问题。就在皇帝所宠爱的郑贵妃怀上孩子还没分娩时，担心夜长梦多的申时行上疏万历皇帝，请册立东宫。如果此时册立东宫，只能是皇长子。

但万历皇帝心中另有算盘，说皇长子还太小，此事不用着急。当时，皇长子已经五岁，万历皇帝自己也是在五岁时被父亲隆庆帝册立为东宫的。因此，所谓年幼只是托词，他压根就不喜欢这个大儿子。

郑妃刚生下皇三子朱常洵后，就被册封为皇贵妃，这太不寻常了。皇贵妃的地位在后宫仅次于皇后，王氏生育皇长子已经五年，还只是恭妃，地位在郑贵妃之下。按理说，为皇帝生育长子的恭妃功劳最大。

通过皇子生母的待遇，大臣们自然明白了皇子们在万历皇帝心中的地位，大家都为皇长子感到担忧。虽然皇帝让哪个皇子当太子是家事，但也是最大的国事，如果绕过长子把皇位传给其他儿子，是对祖宗礼法最大的破坏。以捍卫礼制为己任的文臣们当然不能坐视不理，他们打算防患于未然，给皇帝一点压力。

户部给事中姜应麟上疏指出了万历皇帝的偏心，奏章中说：“礼贵别嫌，事当慎始。贵妃所生皇帝的第三子却列在后宫第二位，恭妃诞育元嗣，反而让她位居贵妃之下。如此以伦理论之则不顺，用人心来度之则不安，流传到天下万世则名不正。请收回成命，先封恭妃，然后再封

---

① 朱常洵（1586—1641）：亦称福恭王，俗称老福王，明神宗朱翊钧第三子，明光宗朱常洛同父异母弟，南明弘光帝朱由崧之父。朱常洵的生母郑贵妃恃宠欲立他为太子，遂引起争国本一事。万历二十九年（1601 年）受封福王。万历四十二年（1614 年）就藩洛阳，得庄田二万顷，盐引千计。崇祯年间，日益沉湎酒色。崇祯十四年（1641 年）正月二十一日，李自成攻克洛阳，朱常洵被杀，享年五十六岁。崇祯皇帝赐谥曰“恭”。永历帝追封庙号恭宗，谥号为“慕天敷道贞纯肃哲修文显武圣敬仁毅孝皇帝”。

郑妃。这样做既不违反礼法，也不伤害感情。”并进一步发挥道，“陛下如果真的想定名分，避嫌疑，分主次，莫若听从阁臣的请求，册立长子为东宫储君，以定天下的根本，那么臣民得到了慰藉，宗社之福也就长久了。”显然，姜应麟的奏疏醉翁之意不在酒，不是真的为恭妃抱不平，而是直指皇位继承这件大事。

这些话句句戳痛了万历帝的心窝。申时行册立长子为东宫的建议虽然令他不愉快，但申时行好歹是内阁首辅，现在连一个小小的七品芝麻官也来指责自己，不由得勃然大怒，把奏疏扔到地上，召见大太监，用手拍着桌子大叫：“册立贵妃，并不是为册立东宫做准备，科道官为什么要诋毁朕?”吓得太监捣蒜似的请皇帝息怒。但万历皇帝事后一想，七品芝麻官说得也有道理，不能太把这个硬骨头谏官怎么样，只好降旨为自己辩解：“贵妃侍奉朕恭敬勤劳，故特别加封。立皇储自有长幼。姜应麟疑君卖直，可降到边远地区担任杂职。”

疑君卖直、讪君沽名是皇帝指责科道官最常用的说法。到明朝中期后，敢直白地质疑皇帝，确实很容易成为海瑞那样的英雄人物。于是，姜应麟被贬到大同府广昌县做典史。知县是正七品，往下是正八品的县丞，再往下是正九品的主簿。典史在主簿之下，就更不入流了。

然而，贬官吓不住所有的文臣，明王朝多的是不怕贬官甚至廷杖、杀头的大臣。吏部员外郎沈璟、刑部主事孙如法继续上疏陈说此事，都受到了惩罚。北、南两京数十人为他们求情，但万历皇帝都不理睬。此后，上疏争论此事的官员络绎不绝。

明朝的文臣上疏谏君，言出于堂堂正正，必称孔孟，称祖制，说江山社稷，理由一个比一个充分。皇帝自然辩不过他们，如果利用皇权强硬处罚，则会在舆论上处于劣势，而且满朝有的是不怕处罚的人。皇帝能怎么办？换一拨人还会是这样。

因此，万历皇帝十分痛苦，他知道让自己喜欢的皇三子继承皇位是冒天下之大不韪，无法向祖宗和臣民交代。也正因为如此，满朝文臣没有一个敢明确奉承皇帝，提议立皇三子为皇储。皇帝也不愿立皇长子为储君，这使万历帝感到空前的无助，而文臣们还在不依不饶地争国本。他厌烦了这些满口正义让自己无法反驳的文臣，于是曾有过短暂励精图治的他突然开始躲进深宫，不问国事。

万历皇帝既深居简出、不理政事，又挥金如土。郑贵妃生子，赐宫中赏银十五万两；生日寿节，赏银二十万两；潞王就国，用珠宝银三十万两；营建定陵，费至八百多万两；皇子诸王册封、冠婚、袍服，费银一千二百多万两；采办珠宝用银，多至两千四百万两。他甚至早早筹划自己的陵寝，建造定陵耗时达六年之久。

万历皇帝还有一个不择手段、亲自敛聚钱财的恶习，他提倡官吏向自己进奉，把进奉财物的多少作为衡量官吏是否效忠的标准。为了在全国范围内聚敛民财，他派出大批宦官，分赴各地充当矿监、税使，肆意搜刮民脂民膏，导致人心惶惶，民变纷起，社会越发动荡不安。

与此同时，由张居正倡导的有限的改革也被废止，政治越来越腐败，且边备废弛。万历朝后期，辽东巡按御史胡克俭曾在奏疏中指出："国之大事在边，边之大事在欺。"辽东军官上下欺诳，左右盘结，骄奢淫逸，克扣兵饷，杀民冒功，军纪败坏。

比如，李成梁领兵之初，靠许以荣华富贵激励部下的斗志，每打胜仗，对部下的奖赏都非常丰厚。倘若获得大胜，立功者加官晋爵、封妻荫子；取得小胜，也能够加薪饷、发奖金。这一招起初非常有效，部下一个个奋勇善战，屡战屡胜，但后来就不行了。

人在穷困潦倒的时候，总想通过努力来改变自己的命运，甚至拼上性命也在所不惜。但当取得一定的财富和地位后，再次面对带有危险的诱惑时，总会掂量掂量是否值得去冒险。于是，李家军不再是当初锐意进取、战无不胜的李家军了，反而一个个斗志渐丧，变得怯战起来。即便出战，也多吃败仗。到后来发展成即便打了败仗，也谎报获得大胜，掩败为功，甚至不惜杀害大批边民，取其项上人头去邀功请赏。

正是万历皇帝的怠政，才使明朝中央陷于瘫痪，朝野上下失去控制，而此时的努尔哈赤逐步坐大，将女真各部统一，组建了强悍的八旗军队。从此以后，明朝多了一个真正的劲敌——努尔哈赤及其子孙。

3. 巩固政权

后金建立后，努尔哈赤充分认识到经济发展在其军事征服和统治国家中的重要性，相继颁布了一系列加强农业和商业发展的法律规定，如“计丁授田令”等。在军事与外务上，他也制定了详细的方针、政策和策略，采取“恩威并行，顺者以德服，逆者以兵临”，即以抚为主、以剿相辅的方针。具体内容如下：

一是抗拒者杀，俘获者为奴。因讷殷部七村诸申降后复叛，据城死守，“得后皆杀之”；叶赫库伦部女真拒不诚服，努尔哈赤遣兵攻克，斩杀守兵，“获俘一万”，灭其国，“地成废墟”。

二是降者编户，分离编在各个牛录内，不贬为奴，不夺其财物。原是部长、寨主、贝勒、台吉，大多封授官职，编其旧属人员为牛录，归其辖领。

三是来归者奖。对自动远道来归之人，努尔哈赤特别从厚奖赐。比如，当东海虎尔哈部的纳喀达部部长带领一百户女真来投时，他专门派二百人前去迎接。到后，“设大宴”，厚赐财物，“为首之八大臣，每人各赐役使阿哈十对、乘马十匹、耕牛十头”，以及大量皮裘、貂帽、衣、布、釜、盆等物；对其他跟从职员，亦“俱齐备厚赐之”。这样就缩小了打击面，争取到许多部长、路长率领属人前来归顺。仅据《八旗满洲氏族通谱》的记载，黑龙江、吉林、辽宁女真酋长率众来归的就有二三百起之多。

后金是一个奴隶制政权，其统治阶层主要由四种人构成：

其一，宗室贵族。这些人主要为爱新觉罗宗室，特别是努尔哈赤的子侄。努尔哈赤在世时，年满十六岁的儿子有十二人，即褚英、代善、阿拜、汤古代、莽古尔泰、塔拜、阿巴泰、皇太极、巴布泰、德格类、巴布海和阿济格。还有他的弟弟穆尔哈齐、舒尔哈齐，侄儿阿敏和济尔哈朗等。他们辖有诸多牛录。同时，由八和硕贝勒（或称八固山贝勒）掌管八旗，他们不仅手握兵权，而且占有大量的土地、奴仆、牲畜、金银和财物。

其二，军功贵族。包括八旗的固山额真、梅勒额真、甲喇额真、牛录额真等。比如老将额亦都、安费扬古、费英东、何和礼、扈尔汉等，为后金的五大臣。

其三，蒙古贵族。主要是指归降的蒙古贝勒、台吉。比如明安，世居科尔沁，早年随父归努尔哈赤，授为牛录额真，后为正白旗蒙古固山额真，官至兵部尚书、议政大臣；布颜代，为蒙古兀鲁特部贝勒，归附后金，“尚主为额驸”，后为镶红旗蒙古固山额真。这些蒙古贝勒、台吉等，投附努尔哈赤之后，不仅成为军事贵族，而且成为大农奴主。

其四，汉军贵族。主要是指明朝投降后金的官将、生员、商人，如李永芳、佟养真①等。后来的汉人八旗旗主都由这些人担任。汉军贵族既是后金政权的重要支柱，也是后金汗统治辽沈地区的社会基础。

此外，还有依附和服务于后金军事农奴主阶级的文臣，如额尔德尼、噶盖、达海、库尔缠、尼堪和希福等。他们撰制满文，通使往来，左右赞襄，参与筹划，对女真各部的统一，满族共同体的形成，后金政权的建设，满、蒙、汉的文化交流，起到重要作用。

在后金社会与统治者相对立的被统治者中，也有不同的阶级和等级，主要由以下几种人组成：

第一种是农奴。他们或由奴隶转化，或系部民迁徙，或为辽沈农民。农奴是后金社会的一个基本阶级。八旗兵进入辽沈地区后，农奴阶级的队伍空前扩大。如将官农庄多至五十多所，“奴婢耕作，以输其主”。这里的奴婢即农奴，是后金汗统治“民”的主体部分。

第二种是牧民。后金的牧民既包括建州的，也包括蒙古的。漠南蒙

① 佟养真（？—1621）：汉族，世居辽东，后来投靠努尔哈赤，编入汉军八旗，在对明朝的征战中立下战功，后因避讳清世宗胤禛之名讳，清朝史书改称其名为“佟养正”。他的孙女佟佳氏是顺治帝的皇后，康熙帝的生母。

古地区，在元明时期进入封建制社会。后金辖区的蒙古牧民基本上为牧奴，后金的牧民也多为牧奴。

第三种是工匠。农奴、牧民、工匠是后金社会创造物质财富的主要劳动者。

第四种是阿哈。他们在后金社会中的地位如同牛马，是正在消亡的阶级。

第五种是部民。主要是指野人女真中未被迁往建州而处于氏族制的居民，他们向后金纳贡称臣。

努尔哈赤建立后金政权后，为了解决社会阶级的冲突、民族的纠纷，采取了一系列军事镇压、政治笼络、物质赏赐、法律制裁和宗教信仰等手段，以加强其统治。他重视立法治民，曾告谕众贝勒大臣说："为国之道，存心贵乎公，谋事贵乎诚。立法布令，则贵乎严。若心不能公、弃良谋、慢法令之人，乃国之蠹也，治道其何赖焉?"

后金的刑罚极为残酷。比如，住在广宁的三个八旗兵被蒙古人杀死，命将犯人两手钉在木头上，两脚捆在驴腹下，骑着驴子押解到赫图阿拉行刑；再如男人盗窃，妻子要规劝、告发，否则其妻要脚踏赤红火炭，头顶灼热铁锅，处以死刑。伊兰奇牛录的工匠茂海，因奸污编户汉人妇女，按罪处死后，碎尸八段，八旗每旗分尸一段，悬挂示众。

万历四十三年（1615 年），努尔哈赤规定：凡诸贝勒大臣，每五日集朝一次，协议国政，军国大事，均于此决之。这种作为常例的联席议政形式，成为最高咨询和决策机构。同时，努尔哈赤又"挑选公正处理国事的人，充当八大臣和四十名断事官"，并要求他们"勿索财物，秉公执法"。执法时，努尔哈赤强调要按法规办事，其子弟侄孙犯法也严惩不贷。

在这方面，褚英便是一个最典型的例子。褚英作为长子，因赫赫战功而受到父亲的青睐。为帮助其树立威信，努尔哈赤授命他执掌国政。万历三十六年（1608 年）六月，努尔哈赤将执政大权交给褚英。

褚英秉政后，因年纪轻、资历浅、心胸褊狭、野心勃勃，渐渐不顺众心。他不仅处事不公，作威作福，而且得寸进尺，野心膨胀。

为了尽早独揽大权，褚英不惜使用卑鄙的威胁手段。他先是凌辱努尔哈赤所倚重的五大臣，并威胁他们说：“谁敢与我作对，一旦我继承汗位，定杀不赦!”继之又施虐于诸弟，即努尔哈赤最宠爱的几个子侄莽古尔泰、皇太极和阿敏等人，甚至连他的同母弟代善也不放过。

一天夜里，褚英将诸弟召集在一起，迫令他们对天发誓，效忠自己，并警告他们说：“父汗曾赐给你们财帛良马，父汗故后，通通收回。凡是与我不睦的诸弟大臣，待我即位后皆诛之。”

褚英如此对待五大臣及诸弟，使他陷入完全孤立的境地。深感性命不保的四兄弟和五大臣终于联合起来，一起向努尔哈赤告发。这种告发既有受侮后的委屈，也有四位贝勒对汗位的觊觎。四位贝勒上告褚英争位，五大臣上告褚英有二心，两种势力自然联合起来，使努尔哈赤意识到褚英遭到了以四贝勒和五大臣为首的普遍反对。这让他苦不堪言，感到莫大的失望。

为了政权的稳定性和连续性，他将原赐给褚英的部众、牧群，尽行给予诸弟，平均分配。褚英从此不再执政，也不复领兵出征，只留守城内。

褚英由汗位继承人转而被废，无异于从高山跌入低谷，强烈的刺激使他原本就不开阔的胸襟充满了仇恨和不平。他祷告上天自诉，焚表诅咒出征的努尔哈赤、四兄弟及五大臣，对属下咬牙切齿地说：“吾兵出征，愿其败于乌拉。战败之时，我不许父汗及诸弟入城!”墙倒众人推，事情很快败露。褚英焚表诅咒时在场同口称愿与褚英同生死共患难的四个仆人，一个畏罪自杀，三个向努尔哈赤告发。

努尔哈赤震怒了。万历四十三年（1615 年），他下了最后的决心，决定将褚英处死，但其内心是极其复杂和矛盾的。

这天，夜色幽深，高高的围墙下空旷的院落里，一个落寞消瘦的身影正静静地侧卧于榻上，披散的发丝、毫无血色的双唇，以及深陷的眼窝，无不显示出他已病入膏肓。努尔哈赤远远地看着，眼中呈现出淡淡的忧伤，握紧双拳正欲转身离去，却听到远处榻上的人剧烈地咳嗽起来。他停住离去的脚步，缓缓走过去，问："你为何不肯吃药？"

"咳咳……咳咳……阿玛觉得我还有吃药的必要吗？况且你不是早就不想再见到我了吗？"褚英苍白消瘦的脸上浮现些许微笑，但那笑容却让人心酸不已，"阿玛是来见我最后一面的吗？"面前伟岸的男人曾经是他的骄傲，是他心中最强悍的巴图鲁。然而，也正是这个男人将他所有的希望抹杀，让他过着生不如死的囚禁生活。

"你到现在还在恨阿玛吗？你这样做值得吗？"努尔哈赤微微皱起眉心，他曾经那么疼爱这个儿子，视其如珍宝，百般呵护，但曾经骁勇善战的儿子竟变成如此模样，他怎能不心痛！

"恨？儿臣曾经是恨过阿玛，但如今早已没了恨。夜深了，阿玛早些回去歇息吧！"褚英背对着努尔哈赤躺下，将双眼闭上，不再说什么。

努尔哈赤转过身大步朝门口走去，在距离门口不远处又停下脚步，低沉地说："你是我努尔哈赤的儿子，自己的罪责要自己承担！"说罢夺门而出。

努尔哈赤回到寝宫后，在屋子里来回踱步，看着桌上成堆的弹劾褚英的折子，几步上前将它们狠狠地摔在地上。他的儿子们竟然在反对褚英的事情上空前一致，皆是手足，为何非要置褚英于死地！

但是，自己有什么资格说这种话，当年自己为了霸业不是也牺牲了弟弟舒尔哈齐吗？如果舒尔哈齐还活着，也许褚英现在会活得好好的，仍是那个让他引以为傲、骁勇善战的儿子。

努尔哈赤双手紧紧抱着头坐在桌前，内心承受着烈焰般的煎熬，仿佛有千万把尖刀在他的心上来回穿刺。

"传汗谕，褚英恣意妄为，专横独断，挑拨离间，皆为重罪，朕今赐死！"努尔哈赤眼中带着狠厉决然之色。

当生命结束，一切恩怨都不再重要了。褚英被赐死的消息迅速传开，那些上奏弹劾他的宗室亲贵、军功贵族的不满和愤怒瞬间平息下来，同时也让原本已经开始有裂痕的两大势力再次整合。后金又有了凝聚力，如旭日升起般，依然充满着无限希望。

4. 誓师大会

如果说努尔哈赤孩童时随外祖父王杲进京时梦想入住紫禁城只是不知天高地厚的梦语，那么，自他逐渐强势之后，他的那颗荒原之狼的野心，已然生根发芽渐成理想了。

早在万历二十四年（1596 年），明朝大臣余希元出使建州时，努尔哈赤就曾发誓说："我管事十三年，保守天朝边境九百五十里，不曾有二心。"同时，他对余希元口称"天朝老爷"。

随着势力的逐步强大，在征服哈达部后，努尔哈赤对明朝的态度已不似从前。

万历三十四年（1606 年），余希元再次出使建州，规劝努尔哈赤与朝鲜王朝和解。努尔哈赤不再把他当作十年前的余相公或"天朝老爷"，并且在言辞举动方面多有不恭之处。

后来，努尔哈赤灭了辉发部，在乌碣岩大败乌拉兵，势力又有所壮大，于是从万历三十六年（1608 年）起对明朝停贡，长达三年之久。同时，他还声称要抢明朝辽东关市，派遣使臣进入北京，与明朝的矛盾愈演愈烈。

明廷大臣中已经有人洞察到努尔哈赤"反形已著，变态已彰"。当时，兵部尚书李化龙在分析建州"列帐如云，积兵如雨，高城固垒"的军事形势后断言："明朝无事，必不轻动；一旦有事，为祸首者，必此人也！"

努尔哈赤窥清了明朝的国情，认为正是自己南伐的大好时机。这两年又逢辽东女真地区灾荒严重，饿殍塞路，努尔哈赤决定利用这个难得的机遇，将女真人的不满和怨恨引向明朝，通过对明战争来掠夺汉人的财富，缓解辽东地区的危机。

万历四十六年（天命三年，1618 年）春，努尔哈赤召集诸贝勒、众大臣，宣布了出师的决定。诸贝勒、众大臣早有此愿，一听努尔哈赤做出决断，顿时群情激昂，纷纷表示愿意跟随大汗出征，即使粉身碎骨也在所不辞。

于是，努尔哈赤披甲戴盔，骑在一匹白色战马上，身背一把闪亮的弯刀，带领众文武官员到天坛祭天。虽是例行公事，但这次却特别隆重庄严。

祭拜时，先由司礼官点蜡焚香，众人恭行三跪九叩礼。努尔哈赤也下了马，跪在下面，静听礼祝官宣读《七大恨》的檄文。大意如下：

金国（后金）汗谕官军人等知悉：

我祖宗以来，与大明看边，忠顺有年。只因南朝（指明朝）皇帝高拱深宫之中，文武边官，欺诳壅蔽，无怀柔之方略，有势力之机权，势不使尽不休，利不括尽不已，苦害侵凌，千态莫状。其势之最大最惨者，计有七件：

我祖宗与南朝看边进贡，忠顺已久，忽于万历年间，将我二祖（觉昌安与塔克世父子），无罪加诛。其恨一也。

癸巳年，南关（女真哈达部）、北关（女真叶赫部）、辉发、乌拉、蒙古等九部，会兵攻我，南朝休戚不关，袖手坐视，（我努尔哈赤）仰庇皇天，大败诸部。后我国复仇，攻破南关，迁入内地，赘南关吾儿忽答为婿。南朝责我擅伐，逼令送回，我即遵依上命，复置故地。后北关攻南关，大肆掳掠，南朝不加罪。然我国与北关，同是外番，事一处异，何以怀服？所谓恼恨者二也。

先汗忠于大明，心如金石，恐因二祖被戮，南朝见疑，故同辽阳副将吴希汉，宰马牛，祭天地，立碑界铭誓曰："汉人私出境外者杀，夷人私入境内者杀。"后沿边汉人，私出境外，挖参采取。念山泽之利，系我过活，屡屡申禀上司，竟置若罔闻，虽有冤怨，无门控诉。不得已遵循碑约，始取动手伤毁，实欲信盟誓，杜非有意欺背也。会应新巡抚下马，例应叩贺，遂遣干骨里、方巾纳等行礼，时上司不纠出口招衅之非，反执送礼行贺之人，勒要十夷偿命。欺压如此，情何以堪！所谓恼恨者三也。

北关与建州，同是属夷，我两家构衅，南朝公直解纷可也，缘何助兵马，发火器，卫彼拒我？畸轻畸重，两可伤心！所谓恼恨者四也。

北关老女（即叶赫部东哥），系我礼聘之婚，后竟渝盟，不与亲迎。彼时虽如此，犹不敢轻许他人，南朝护助，改嫁西虏（蒙古部）。似此耻辱，谁能甘心？所谓恼恨者五也。

我部看边之人，二百年来，俱在近边住种。后前朝信北关诬言，辄发兵逼令我部远退三十里，立碑占地，将房屋烧毁，稼禾丢弃，使我部无居无食，人人待毙。所谓恼恨者六也。

我国素顺，并不曾稍倪不轨，忽遣备御萧伯芝，蟒衣玉带，大作威福，秽言恶语，百般欺辱，文辞之间，毒不堪受。所谓恼恨者七也。

怀此七恨，莫可告诉。辽东上司，既已尊若神明。万历皇帝，复如隔于天渊。踌躇徘徊，无计可施。于是告天兴师，收聚抚顺，欲使万历皇帝因事询情，得申冤怀，遂详写七恨，多放各省商人，颙望伫候，不见回音。迨至七月，始克清河，彼时南朝，恃大矜众，其势直欲踏平我地。今反覆告谕，不惮谆谆者，叙我起兵之由，明我奉天之意。恐天下人不知颠末，怪我狂逞，因此布告，咸宜知闻。

羽翼已丰的努尔哈赤终于向明王朝宣战，揭开了抚顺、清河之战的序幕。

四月十三日，誓师完毕，努尔哈赤即率族人拜天焚表，当天就兵分多路，直逼抚顺。

抚顺是辽东重镇。长期以来，抚顺马市是女真（尤其是建州女真）与汉人的重要交易场所，也是建州出入的门户，自然成为努尔哈赤的第一个目标。

努尔哈赤心中的兴奋、激动、紧张，难以言喻，不料出征之时恰逢雨夜，使一旦决策便从不犹豫的努尔哈赤产生了回师的念头。可是，他太想赢了。世世代代女真人的生命，都加在他的生命上，使他感受到了沉甸甸的分量。

次子代善了解他的心思，小心奏道："大金久已同大明交好，因其不道，方成仇隙。今兴师已至其境，若回师，金是与大明和好，还是成为仇敌呢？且兴师之名，孰能隐之？蒙天赐雨，恰可掩敌之耳目啊！"

努尔哈赤点头表示同意。其实，他的担心是多余的。为了攻打抚顺，他做了足够的准备，粮草、兵力部署、攻城器械等都准备充足。

大战之前，他派代善赴广宁府城，拜访明辽东总兵张承荫。酒席上，代善直截了当地对张承荫说："父志不小，屡谏不入，万一南向，大将军计将何出？"

当时，喝得半醉的张承荫以为是笑谈，便说："唯盛赞明朝威德。"

代善听后大笑，张承荫也笑。至于笑什么，只有他们自己心里明白。

进攻前一日，努尔哈赤派人至抚顺边关，声言明日将有三千名女真人前来赴马市。与此同时，假冒商人的金兵分批来到抚顺马市。

四月十四日，建州至抚顺的大道上，角声响起。努尔哈赤全身披挂，护心镜金光闪闪，头盔雉翎随着马蹄颤动；四大贝勒代善、阿敏、莽古尔泰和皇太极统率八旗进军抚顺，旌旗蔽日；萨满顶着斗大的怪兽头，甩着牛尾，唱着用"七大恨"为词的转调，誓报明朝杀祖、杀父之仇。两万多名女真人杀气腾腾地要掠洗抚顺关。

大军走了三十五里，来到古勒山下。努尔哈赤一声令下，兵分两处准备宿营。突然，一白衣秀才横于马前抱拳疾呼："求见大汗！"

代善勒住缰绳，章京（官名）举起红旗，大军停下。白衣秀士单腿跪下。

代善挥马鞭一指，问："什么人？"

"将军莫问名姓，只求速速引见！"

代善见来者坚定果敢，言行不俗，便有了三分钦佩，于是将此事告知努尔哈赤，请他定夺。

努尔哈赤决定召见拦马者，看他葫芦里到底卖的什么药。白衣秀才很快被领到努尔哈赤帐内。努尔哈赤见他身材高大，清秀白皙，神色中透着不凡的气概，便问他：

“你是满人还是汉人？来我这里做什么？”

白衣秀才说：“回大汗，鄙人姓范，名文程，字宪斗，沈阳人氏。自幼苦读诗书，既通晓天文地理，也懂些兵法韬略。十八岁即举秀才，后因屡次上书大明皇帝，明皇不用，落魄半生。早闻大汗崛起满洲，故不辞劳苦，不避斧钺，效法毛遂自荐，欲追随大汗。大汗若爱惜人才，下臣当尽毕生之力，上辅明主。昨又闻大汗誓师起兵，故匆匆来投。”

“你既是汉人秀才，为何来投我大金？”

“大汗可曾读过先祖的《岳阳楼记》？先天下之忧而忧，后天下之乐而乐，天下乃天下人之天下。建州居者，耕有其田，屋有其住，劳役均摊。我曾见旗杆上绑一人腿，一问才知是伊兰奇牛录的工匠茂海，因奸污编户汉人妇女，命将其碎尸八段，分立于八旗旗杆之上示众。大汗乃天下王也！”

“哦？那你的先祖是范文正公？”

“正是！我曾祖范璁，正德年供事兵部，嘉靖三年（1524 年）大同五堡兵变，乱军引鞑靼游骑至居庸关，璁急奏皇上。宰相严嵩怪我曾祖父多事，辩告曾祖疏呈欺君，肴乱国事，罚三年俸禄。曾祖父伴此昏君如履薄冰，遂遣族人四散，祖、父携家带口来沈。”

“那你可曾听说过抚顺关有个名声很响的范爷？”

范文程[①]心想，老爷子很少与女真人打交道，努尔哈赤怎么会与他相识？他回道：“大汗说的范爷是不是沈阳卫指挥同知范沉？他是我的

① 范文程（1597—1666）：字宪斗，号辉岳，辽东沈阳人。曾事清太祖、清太宗、清世祖、清圣祖四代帝王，是清初一代重臣，清朝开国时的规制大多出自其手，被视为文臣之首。范文程好读书，十八岁在沈阳县学考取秀才。万历四十六年（1618 年），后金八旗兵攻下抚顺，范文程主动求见努尔哈赤，成为清朝开国元勋之一。清太宗时期，他深受倚赖，凡讨伐明朝的策略、策反明朝官员、进攻朝鲜、抚定蒙古、国家制度的建设等，他都参与决策。康熙五年（1666 年）逝世，终年七十岁。康熙皇帝亲撰祭文，赐葬于怀柔县之红螺山。康熙皇帝亲笔书写“元辅高风”四个字，作为对他的最高评价。

祖父。”

努尔哈赤愣了一下，天下真有这等巧事，三十几年前与范爷一别就再也不曾见面，没想到竟能与恩人的孙子相遇，也许这是天意。但他不便把这层关系说破，反而板着面孔说：“范爷一向讨厌女真人，那你觉得我们金国比你们大明如何呢？”

“大金虽是初创，但令人耳目一新，不仅八旗军威赫赫，纪律严明，而且八旗人丁在大汗、贝勒的管辖下，耕田种地，纺花织布，牧放马牛，猎捕兽禽，生产迅速发展，改变了部分女真以渔猎为生的落后习俗。国家注重立法，建立秩序，创建文字，凝聚万众。且大汗智勇双全，又能韬光养晦。所以，金国大有一统天下的潜力。”

“贤士远来，我之幸啊！”努尔哈赤听了范文程的话，心里很高兴，“先生今日拦我大军又是何意？”他开始改口称范文程为先生。

“大汗，我知八旗兵趁抚顺马市攻取城关，难免一场血战。然攻大明，非同于部落。大明百足之虫，死而不僵，城高难攀，给养充足。其将领中，精忠报国者、委曲求全者、离经叛道者皆有之。‘必因人之情，故易为功；必因时之势，故易为力。’”

“先生讲的是宋朝苏东坡先生的《策别》吧！”努尔哈赤接着问道，“你真的精通兵书吗？”

范文程答道：“回大汗，兵书战策，自幼熟读；韬略布阵，无所不晓；三教九流，无所不通。”

“那依先生之见，应如何取抚顺？”

“大汗，抚顺游击将军李永芳，祖籍于此，三代经营珠宝，家大业大，其舍得乎？若保其利，可纳降。”

努尔哈赤有些怀疑：“抚顺关的守将李永芳真有这本领？”

范文程想了一下，回禀道：“李永芳识字不多，本领平常，论才能，怎能胜任抚顺关的明军指挥官？只是因为他的母亲年轻时颇有姿色，被当时的总兵官李成梁看上了，他的母亲改嫁给李成梁后，李成梁便认他做义子，就让他姓李，并运用自己的权力使他成为抚顺关的游击将军。”

说到这里，努尔哈赤想起当年自己曾在抚顺马市与李永芳有过一面之缘。

范文程接着分析道："在下以为，自古以来成大业的帝王，都以得民心为重；要使民心服从，就要以德服人，不能以力服人。眼下，李永芳要大开马市，大汗已派人冒充商人，做好了里应外合的准备；我再为大汗修书一封，向李永芳晓以利害，劝他投降，若能听从规劝，何必非拼杀不可？他能拱手献城，百姓们岂不箪食壶浆，高呼万岁，歌颂大汗的恩德，欢迎大汗的兵马入城吗？"

"好！"努尔哈赤拍案叫绝。对于第一仗怎么打，努尔哈赤也费尽心思。抚顺城高十八米，前有护城河，易守难攻，若能纳降，何乐而不为！

于是，努尔哈赤就让范文程写劝降书，又派遣大将昂纳克乔装成十分有钱的商人，带着几个随从去抚顺。

抚顺关是一座石头城，东南西北四个方向都有城门，上面还有较大的城楼，供守城的将士躲避风雨之用。南北两门开得很少，西门通蒙古各部，常有商人等来往出入；东门通建州，进出人数更多。因此，东西两门总是大开着。当天晚上，三百名"马贩子"在昂纳克的引导下，在城里潜伏下来。

李永芳担任抚顺关的游击将军已有三年多，由于他脑子灵活，对上巴结逢迎，对下怀柔笼络，抚顺城倒也平安无事。李永芳手下有三个得力将领：千总官王命印，行伍出身，有一身好功夫，而且为人正直，深受士兵拥护，管理着城内一千多人马；副将唐月顺、王学道都是久经沙场的猛将，负责在城外操练新兵，恪尽职守，勤勤恳恳。

四月十五日，抚顺城人声鼎沸，热闹非凡。城头上旗帜飘扬，守城的士兵也都非常高兴，纷纷放下手中的兵器，伏在城头上看城下赶来参加马市的人们。

李永芳正在城上观望，这时有一士卒送来一封书信。他拆开一看，原来是一封劝降书，是努尔哈赤写给他的。信中软硬兼施充满恫吓："明朝发兵疆外，帮助叶赫部与我军打斗。我军现在兴师而来，你不过抚顺一游击之将，竟敢与我军战，必不能胜。如果你今日投降，我大军可即日深入；如果你不降，我大军亦是即日深入。听闻你平素以才智自称，应该识时务。我大金国现正广揽人才，如果你投降，定当与我一等大臣并列，结为婚姻，多加恩养。如你不降，最后一定身中万箭而死，死又何益！如果你降，我大军绝不入城惊扰。如果不降，我军入城后，男女老弱一个不剩！”

李永芳看罢，吓得立在原地，两条腿像被铁钉钉住一般，再也挪动不得。大约过了半个时辰，他才缓过神来，心里又急又怕，一时没了主张。

几日前，李永芳便探知建州发兵，立即求救于辽东巡抚李维翰。李维翰是万历皇帝李贵妃的侄子，秀才出身，依仗权势当了巡抚，他接到告急后，立命总兵张承荫出兵。张承荫却说：“拖欠军饷两年，兵器不足，少盔甲，无战马，这仗怎么打?”李维翰不懂军事，只得依了张承荫，按兵不动。

面对抚顺城外大军压境，李永芳虽然惶恐，但毕竟久经沙场，他已经做好了可战可降的两手准备。他立在南边的城墙之上，指挥明军进行守卫，静观事态发展。

突然，一阵喊杀声传来，接着号角吹响，震天动地的人喊马嘶声从城外响起。李永芳正想到西门去看看，一个守城士卒跑来报告：“那些进城的马贩商人全是建州的士兵，正在东门与王千总拼杀呢！”

李永芳听后，急步往东门奔去。东门前的昂纳克一见城外遍地兵马，知道努尔哈赤已开始攻城。他从怀里抽出刀来，向周围扮作马贩子的士卒们大吼一声：“杀啊！建州的兵马进城了！”

士卒们立刻跟着他杀向城门，与千总官王命印迎面撞上，昂纳克抡刀大喊一声，两人便杀到一处，战了十几个回合。神箭手洛科一箭射去，正中王命印的后心，王命印当即扑倒在地，一命呜呼。

金兵有两万之众，很快便搭起云梯攻城。守城明军将领手忙脚乱，一时不知如何布兵。

这时，李永芳骑马赶到东门，被昂纳克迎面拦住。

“李永芳，你已经城破将亡，还不下马投降?”

李永芳见势不妙，调头便跑，但立即被围上来的几十名建州兵困住。他长叹一声，只得下马跪伏在昂纳克面前。

昂纳克伸手把他拉起来，说：“李永芳，你已经走投无路了，但还有戴罪立功的机会。”

此时，李永芳已经镇静多了，他对昂纳克说：“你要我怎么做?”

“让你的士兵放下武器，打开城门。”

这时，二贝勒阿敏赶来了，他对昂纳克说：“大汗要见李永芳，咱们一起去吧!”于是，三人一齐上马，走出东门外，远远看见一顶黄罗伞，伞下许多将领簇拥着一个骑白色战马的人。

李永芳心想，他应该就是金国的努尔哈赤了，急欲下马叩头。努尔哈赤已知其意，立即用马鞭一挥，意思是免了。

阿敏立即小声告诉李永芳：“大汗不要你下马了。”

李永芳顿时感到心里热乎乎的，他在马上朝努尔哈赤双手一拱，流着泪说：“我李永芳愿终身侍奉大汗，以报答不杀之恩!”

努尔哈赤微微一笑，温和地说：“好！归顺了就好！现在，你与二贝勒一起进城去，把将士们收降过来。”

就这样，努尔哈赤轻易攻下了抚顺城。

由于明军在抚顺关的驻军不多，大部分集中在辽阳、沈阳，为防止明军反扑，努尔哈赤一边慰劳兵马，一边又派代善与大将扬古利，带领正红旗及镶红旗兵马八千多人，前往东州（今辽宁省抚顺县东州村）讨伐。

努尔哈赤令全军勿扰百姓，封李永芳为抚顺总兵，并按明朝旧制设置官吏。城内一千多户汉民，配给耕牛一千头，母猪二十头，犬四只，其他食物尽量给予满足。

大军扎下营帐后，努尔哈赤大开宴席，为范文程和李永芳庆功，给降将们敬酒：“满汉一家，咱们都是周天子的臣民……”各皇子纷纷敬酒。事实上，努尔哈赤在抚顺杀了数千不愿降服的明朝官员、将士、书生及百姓。范文程目睹了上万生灵丧命，哪里还喝得下酒，而李永芳则一顿豪饮，喝了十几大碗。

几天后，努尔哈赤找来范文程，对他说："先生，我有意将七皇子阿巴泰之女哈迷儿嫁与永芳，如何？"

"陛下，永芳乃降将之首，大明战将上千，为我所有为上策。此事，我愿做月下之人。"

李永芳见范文程来说亲，心想自己本是一个小小的游击，一下子变为大金驸马，不禁惊喜异常，从此视努尔哈赤为再生父母。

李永芳成为明朝官员中第一个向金投降的"名人"。由于努尔哈赤对李永芳的优待，使不少汉兵汉将也主动向后金投降，如佟养真、佟养性、石廷柱、李思忠、全永和、尚可喜等。

范文程成为后金日后最为倚重的汉人谋士之一。他自命做天下事，自认"大明骨、大清肉"，协助努尔哈赤定夺辽东。从万历四十六年（天命三年，1618 年）至康熙五年（1666 年），范文程辅佐努尔哈赤、皇太极、顺治、康熙四朝，为清朝的开创和稳固立下了大功。

5. 攻陷清河

努尔哈赤兴兵反明，旗开得胜，一举攻取抚顺、东州、马根单三城，而后毁城班师。

抚顺等城池失陷，受到震动最大的自然是大明朝廷。满朝文武惊慌失措，一时竟无良策可以应对。在万历皇帝的一再催逼下，刑科给事中姚若水奏请道："建酋努尔哈赤极其狡猾阴险，为了防止他派奸细混入大内，必须'罢内市，慎启闭，潭占役，禁穿朝'，并给宫监各发木牌，出入凭牌查验，以防不测"。

这哪里是解救辽东战火的计策？但万历皇帝一想，还是先保住自己的性命要紧，于是批复准奏，立即执行。如此一来，反把京城弄得风声鹤唳，戒备森严，人心惶惶。一些有胆识的大臣拿出新招：悬赏捉拿努尔哈赤，而且这个赏是要人给人、要钱给钱、要权给权，只要能剿灭建酋。尽管这不算高招，但毕竟比束手无策强，万历皇帝又颁旨准行。

努尔哈赤虽然远离京城数千里之外，但对明廷的动向却了解得十分及时。他听到这个消息后，一点也不紧张，仍然以自己的习惯做法来做决定。首先朝议，即诸贝勒、众大臣集体讨论。

诸贝勒与众大臣个个义愤填膺，纷纷请求主动出击。八皇子皇太极是个急先锋，他说：“万历小儿无德无能又无耻，根本不配当万乘之君！只有父汗才能做那真龙天子。与其等他来攻打，不如抢先出击。只要父汗一声令下，八旗子弟定能一脚踢开山海关，直指中原。”

其他几个贝勒也不甘落后，纷纷请缨出战。朝会上立刻沸腾起来，大家众口一词：立即发兵，攻明南伐！

努尔哈赤见众人士气高昂，心里喜不自禁，但他一向果敢而谨慎，在做出决定之前还要听取多方意见。朝会之后，他找何和礼单独谈话。何和礼认为，先发制人可以造势，选最容易打的地方进行攻打，以壮声威；或是选最重要的地方打下它，以除己患。这对大金非常有利。

努尔哈赤觉得十分有理，便对何和礼说：“我原本是想在攻占抚顺等三城后，就坐下来和明廷谈判，一方面可把它作为谈判的资本，另一方面也可乘机休整兵马。哪知开弓没有回头箭，刺痛了万历，现在只能一不做二不休，跟他决战到底了！”

何和礼说：“大汗说得很对，既已跟明廷挑明了干，就没有半途而废的道理。成败全在大汗的决心上！”

努尔哈赤思索良久，又招来范文程，问道：“范先生如何看？”

范文程考虑了一会儿，回道：“大汗，下臣觉得这悬赏之事，实乃万历的技穷之举，不足为惧。以万历的经济实力来说，他不可能调派更多的兵力和财力来援助辽东。据说明廷准备派杨镐[1]出任经略使，这个人没有多少实战经历，就算我们主动出战，他也未必能战。不如乘明朝国库空虚，未能及时组织兵马之机，发起几次进攻战，一边对明朝的城堡进行蚕食骚扰，掠其人畜、财物，以充实我军饷粮；一边积极训练兵马，抢先做好迎接大战的准备。”

努尔哈赤闻言高兴万分，称赞道：“好，好，先生真是不可多得的智囊啊！”

努尔哈赤终于下定决心，乘胜进军。他派次子代善领兵三千人，攻取抚安堡、花豹冲。不久，又派五子莽古尔泰领兵马五千人，一举攻克三岔儿大小十一堡。接着，又招抚崔三屯及其周围的四堡，总计攻下十七个屯堡，并将掠夺来的人、畜、财物、窖谷等运往都城赫图阿拉。

明广宁总兵官张承荫闻讯，率兵万人仓皇赴援，尾追不舍。

努尔哈赤闻讯，轻蔑地说：“他们岂敢以卵击石，无非是想诈称已将我军赶出边界，欺骗大明皇帝而已！”

皇太极与代善上前道：“禀父汗，默默而归，恐明军以为我军怯战，不如乘势打援，以壮军威。”

努尔哈赤表示同意。皇太极与代善遂统兵，准备三面环攻明朝援军。

明军据山之险，分兵三地立营浚壕，布列火器以待。这一天风云突

---

① 杨镐（？—1629）：字京甫，号风筠，商丘（今河南商丘谷熟镇）人，万历年间进士。早年任知县。万历二十四年（1596 年），日本侵略朝鲜，杨镐于次年被任命为右佥都御史，奉命经略援朝军务。万历二十六年（1598 年）正月，明军在蔚山大败，杨镐隐瞒败讯不报，又谎报军功，被罢职，以万世德代之。

万历三十八年（1610 年），复起巡抚辽东。万历四十六年（1618 年），后金兵破抚顺，杨镐以兵部右侍郎经略辽东，力主讨伐。次年（1619 年）二月，杨镐以十万人分四路出师出击后金，四路军分别由山海关总兵杜松、辽东总兵李如柏、开原总兵马林和辽阳总兵刘綎率领下，以杜松部为主力。刘綎骁勇善战，但与杨镐素不和，被派往东路，孤军深入。四路军企图“分进合击”，但由于杜松轻敌，在萨尔浒（今辽宁抚顺东浑河南）遇伏，全军覆没，继而马林败逃开原，刘綎战死，仅李如柏全师而退。萨尔浒大败，损军四万多人，开原、铁岭相继失守，明廷御史杨鹤交章劾奏杨镐，因此下狱，由兵部侍郎熊廷弼代任经略。崇祯二年（1629 年）被处决。

变，暴风骤起，黄尘蔽日，人马咫尺不能辨。明军站立不稳，阵脚大乱。

皇太极看准时机，一马当先，率领惯于在恶劣天气下作战的八旗铁骑冲向明军。明军大败，广宁总兵官张承荫、辽阳副将颇廷相、海州参将蒲世芳以下大小五十多名将官阵亡，万余明军全军覆没。八旗兵获马九千匹、甲七千副，兵仗器械不可胜数。

此后，努尔哈赤统领八旗铁骑，横排百里，梳掠庄屯寨堡五百多处，俘获人畜三十多万，降民编为一千户。

关于下一步作战方案，努尔哈赤召开军事会议，只有那些有资格参与军机的将臣才能参加，会上决定先拔清河堡。

清河堡（今辽宁本溪县清河城镇政府所在地）在赫图阿拉“城西南一百六十里，周围（全长）四里零一百八十步，东、南、西、北四门”。外面筑有箭垛，内设女墙，四面都有瞭望台，城外有烽火台。清河城地势险要，四面高山围绕，左近沈阳，右邻叆阳，南通辽阳，北迎宽甸，前出鸦鹘关（今辽宁新宾县西南三道关），有小路与抚顺相通。对明朝来说，它既是拱卫辽东首府辽阳的重镇，也是明王朝数百年来国防战略思想在实践中打造的一个桥头堡。对后金来说，它是后金通向辽沈的门户，距离赫图阿拉最近，来往也比较方便。因此，它一直是后金的心腹之患，使努尔哈赤昼夜不得安枕。对于清河一战，努尔哈赤已做好拼死一搏的打算。

那么，既然清河堡如此重要，明廷为什么不重视它呢？

其实，说明廷不重视清河堡也不对。早在万历三十六年（1608 年），明王朝曾派官员视察辽东防务。他们在报告中写道，辽阳（镇城）所管辖的周边地方，只有清河堡是最为紧要之地。万历三十七年（1609 年），清河堡守将由守备提为游击，所辖兵力为五千五百人。四年前，邹储贤调守清河时的职位已升至副将，兵力增至一万人。巡抚山东都御史翟凤翀来清河视察后，曾对守将邹储贤说：“建州的努尔哈赤最贪的是抚顺、清河两地的贸易之利，最怕的也是这两座城里官军的围剿。尤其是清河城地势险要，易守难攻……一旦有战事发生，明军从四面都可来救。清河城只有一条路通向鸦鹘关，因此，鸦鹘关是清河城的屏障。”

邹储贤却说：“鸦鹘关在清河与赫图阿拉之间，并且距离赫图阿拉较近，此关易攻难守。”邹储贤并不认为鸦鹘关有多重要。

翟凤翀见邹储贤有异议，便强调说：“如果能派一员智勇双全的大将守住鸦鹘关，清河城定会安然无恙。一旦鸦鹘关失守，清河城将变成海中孤岛，飘飘摇摇的孤岛能守得住吗?”

邹储贤觉得翟凤翀是想在自己面前卖弄，于是不屑地说：“眼下清河城守兵不过一万，若再分兵到鸦鹘关去，势必会分散兵力。”

翟凤翀见邹储贤如此刚愎自用，生气地说：“反正我话已经说到了，这鸦鹘关守得住，清河城才有易守难攻的地利；鸦鹘关一旦失守，清河城就变为易攻难守了，地利的优势将转变为劣势。你看着办吧!”说完拂袖而去。

邹储贤当面都不买巡抚的账，过后自然更不会理会了。他按照自己的意图，对清河堡进行了长达数月的改造，不仅加固了城墙，还在城上布列火炮、火枪、铅子、铁弹子等武器，准备据城死守。

由于抚顺失守，辽东经略又特派援辽游击张旆带三千人支援清河。因此，邹储贤的兵力已达一万三千人。

努尔哈赤曾担心邹储贤会在鸦鹘关一带设伏，于是派出一支先头部队作试探性进攻。没想到这纯属多此一举，鸦鹘关每关不过数十守卒，八旗兵很快便拿下了鸦鹘关。

万历四十六年（天命三年，1618 年）七月二十一日晨，八旗兵主力全部通过鸦鹘三关。路上，努尔哈赤兴奋地说：“明廷竟派这等庸才来守城，怎能不败?”

范文程听了，笑着说：“邹储贤是一员猛将，但勇有余而智不足。鸦鹘关包括三道关，即头道关、二道关、三道关，每关相距大约一里，依险而建，扼守要冲。三座雄关依次递进，互相依托，彼此呼应。倘若他在鸦鹘三关依次派重兵把守，沿途设伏，那咱们即使可以闯过去，也必定伤亡惨重。”

努尔哈赤哈哈大笑，又看了范文程一眼，说：“在明朝将领中，像范先生这样的能人又有几人？”

当天傍晚，八旗兵约三万人将清河堡围得水泄不通。

就在努尔哈赤的兵马刚刚抵达城下时，明游击将军张旆便向邹储贤请求领兵出城，说：“在鞑子兵马立脚未稳之时，突袭他们一下，定能收到意想不到的战果！”

但邹储贤拒不听从，坚决不准出战。

这一天，出城砍草的明军听到后金兵马来了，急忙奔回城下。邹储贤下令不准打开城门，这数百名士兵无路可走，只得四散奔逃，大部分被金兵马捉住杀死。

努尔哈赤见邹储贤闭门不战，便亲临清河城下，命令士兵喊话，让邹储贤出城说话。喊了好长时间，邹储贤也不予理睬，努尔哈赤便亲自喊话。邹储贤来到城头，对努尔哈赤说：“建酋，我与你无话可说，要打就放马过来，要我投降，办不到！”

努尔哈赤仍不死心，又劝道：“俗话说，识时务者为俊杰。明王朝气数已尽，你还保它干什么？你若归顺大金，前程似锦，何必自寻死路？”

邹储贤义正词严地说：“你不过是个逆贼，我是大明王朝的大将，岂能向你这建酋投降！我誓与清河城共存亡！”

七月二十二日清晨寅时起，后金八旗兵开始从东、南、西三面攻城。

战斗一开始，明军就放炮，放鸟枪，射箭，刀砍、枪刺、掷石，剽悍的女真人头顶盾牌，高竖云梯开始攻城。邹储贤亲临城头，指挥作战。明军一千多名炮手对准后金的攻城旗兵连续开枪开炮，枪炮隆隆，盾甲在炮火中被炸碎，八旗兵倒下一片，又冲上来一群，明军滚木礌石齐下，八旗兵死亡过千人。

为减少伤亡，努尔哈赤决定暂停攻城。他命人喊来李永芳，问道：

“你是否认识邹储贤，有无交情?”

李永芳与邹储贤都是铁岭人，而且是本家。论交情，也互有往来。只是李永芳现已叛明降金，正处在敌对营垒，不免顾虑重重。但他又不愿意放弃立功的机会，只得硬着头皮对努尔哈赤说：“我们不光认识，还有些交情。让罪臣去说说看，不知能否奏效?”

努尔哈赤对李永芳寄予了很大希望，叮嘱道：“你若现身说法，定会感动他。”

随后，李永芳来到城下，见邹储贤正站立在城头，便喊道：“储贤老弟，别来无恙?”

邹储贤见是李永芳，顿时大怒，指着他骂道：“你这个叛臣贼子，还有脸来与我说话？过去咱们同宗、同学，同朝为官，你母亲改嫁了，你就不姓邹，改姓李了，这些我都不怪你。可你现在投降了建酋，咱们就是敌人，所有的情义都可以抛开了。没有什么可说的，只有兵戎相见，你死我活!”

李永芳听了，故作伤心地说：“储贤老弟，何必这么绝情，我也是迫不得已啊……”

未等李永芳说完，邹储贤大声喊道：“你不必再说了！若是不走，我可要放箭了!”

李永芳无奈，只好一边退一边大喊：“老弟啊！你不听永芳之言，后悔就来不及了呀!”

“你这贪生怕死、叛国投敌的民族败类将遗臭万年!”邹储贤什么话也听不进去，决心死守清河城，与城共存亡。

努尔哈赤气得满脸通红，说：“这人不识时务，只有刀枪相见了!”

他下令强攻，并利用将士们的激烈情绪，鼓动道：“我是奉着上天的旨意，来讨伐有罪之人。八旗兵是不可战胜的，清河城必破，邹储贤必将死于八旗铁蹄之下!”

在努尔哈赤的鼓动下，八旗兵冒着隆隆的炮火，顶着飞迸的弹片，继续搬云梯攻城，勇猛地前进。但在明军的强烈抵抗下，八旗士卒伤亡惨重，从努尔哈赤的兵营到清河城的这段不足半里的战场上，尸积遍地，血流成河。

清河城里，由于八旗兵马攻势凌厉，明军也死伤不少，将士疲惫。

傍晚，努尔哈赤回到营里，召集诸贝勒、众大臣及将领们会商，听取各方意见。众人都觉得邹储贤的城防甚为严密，若一味强攻，只会造成更大的伤亡，理应改变策略，由近攻改为远围。

商议完已是满天星斗，努尔哈赤让众人回营休息，自己则来到范文程的帐里，问他是否另有破城之策。

范文程说："邹储贤能够暂时阻止我们的进攻，依仗的并不是大炮、弓箭、礌石和滚木，而是那一圈城墙！八旗兵是野战雄狮，但攻城需有特殊武器。依臣之见，我们可以从破墙入手。他那几十里城墙，不可能每一处都防得那么严实。"

努尔哈赤听了茅塞顿开，立刻把各旗的贝勒和大臣叫来，对他们说："凡是攻取城邑，最先攻进城里的一两个人不算什么了不起的。如果有一两人先攻进城里，也必然受伤。凡先入城里的人受了伤，也不给俘虏，身死也不记功。凡是率先破坏城池者，就作为首功。首先拆城者，可报固山额真，待所攻之城拆完，然后固山额真吹螺，命令各处兵并进。"说完他让众人设想一个具体的方案。

立功心切的八皇子皇太极，首先提出了一个简便可行的方案："我们将厚实的木板顶在头上，既可挡箭矢、滚木、礌石，又可避大炮的铅子。待我们进到城墙边上，把墙根挖开，何愁城墙不倒？或者掏个洞，哪会进不去人呢？"

众人一听，不需要太多武器即可做到，皆表示赞同。

努尔哈赤最后补充道："也可以用板车、战车，顶着木板推进，人躲在木板后面，并派弓弩手掩护，立即分两路同时进行。"

当夜，八旗兵以新的战术方式开始行动了。

再说邹储贤见后金兵马又被打退，及时召开了头目会议，说："从清晨打到天黑，我们已八次打退努尔哈赤的进攻了！八旗士兵也被我们消灭了好几千人，这是一个不小的胜利！现在大家都很疲惫，但在这生死存亡的关头，不能有丝毫麻痹大意啊！那些鞑子怎肯善罢甘休？这个鞑酋一向好偷袭，若是借着夜色来攻城，我们可不能学李永芳投降。我们活着是大明的人，死了也要当大明的鬼！除此之外，再无他路！”

邹储贤的字字句句如重锤一般敲击着每个将士的心。之后，邹储贤又派专人到城里居民中宣传，要求每个有战斗能力的人都积极参与守城，支持守城的将士，决不做汉奸！

经过他的激励，城里的抗敌情绪高涨起来了，城里百姓中来了很多青壮年男子。邹储贤把他们分派到各个将领旗下，充实守城队伍。

但此时清河城城头上守城的将士们，眼看八旗兵马不来攻城，渐渐松懈下来。一天的拼杀疲劳，让他们再也忍受不住瞌睡的袭击，一个个沉沉地睡去了。这就给八旗兵创造了一个良机。

深夜，皇太极等人带领挑选的精壮兵士，推着车子，车子上面斜搭厚木板，悄悄靠近东北角城墙。努尔哈赤则带着李永芳等人，坐镇指挥，开始向城西南角发起佯攻。

邹储贤在城上见八旗兵突然集中大部人马进攻西南城角，急忙下令抽调其他方面的兵力去西南城角加强防守。张旆和张云程等人都反对这个意见，他们认为西南城外地势不平，不利于敌军大面积展开进攻，现在敌军突然集中攻打西南，必定有诈。因此，他们建议仍按原来的部署应敌。

邹储贤说：“努尔哈赤不过是夷狄之酋，范文程也不过是穷酸秀才，懂得什么兵法？降将李永芳，更是一个草包！我清河城城防坚固，只要你我齐心协力，坚城固守，任他用什么计策，都难破我城池。”遂不听张旆、张云程之言，于另外三面城防抽调近半军士去守西南城角。

张旆仍留在东、北两面负责指挥，他趁着黄昏命火器营布下炮阵，支起大炮向八旗兵猛轰。因天黑看不清目标，半个时辰后，他下令停止炮击，让士兵们在城墙上休息。

约四更天时，东北角的城墙下被掏通了，皇太极等人又把掏通部分向两边延伸，总共长六米有余。皇太极伸手推了一下，那城墙晃了一下，他心中大喜，急报努尔哈赤。

努尔哈赤立即吩咐八旗兵马做好从缺口冲进去的准备，只待一声号令。过了一会儿，努尔哈赤转到东北角城下，向皇太极猛一挥手。皇太极立马领着数十名八旗兵，用力猛推那一截城墙，“轰隆”一声，城墙全倒了！城上的守军，吓得连声喊叫：“城墙倒了！金兵杀进城了!”他们的叫声给八旗兵帮了大忙，城上的守兵在睡梦中被惊醒，还没来得及站起来，就被冲上城去的后金将士砍死了。

努尔哈赤指挥八旗各路士兵，闪电般冲进城去，一阵砍杀，城内的守军被杀得晕头转向，溃不成军，只得四下逃窜，死伤无数。

邹储贤心知城已守不住了，忙跑回府中，把一家老小全关在一间屋子里，点上火都烧死了。之后，他亲自披甲上阵，迎战冲进城里的八旗兵。

厮杀中，邹储贤忽见李永芳也在挥刀砍杀，当即大骂道：“你这汉奸卖国贼，必不得好死!”

这时，代善正好赶来，向弓箭手命令道：“立即射死邹储贤!”只听弓弦连响，在乱箭之下，邹储贤的身子晃了几晃，两眼瞪了李永芳一会儿才倒下去。守城的副将张旆也在与八旗兵马的混战中死于乱刀之下。

守堡官张云程领着残余士卒在城里坚持巷战，士兵全部战死。他与皇太极又拼杀了好几十回合，终因疲劳力竭，被砍下马来，一命呜呼。

七月二十三日清晨，清河城被攻破，但巷战还在继续。城内尚有明朝官兵四千多人，居民五百多家，他们与冲进城里的八旗兵做最后一搏。

由于八旗兵不熟悉城内情况，被杀伤众多，残余的明军与百姓们共同对抗八旗兵，直杀得尸塞街道，血流满地。

到太阳高照时，清河城的厮杀终于平息下来，遍地的血水竟使马道湿滑，在阳光下猩红闪亮，战场上悄然寂静了。

清河城终被八旗兵所占。被杀军民近万人，清河守城官兵抗战志坚，竟没有一兵一卒投降。八旗士兵的伤亡也达八千多人。

为防止大明军队再来争夺清河城，努尔哈赤下令屠城，将清河城全部拆毁。于是，八旗兵将三岔堡到孤山堡一带所有的房屋尽行焚毁。这样一来，从清河城到抚顺关一带，大明军队再无立身之地。

随后，努尔哈赤又下令收取各地窖中的谷物，全部运回都城赫图阿拉。对田中的青苗纵马放牧，以致方圆五六十里之内的庄稼颗粒无收，四处不见人烟。

清河城一战，是后金与明朝两军攻守开战以来，战况最为剧烈的一次鏖战！

6. “拐点”之战

抚顺等城被努尔哈赤攻陷后，明廷又失去了清河城。

几乎二十年不上早朝的万历皇帝闻此边报，于第二天早朝召见群臣，急切地问道：“京师内外，有何将帅能够击败建州的努尔哈赤，为朕分忧?”

殿下的文武大臣一个个张口结舌，没有一个人敢说话。

万历皇帝见状十分恼怒，他眉头紧皱，正要发作，忽见殿下闪出一个人，口称：“臣大学士方以哲，启奏陛下。想那建州入犯我天朝大国，都是因为这些年来关外兵备失修。努尔哈赤精明狡猾，以致我大明失去许多关隘城堡。为今之计，非要痛剿他一下不可。但出兵关外，非寻常战争可比，必定要熟悉关外人情地理者才可前去。据臣所知，兵部侍郎杨镐曾任辽东巡抚，当过朝鲜经略。此人深明关外情形，请陛下再委任他官职。”

万历皇帝一听，怎么又是杨镐呢？抚顺关丢失后就有人提出让他去，很多人不是说他不行吗？难道朝中就只有这么一个人吗？他心中有几分不悦，但又别无选择，只得召见杨镐，当殿加封他为辽东经略使，赐尚方宝剑一柄，并宣布："如有不服从命令，或是临阵脱逃的将官，即使是皇亲国戚，也可以先斩后奏，绝不宽恕。"

杨镐到底有何本领，竟让万历皇帝委重任于危难关头？

杨镐，字京甫，万历八年（1580 年）进士，历知南昌、蠡二县。曾率兵袭击蒙古炒花军队，大胜。万历二十五年（1597 年），任右佥都御史，后又任朝鲜经略等。万历二十六年（1598 年），他奉命带领几万人马援救朝鲜，结果在蔚山大败。他怕皇帝怪罪于他，便派人到民间掳掠了一些东西，说是缴获来的"战利品"，打了胜仗，一路唱着凯旋之歌回来。有人知道这件事的真相，想要告发他，但因杨镐背后有人撑腰，只得作罢。而万历皇帝也很少过问军国之事，因此被他蒙在鼓里。

后来，杨镐又被调任辽东巡抚，但他平日只知敛财，不问政事，弄得边民怨愤，被御史参奏后才调回京师挂职。

为了这次征剿，万历皇帝虽然爱钱如命，不肯从自己的内库中拨发银两，但既然已经悬赏，不拿银子出来也不行了。于是，他根据户部尚书李汝华的提议：全国每亩田分三年三次增加税赋九厘，以充辽饷。于是，该年辽饷骤然增加到三百万两。朝廷调集的将士，也是从全国各地细选出来的精锐之师。总兵官杜松①、刘綎②，都是当时的名将、勇将；总兵官李如柏，是名将李成梁的次子，曾数次随其父兄在边塞立功；还有一位总兵官叫马林，河北蔚州人，其父马芳也是一员名将。

随后，应杨镐的要求，万历皇帝谕令户部发饷银二十万两解往辽

---

① 杜松（？—1619）：字来清，陕西榆林人，官至总兵，历镇延绥、蓟州、辽东、山海关，威名远扬，塞外民族皆称其为"杜太师"，后于萨尔浒之战中阵亡。天启年间追赠为少保左都督，清朝乾隆年间追谥"武壮"。

② 刘綎（1558—1619）：字省吾，南昌人，明朝杰出的抗倭将领、军事家。大将军都督刘显之子，万历年间武状元，有"晚明第一猛将"之称。刘綎先抗缅甸，后升任副总兵，因纵容兵甲导致兵变而被剥职。万历二十年（1592 年）和万历二十五年（1597 年）先后入朝抗日，万历二十八年（1600 年）开始播州之役，随后平定杨应龙之乱。万历四十六年（1618 年），刘綎在抗击后金军队时于萨尔浒之战中殉国。天启初年，赠少保，世廕指挥佥事。崇祯元年（1628 年），将其衣冠与夫人（兵部尚书张鏊之女）合葬于新建县，又建"表忠祠"于南昌百花洲，亦称刘将军庙。清朝乾隆年间，追谥"忠壮"。

东，同时饬令西北宣府、大同、延绥、甘肃以及云贵、浙江、四川等地抓紧催调兵员，并敕谕朝鲜，要求其抓紧增派援兵、炮手和军械等。

明廷征兵虽然缓慢，但经过一番准备，也算初具规模。万历皇帝仍不放心，又调任周永春为右佥都御史巡抚辽东，杨镐不再兼任辽东巡抚，并让杨镐驻辽阳，周永春驻广宁，在广宁新设辽东饷司，管理、调度辽东军需粮草，以便杨镐能够专心筹划进剿建州八旗。

为了鼓舞士气，动员一切力量征伐后金，万历皇帝又提高了捉住努尔哈赤的赏价，诏告天下：

若有能生擒努尔哈赤或是斩其头来献的，赏白银万两，晋升为都指挥。对于努尔哈赤的亲子、亲孙等所谓八十个总管，有能擒、斩的，赏白银二千两，并晋升为指挥。对于努尔哈赤伯、叔、弟、侄等所谓十二亲属，有能擒、斩的，赏白银一千两，并晋升为指挥同知。对于其中军、前锋、书记、汗王女婿等所谓领兵十二个大头目，有能擒、斩的，赏白银七百两，并晋升为指挥佥事。对于努尔哈赤的亲信、中外用事的人等所谓八十名小头目，有能擒、斩的，赏白银六百两，并晋升为正千户。

以上各官爵都世袭不替。

凡是降附大金的明朝官员，李永芳、佟养性等人，若能绑架献出努尔哈赤或作为内应的，免去死罪，并酌情升赏。

努尔哈赤看到万历皇帝的“诏书”后笑着对部下说：“看来我人头的价码又提高了。万历不惜用万两白银悬赏，真是黔驴技穷，煞费心思啊!”

众贝勒、大臣听后，有的笑了起来，有人则陷入沉思之中。

努尔哈赤接着说：“各位也得当心啊！自我以下，皇子、皇孙、各位大臣、大小头目、将领等，人人有份！那位整日闲得无事的万历，企图用这种卑劣的暗杀手段，来得到他在战场上得不到的东西，到头来也不过是黄粱美梦啊！”

自此以后，努尔哈赤的保卫更加严密了。赫图阿拉城不仅白天戒备森严，夜里也增加了巡逻人员。

杨镐几次派到赫图阿拉的刺客，都被何和礼的手下诛杀。杨镐不得不放弃刺杀努尔哈赤的计划。

努尔哈赤对万历的“悬赏”与刺客的袭扰十分恼火，他将一名被掳来的汉人割去双耳，令其送信给万历皇帝。

在这封措辞强硬的信中，他说：“……若以我为非礼，可约定战期出边，或十日，或半月，攻战，决战；若以我为合理，可纳金帛，以图息事……”

万历皇帝看信之后，气得说不出话来，只写了一句话八个字作为回答，即“调兵遣将，犁庭扫穴。”

万历四十七年（天命四年，1619 年）二月，新上任的辽东经略杨镐与蓟辽总督汪可受、巡抚周永春、巡按陈王庭与总兵杜松、刘綎、马林、李如柏等人齐集辽阳，共同商议出征之事，并议定四路进兵，直捣赫图阿拉。这四路兵马是：

第一路为沈阳路（西路）。以山海关总兵杜松为主将，保定总兵王宣、赵梦麟左右协助，都司、参将、游击分别是刘遇节、龚念遂、柴国栋等，以分巡兵备副使张铨[①]为监军，从沈阳出发，经抚顺出关，从西面进攻赫图阿拉。

第二路为开原、铁岭路（北路）。以开原总兵马林为主将，开原游击麻岩、铁岭游击郑国良、海州参将丁碧、游击葛世凤等隶之，以开原兵备道佥事潘宗颜监督，从开原、铁岭出发，经靖安堡出击，进攻赫图阿拉的北面。

---

① 张铨（1577—1621）：字宇衡，号见平，山西沁水窦庄人。万历末期任辽东巡按，守辽阳，城陷后被押见努尔哈赤，立而不跪，反而引颈以待。努尔哈赤无奈，又把张铨押回官署。当时城中百姓纷纷要求保护好张使君，张铨听后对大家说：“你们都是好百姓。”说罢，整好衣帽，遥拜京师，然后挥剑自刎，时为天启元年（1621 年）八月二十二日，年仅四十六岁。

第三路为清河路（南路）。以辽东总兵李如柏为主将，辽阳副总兵贺世贤①、左翼营游击张应昌、义州参将李怀中、总镇坐营游击戴光裕、总镇左翼营游击王平等隶之，以分守兵备参议阎鸣泰监督，从清河出鸦鹘关，进攻赫图阿拉的南面。

第四路为宽甸路（东路）。以总兵刘綎为主将，宽甸游击祖天定、南京六营都司姚国辅、山东都司周文、副总兵江万化等隶之，以海盖兵备副使康应乾监督，从宽甸出发，出凉马甸，从东面进攻赫图阿拉。

会上约定，四路人马于二月二十一日分别起行，务必于三月三日会师于赫图阿拉城下，先到者以炮声为号。合围后，定要将努尔哈赤剿灭于赫图阿拉城中。

明廷又命朝鲜出兵，其官兵一万余人归刘綎节制，属东路军（宽甸路）。明朝四路兵马八万多人，加上朝鲜援兵，共有十万兵马。

二月二十一日，杨镐在辽阳演武场誓师，宣布军纪、军令十四项，并一再重申：官兵有违令者，无论何人，立即斩首。

为了杀一儆百，以振军威，杨镐拿出尚方宝剑，大声命令道："将抚顺关失守时临阵脱逃的守城官枭首示众！"

这时，一个满脸灰土，衣衫褴褛，衣裤上血迹斑斑的汉子被推了上来。

杨镐问道："你叫什么名字？"

汉子回道："末将陈大道。"

杨镐问："现居何职？"

陈大道回答："千总。"

杨镐又问："你身为千总，临阵脱逃，该当何罪？"

陈大道说："末将并没有临阵脱逃。鞑子攻城之时，末将也曾率部

---

① 贺世贤（？—1621）：明榆林卫（今陕西榆林）人。少为厮养，后从军，积功至沈阳游击，迁义州参将。万历四十七年（1619 年），辽东经略杨镐分兵四路攻打后金，他随辽东总兵李如柏出清河，擢都督佥事，充总兵官，驻虎皮驿。泰昌初，连战灰山、抚安堡，移镇沈阳。天启元年（1621 年）三月，后金兵攻打沈阳，拒敌阵亡。

卒英勇抵抗，身受数处箭伤。”说完，他撕开衣襟，露出身上的伤痕，让杨镐察看。

但杨镐并不看他身上的伤痕，接着问道：“既是英勇抵抗，清河为何失陷？你又为何来到此处？”

陈大道说：“末将并非守城主将，清河失陷非末将之责。清河城破，凭末将一人之力实难挽回，只得拼死逃出，寻找大军，再图效力疆场。”

“你临阵脱逃，不思悔罪，还在这里强词夺理。”杨镐大喝道，“来人，推出去斩了！”

陈大道急道：“我并非贪生怕死，拼死逃回只为再次效力疆场，为国杀敌。大帅为何不听我辩解，推出就斩？”

杨镐怒喝道：“你临阵脱逃，败坏军心，还有什么可辩解的？快推上台去斩了！”

军校领命，拖起陈大道就走。陈大道大声骂道：“都是你们这班将帅腐败无能，才导致清河失陷，如今却拿爷做替罪羊，爷不服！”

十万大军已在各自的驻地整装待发，杨镐觉得胜利在握，得意扬扬地说：“鞑子若与官军对抗，势必以卵击石，如飞蛾扑火！”出兵前夕，杨镐也像努尔哈赤那样，派一人前往后金下战书。

一向善于用兵的努尔哈赤接到战书后，立刻召开军事会议，最后统一意见：凭他几路人马来，我只一路去！也就是集中优势兵力，寻找最佳时机与明军决战。

为了及时、准确地了解明军的动向、兵力部署等情况，努尔哈赤要求负责情报工作的何和礼、满洟等，选出一部分从抚顺关掠来的汉人进行训练，让他们乔装成各种生意人或是叫花子，到关口内外明朝的军事关隘搜集情报。

随后，努尔哈赤与皇太极、费英东之子费格拉哈等来到界凡，布置士兵砍伐大树，设置路障，并根据地形地势，沿途择地部署兵力。在浑河边上，努尔哈赤亲自下水测试河水的深度和流速，他对部下说：“西路军是明军的主力，浑河是其必经之道，要让这浑河成为埋葬明军的坟墓!”

沈阳路（西路）主将杜松，疾恶如仇，性烈如火，并且为人正直，敢于直言，从不贪财惜命，颇有名将风度。他因对杨镐的“分兵合击”提出反对意见，遭到杨镐的忌恨，心中闷闷不乐。

李如柏约杜松饮酒，席间，李如柏对杜松说：“四路兵马以杜兄为主力，此次出兵，杜兄定得头功。”杜松说：“李将军是名将之后，声望卓著，我杜松何德何能，敢与李将军争功?”李如柏说：“小弟多年不经战事，已无意于功名利禄。杜兄是我大明名将，武功盖世，屡建战功，这次又是进攻建酋的主力，小弟有意将头功让与杜兄。”杜松说：“感谢将军如此抬举杜某，杜某定当尽心竭力，不负将军厚望。不过，刘綎父子勇冠三军，恐怕要与我抢功。”李如柏说：“刘綎父子有勇无谋，怎可与杜兄相比？再说，刘綎年事已高，兵力最少，虽有朝鲜兵配合，但朝鲜兵未必与他心齐。头功定属杜兄无疑。”杜松被李如柏如此吹捧，心中十分得意，遂把李如柏当成知己，直喝得大醉而归。

明军于二月二十二日从各自营地分路出关，但从十六日开始就一直在下雪，六七天未停，到处冰天雪地，无法通行，各路人马进军缓慢。杜松一心想做出点样子给杨镐看看，于是为了按时到达杨镐指定的进军目的地，他下令士兵手持火把，星夜行军，直抵浑河北岸。

监军张铨遇事多谋，作风正派，他向杜松建议道：“如此昼夜急行军，士兵疲劳太甚，万一误入敌方险境，后果不堪设想。”

杜松说：“我军一日之内急行百余里，就是为了趁鞑子不备，打他个措手不及。现在离鞑子老巢已经很近，我们应当连夜突袭，一举攻下赫图阿拉。”

于是，杜松急令兵马连夜过河。他先令士兵试探浑河水势，选择渡河地点。不多时，探马来报告说：“河水不深，仅及马腹，河中还有小船数十只。”

杜松听了非常兴奋，他卸去身上衣甲，赤胸露背，露出满身伤疤，对身边的亲兵喝道：“拿酒来!”他一边举杯痛饮，一边对众将领高声说道："这真是天人齐助啊！"

他弃船不坐，身不披甲，策马大呼而进，一边又急催军卒过河。

他手下的将士见他未披甲胄，喊道："请杜将军慢走，披上盔甲再进！"杜松听了大笑不止，并且大声叫道："置身战阵，披上坚甲，岂是大丈夫所为？老夫从军以来，不知甲重几何？今日，你们想以盔甲苦累老夫不成？"

将士们见主将赤胸裸背，当先渡河，只得冒着严寒解衣渡河。大军渡到一半时，上游忽然白浪翻滚，几米高的水咆哮而下，向他们猛扑过来。

总兵官赵梦麟见水势猛涨，感觉势头不对，向杜松大喊道："杜将军，应立即停止过河，上游有人放水，小心中了敌人的埋伏。"

但杜松毫不理会，坚持过河。军士们淹死很多，还有很多士兵的衣服被大水冲走，只得光着身子爬上岸来，冻得瑟瑟发抖。参将龚念遂的辎重营走在后面，见大水冲来，无法涉渡，便留在河对岸宿营扎寨。

时值早春二月，春寒料峭，夜风一吹，更是寒气逼人，冻得士卒们直打寒战，军不成军，乱作一团。

这时，忽听一侧"呜呜"的牛角声响起，一队人马从山侧密林中杀出，为首一员大将年龄在五旬开外，身披镶黄盔甲，坐下黄骠马，手中长枪一举，喊道"杀"，顿时箭如飞蝗。

数千支火把映红了半个天空，喊杀声震撼山谷，其中有个喊声十分响亮："活捉杜松！"直到此时，杜松才如梦初醒，知道自己是背水陷伏，处于十分危险的境地，若不当机立断，将难以脱身。于是，他大吼一声，一刀将一个后金士卒砍于马下。另一个后金士卒见状吃了一惊，举刀砍来，被杜松侧身闪过，把大刀交于右手，左臂一伸，擒过马来。冲在最前的后金老将费英东见杜松如此威猛，忙挺枪来战杜松。双方战了三十余回合，仍分不出胜负。杜松焦躁起来，吼声连连，时而挺枪乱刺，时而抽出腰间大刀砍杀，杀得八旗兵纷纷败退。费英东见明军人多，不再恋战，虚晃一枪，拨马便走，想把明军引到浑河南岸萨尔浒山口的密林中。

"贼将，往哪逃！"杜松随后紧紧追赶，直追至界凡山下，向身后的士卒下令道："阵势要严守不乱，对敌军继续放炮、放铳，要稳、准、狠！"杜松带领军队主动进攻，勇猛拼杀，队伍士气很旺。

杜松命总兵王宣带领部分人马驻扎在萨尔浒山下，他自己则率军一路向东追击。沿途尽是重峦叠嶂、林木丛莽，山势也愈发险峻，路上遇有数个金军预设的栅寨，均被军士击破。临近午时，前面忽然出现一道山崖，山崖南北两侧峭壁剑立，直如刀削，其间只有一道山梁可以通过。而这道山梁路面狭窄，仅能容许一两骑人马通过。

都司刘遇节对杜松说："总镇，前面可能就是界凡山，这道山崖大概就是吉林崖。此处山高路险，易于设伏，总镇千万小心！"

杜松说："想那鞑虏不过数百骑兵，即使设伏，又有何妨？"遂下令继续前进。

努尔哈赤看问题一向敏锐，他对身边的几个将领说："别看明军分四路进攻，实际上杜松军为全军主力。只要先拿下杜松，其他三路就容易对付了。"于是派贝勒代善、阿敏、莽古尔泰、皇太极各自率领八旗兵马，快速行军，赶到界凡城。

杜松军行至吉林崖前，忽听南侧山崖上一声呐喊，碎石如雨点般砸了下来。杜松抬头观看，只见山崖上出现一大群民夫，正举着石头向下乱砸。杜松想催促兵马强行冲过山梁，但因道路狭窄，前面又有乱石阻挡，根本无法通过，只得下令撤退。

他们刚退到入口，一阵牛角声响起，崖口两侧的莽林中闪出一队穿镶黄衣甲的骑兵，为首的大将正是后金名将费英东。

杜松一见费英东，犹如见了仇人一般，立刻纵马舞刀，欲冲上去厮杀，但因路口狭窄，前面有自己的军士堵塞住路口，他无法上前，只得下令让前面的军士拼力冲杀。八旗士兵都精于骑射，一排马堵在路口，乱箭齐发。杜松军人数虽多，但因道路狭窄，无法展开大规模厮杀，杜松和众将士及几十名朝鲜鸟铳手被堵在后面，只能干着急。杜松想强行攻占吉林崖，咆哮道："我今日定杀此贼！"双方鏖战，死伤惨重。

明军斗志正旺，拼死搏杀，好不容易过了吉林崖。不料，山坡下牛角声连起，杀声震天。杜松大惊，回头一看，只见坡下冒出成千上万的后金兵马。

原来，后金四大贝勒之一皇太极按照努尔哈赤的意思，准备先攻破萨尔浒山下的明军主力，再回头围攻吉林崖的杜松军。

后金八旗兵马约四万五千人，而萨尔浒的明军仅有一万五千人左右，努尔哈赤集中近三倍于敌的优势兵力进行围攻，完全掌握了战争的主动权。

明军的萨尔浒大本营由总兵王宣、赵梦麟等主持，他们用战车环阵，并在外围挖堑、埋树栅，又在前沿布列火铳、大炮，用旗鼓壮威，准备与八旗兵大战一场。

两军攻战开始后，努尔哈赤命令先锋军首先冲杀。明军立即放火铳，燃放大炮。眨眼之间，血肉横飞，八旗兵仰面扣射，万矢如雨，纷纷落在明军阵中。与此同时，那些铁甲骑兵奋力拼杀，反复冲击，锐不可当。

王宣、赵梦麟等紧守营门，指挥士兵与八旗兵激战。由于八旗兵异常凶悍，那种有进无退的战斗作风，令明军将士心惊胆战。那些铁骑兵集中突破，逐步扩大，然后攻陷方阵，突破战线，粉碎联队，驱散步兵，使全军瓦解。

总兵王宣见情况危急，便说："如今杜将军那边消息不通，这里的炮手已死伤多人。面对八旗兵的轮番冲击，我们不能在此被动死守。"

赵梦麟说："以王将军之意，该如何坚守？"

王宣说："敌军虽众，但我军居高临下，可利用有利地形，命士兵多备石块，与营中的火器手、弓弩手集中于要冲位置。此外，再在大营之外多设栅栏、路障，多掘堑壕，可防鞑虏骑兵的冲锋。"

二人正商量对策，士卒进来报告："大金的骑兵又冲上来了！"他们急忙从营里走出来，只见大金国的骑兵如汹涌的波涛，铺天盖地席卷而来。很明显，努尔哈赤依恃众多的骑兵，决心攻破明军的萨尔浒大营，以骑兵对被动的明营进行一次又一次的冲击。堑壕阻不住，树栅又怎能阻得住？战车更阻挡不住！

赵梦麟率游击汪海龙部刚刚赶到南侧，安费扬古已率军冲入大营，二人上前合战安费扬古，战到十余回合，明军纷纷败退。赵梦麟有些慌乱，安费扬古大吼一声，便一戟刺中他的胸膛。汪海龙大急，挥刀砍向安费扬古后背，结果被安费扬古大戟一横，将刀架开，再顺势一扫，打落马下。

总兵王宣见势不妙，挥舞着手中的兵器，指挥明军反击。安费扬古挺大戟迎上前去，正欲刺杀王宣，参将王浩纵马飞来，举刀将安费扬古的大戟架住。与此同时，游击杨钦也纵马赶来，与王浩合战安费扬古。三人激战一处，扬古利纵马赶到，只一刀便将杨钦砍于马下。王浩见势不妙，策马便逃。王宣心知大势已去，只得与王浩朝东南方向突围。

萨尔浒大营一片狼藉，战车、大炮、火铳、兵器、盔甲，散落在仍冒着硝烟的战场上，到处都是缺胳膊少腿的尸身。

吉林崖上，杜松率军驻扎在山腰，山下是几万后金兵马。他知道根本不可能凭一己之力彻底歼灭吉林崖的旗兵，只得听从参将刘遇节的建议，企图回头与萨尔浒山下的明军大本营会合。但这时代善、阿敏、莽古尔泰、皇太极四大贝勒的兵马已经赶来，形成了前后夹击之势。

杜松登高一望，只见暮色朦胧中山崖周围涌来大部人马，黑压压的漫山遍野，有五六万之众。明军将士人人心惊，纷纷向后退缩。杜松大怒，命军士点着火把，他自己首先冲杀出去，刘遇节殿后，再次向山下冲锋突围。

努尔哈赤坐在高高的山坡上，观看两军混战的场景，被杜松的勇猛拼杀深深吸引住了。只见杜松光着脊背，手中的长枪如一条游动的蛟龙，上下盘旋，左右翻滚，所到之处，八旗兵纷纷倒地。不消半个时辰，他周围已是尸身遍地。努尔哈赤不由得赞道："真是一员猛将啊！此人若肯归降，何止胜于千军万马！"但他转念一想，像杜松这样的老将，又怎会像李永芳那样轻易投降。既然他不能为大金所用，就不能让他突围出去，否则无异于放虎归山。

想到这里，努尔哈赤不再迟疑，立即下令：“集中兵力围击杜松，将他困住！”努尔哈赤的这一声号令，吹响了向杜松最后一次进军的号角，八旗士兵从河畔、丛林、山崖与谷地，以多于杜松军数倍的兵力，铺天盖地合围而来，势不可当。

皇太极见杜松的部队高举火把冲下山来，便下令悄悄靠近，躲在暗处向火把明亮处放箭，努尔哈赤也命其所率的八旗兵朝火把明亮处放箭。一时间，杜松军的火把正好成了金兵放箭的标靶，六万人马在黑暗中一起向举着火把的数千明军放箭，明军纷纷中箭倒地。杜松也身中数箭，但他毫不退缩，依旧大声呼喊着，冒着箭雨冲杀着，突然被飞来的一箭射中面门，遂坠马而死。跟随杜松的士兵当即四散逃去，在八旗军的追杀过程中，有的幸运逃脱，有的跳崖跌死，只有少数人投降了后金。

这一仗，杜松军全军覆没，努尔哈赤的八旗军获得全胜，但也付出了极为沉重的代价。

努尔哈赤见到杜松的人头后，感慨地说：“杜太师！务请见谅，你的节操如山岳坚定，我一定不忘你的英勇，隆重殡葬。”随即命人定做木盒，将杜松的人头收好，等到打败明军后厚葬。

努尔哈赤对范文程说：“如此腐败无能的万历朱翊钧①，居然还有这样的忠臣志士，令朕钦敬之至！”

最先得到西路军全军覆没消息的是北路军的马林。临行之前，马林

---

① 明神宗朱翊钧（1563—1620）：明朝第十三位皇帝，明穆宗第三子。隆庆六年（1572年），穆宗驾崩，十岁的朱翊钧即位，年号万历，在位四十八年，是明朝在位时间最长的皇帝。朱翊钧在位最初十年，由内阁首辅张居正主持政务，实行了一系列改革措施，社会经济有了很大发展，人民生活水平有所提高。他亲政后，励精图治，生活节俭，有勤勉明君之风范，开创了“万历中兴”局面。其间主持了著名的“万历三大征”，巩固了汉家疆土。但执政后期荒于政事，使大明王朝逐渐走向衰亡。万历四十八年（1620年）七月二十一日，朱翊钧驾崩，葬于十三陵之定陵，庙号神宗，谥号为“范天合道哲肃敦简光文章武安仁止孝显皇帝”。

带了厚厚的一摞兵书及一本宋代词人辛弃疾的《稼轩长短句》，一路上只要停下来，他便拿出兵书阅读。三月二日早晨，北路军不慌不忙地用罢早饭，转而向东，行至富勒哈山尚间崖。

此时的后金大帐内，探马进来报告："明朝的北路兵马，开原总兵官马林带领两万余人，从三岔口出边，正往都城开来。"努尔哈赤听了忙问范文程："听说马林是个文人雅士，真的吗？"

范文程答道："报告大汗，马林乃室城人，平日喜好诗文，其实只是装装门面，为图虚名而无真才实学，也不懂军事。"

努尔哈赤笑道："好哇，这马林虽是一只狸猫，但咱们还要把他当作一只老虎来打，不可掉以轻心啊！"他把防守开原、铁岭的兵力调来，与攻打杜松的兵力合在一起，向马林军杀去。

按照计划，马林的兵马应当与杜松军在二道关会师。但他出兵到第四天中午时，却在三岔口外的尚间崖驻营，迟迟不肯前进。

后来，马林听说杜松军已经提前到达浑河，方才紧张起来，号令兵马朝二道关方向赶去。没想到他的兵马还未到会师地点，杜松的兵马就已全部被歼。

马林得到这个消息后大吃一惊，立刻找来监军潘宗颜、游击将军麻岩等商议对策。

麻岩说："大人为何不派人去探听大金兵力动向？"

潘宗颜也说："兵书上说，'知己知彼，百战不殆'。咱们现在就像瞎子摸象，对敌情一无所知，怎么……"

马林脸上有些挂不住了，说："你们兵书学得好，杨经略为何不让你们当统帅？若再胡言乱语，本帅定将严惩不贷！"

潘宗颜私下里对麻岩、丁碧说："咱们不是不能当统帅，只是因为没有大学士的引荐书信。"

如此将帅不和，离心离德，怎么可能打胜仗？

三月初三日清晨，马林听说努尔哈赤已率领八旗兵马，向自己的"北路军"攻来，一时惊恐万分。他虽是名将马芳之后，以父荫升任总兵，但很少打仗，而且从未担任过主将，更没有参加过这么大的战役，军中资历很浅。

他对潘宗颜说："此处离萨尔浒仅三十余里，在此扎营恐怕离敌军太近。"潘宗颜说："此去西南方向有西路军残部，龚念遂的辎重营在斡珲鄂谟瓦湖一带集结。大人可把他招来，合兵一处，于福勒哈山下扎营。两三日后，我军另外两路即可赶到赫图阿拉，敌军可退也！"

马林思忖良久，又命亲兵拿出地图看了半天，摇头道："不妥！杜松乃我大明名将，又是这次进军的主力，尚且不敌那建奴。如果扎营一处，敌包围我军，我军将全军覆没。不如分兵三处扎营，此处往西是富勒哈山的尚间崖，我带一部撤到尚间崖扎营；距此三里东南方向有一座斐芬山，你带一部在斐芬山扎营；丁碧将军带一部去西南方向与集结在斡珲鄂谟瓦湖一带的西路军残部会合。三处营寨为'品'字形，成掎角之势，能够互相救援，又能以战车和壕堑阻遏敌之骑兵、以炮铳和箭弩压制敌之进攻，如此一来，建奴绝不敢轻犯。"

当天中午，马林军在萨尔浒西北三十余里富勒哈山的尚间崖设大本营，转攻为守，形成"牛头阵"。

潘宗颜不以为然地说："这种消极防御、兵力分散的列阵方法，各营孤立存在，很容易形成被动挨打的局面。"

马林斜睨了他一眼，便拂袖而去，不再理他了。

潘宗颜拗他不过，只得分头扎营。马林命令士兵绕着军营挖了三层壕堑，在壕堑内部署精兵；在壕堑外部署骑兵，骑兵外再布列大炮、火器等；在这之外，又设骑兵。

善用谋略的努尔哈赤，领着兵马来到距尚间崖五里处扎下营盘，并不急于攻打。他决定仍然采用集中优势兵力，用一个拳头打人的方法来对付马林军。

经过精心策划，针对马林的牛头阵，努尔哈赤以三倍于马林的兵力，运用避实就虚、寻其虚弱环节的方法，决定先砍掉马林牛头阵的一个犄角——龚念遂、丁碧营。同时派大贝勒代善于三月初四日拂晓率兵马一千人到尚间崖牵制马林。

努尔哈赤担心代善一人牵制不住马林，于是又派遣皇太极率领兵马三千人，进攻龚念遂营地斡珲鄂谟瓦湖。如此就把马林的牛头阵在未攻打前就分割包围，使其变成一只死牛头了。

龚念遂的大营由杜松军的火器营和辎重营组成，连伙夫、马夫都算上也不过三千人，加上马林派去的两千人，总共不过五千人，而且这五千人战斗力很弱，只能依仗火器营的火器进行防御。努尔哈赤自带正黄旗兵五千人，加上皇太极的三千人，以多战少，意在速胜。

龚念遂营也是用战车屯营，四面深挖壕沟，然后排列火铳、大炮，严密防守。双方激战不多时，明军阵脚大乱。龚念遂见敌军已突破炮火冲到近前，便亲自率领三百名火铳手冲到一线，向敌军分批施放火铳。数名后金将领被火铳击中，当场死亡。金兵见状十分害怕，不敢向前。

这时，皇太极和阿巴泰率众多骑兵纷纷越过堑壕，冲杀上来。明军的炮手和火铳手正忙着装弹，后金骑兵就冲杀上来，将明军纷纷砍于刀下。龚念遂及其部属全死于两军混乱之中，马林的牛头阵被努尔哈赤毫不费力地砍掉一只犄角。

龚念遂、丁碧营被攻陷后，努尔哈赤向代善下令道：“你先把兵马带到山头上，然后再冲击马林的战车营，把明军的布阵搅乱。”

于是，代善率先冲入敌阵。随后，旗兵约四千人从左右两侧一起袭击马林的队伍，鼓声、呐喊声震得山谷齐应，此起彼伏。

马林见旗兵汹涌杀来，立即下令发火铳、放大炮，想阻止后金兵马靠近。但明军的火器看起来凶猛，实际作战能力却很有限。若没有较强的步骑兵稳住阵脚，仅靠火器根本无法取胜。后金铁骑突然奔至，如狂风席卷而来，势不可当。明军炮兵发完一炮，第二炮还未发出，八旗兵的利刀便砍来了。

明军见势不妙，四散逃窜。马林也慌作一团，急忙对游击麻岩说：“你留下组织兵马反击旗兵的进攻，我先回尚间崖大营。”说罢竟丢下兵马，独自逃回。

马林逃走以后，麻岩只得挺身而出，组织兵马继续抵抗，但因后金兵马众多，尽管明军士兵激烈抵挡，仍然寡不敌众，纷纷溃退。褚英长子杜度挥刀迎战麻岩，二人大战二十多个回合，杜度找到一个机会，把麻岩一刀劈为两半。

马林回营后，一面下令全体迎敌，一面收拾随身物品。当阿敏领兵杀进营中时，马林已从尚间崖逃跑。

明军一万余兵马，见主帅马林逃跑，也干脆置敌于不顾，放下甲胄、兵器，跟在马林身后，一直逃到张家楼子，才收住脚。

再说斐芬山的潘宗颜，算是马林军中有些谋略的将领，他把部分战车放到阵地前沿，火铳与大炮布列左右，形成野战之形。

努尔哈赤了解潘宗颜的布阵后，说："别小看这个潘宗颜，弄不好这只牛犄角真能顶人!"

三月四日中午，八旗兵对潘宗颜军发起攻击。潘宗颜早有准备，立刻指挥火铳、大炮一齐发放，对准奔驰而来的旗兵开火。由于明军扎营高处，居高临下，主帅又冲杀在前，明兵虽少，斗志却旺，使八旗兵伤亡很大。

面对这一情形，努尔哈赤及时把尚间崖的兵马调来，将斐芬山明兵大营团团围住，发起全面进攻，迫使潘宗颜四面受敌，首尾难顾。在此危急情势下，潘宗颜并不屈服，面对十数倍于己的敌兵，仍然奋力指挥，组织反击，拼死抵抗。

在两军混战之中，潘宗颜因精疲力竭，背中一箭，壮烈战死。

八旗兵攻下斐芬山后，努尔哈赤本打算当晚就地宿营，但他抬头仰望山上，暮色苍茫之下，满山都是尸体，山顶积雪都已被鲜血融化，晚风吹来，风中充满了刺鼻的血腥味。于是下令南行十里，在一个叫古尔本的地方安营就宿。

这前后两场战役，后金伤亡一万多人，收降明军两万多降兵，缴获兵器、甲胄、火炮等不计其数。

不几日，探马进来报告：南面一路明军已过了栋鄂（今属辽宁桓仁），东面一路明军已过了鸦鹘关，将至虎兰冈。

努尔哈赤听后，对众人说："李如柏乃李成梁的二子，与我有翁婿之缘，可不足畏也；只是那刘綎，据说有些来历，请范先生介绍一下此人的情况。"

何和礼抢先说道："刘綎乃明朝西南地区的名将，少年时就立有战功。他手持镔铁大刀，重达一百二十斤，挥舞起来如旋转飞轮一般，毫不费力，被称为'刘大刀'。"

努尔哈赤问："那位刘綎还有些什么本事？"

范文程说："刘綎虽然年事已高，但身经百战，不仅力大无穷，而且弓马纯熟，百发百中。他曾让人在门板上用笔墨胡乱点缀，然后在百步之内用神箭射之，箭箭中那墨点。除此之外，他还善于训练战马。"

听到这里，努尔哈赤立即说："不管他是刘大刀还是张大刀，只能智取，不可力敌。不知我大金国谁能对之？"

费英东说："臣下愿往！"

努尔哈赤说："你年纪已大，还是让年轻一点的去吧。"

扈尔汉站起身来说："父汗，孩儿愿去抵挡这个'刘大刀'！"

努尔哈赤点头表示同意。

再说刘綎从宽甸出兵后，忽然乌云四合，满天飘下大雪，路上雪深数米，马无草料，人无粮食，大风扬起飞雪，将士不得睁眼，连方向路径都分辨不清。

刘綎对朝鲜元帅姜宏立说："兵家的胜算不过是得天时，得地利，以顺人心罢了。现在天气甚是寒冷，这次出兵不能说得到天时；道路这样艰难，到处是险石丛莽，且人生地不熟，这是没有地利；我又不得兵权，这是没有人和啊！"

姜宏立劝慰他说："刘将军不要太悲观，能够跟随你这样的名将出征，也是我的幸运！"

刘綎是江西南昌人，是名将刘显的儿子，在明朝众多将领中与杜松齐名，是一位颇有名望的勇将。他与杨镐素来不睦。这次出兵，杨镐依仗手中的兵权，派遣他的亲信、守备官于承恩到东路军中督战，还密令游击将军乔一奇说："若刘綎逗留不进，你可以夺取他的指挥大权，继续督率东路大军前进。"

这一天，刘綎的兵马由于翻山越岭，又是冰天雪地，劳累异常，将士们请求休息一会儿。刘綎说："这里山高路险，容易埋伏，还是早走为妙。"说罢又催促行军。走不多时，有探马来向刘綎报告说："前面有不少金军拦住去路。"

刘綎急忙传令安营，然后亲自上山观望，只见不远处后金旗帜迎风飘扬，于是忙下山领一支兵马前去迎敌。

此时天色已晚，刘綎令各军点齐人马，准备迎敌；又命令各军齐点火把，天空照耀得如同白昼。

刘綎手使镔铁大刀，立马阵前，对着金军喝道："有不怕死的，来尝尝我刘大刀的厉害!"

"刘綎匹夫，休要猖狂，看我取你首级!"来者正是代善，二人均拍马上前，厮杀在一起。

刘綎的大刀舞得如车轮飞转，上下挥动，左右盘旋。代善哪是他的对手，战了五六个回合便汗流浃背、气喘吁吁了。

三贝勒莽古尔泰一向以力大著称，他见代善不是刘綎的对手，忙拍马上前，换下代善，与刘綎又战到一处。

莽古尔泰使的是枪，与刘綎的镔铁刀碰得叮叮当当，二人你来我往，斗了十几个回合，刘綎的大刀越舞越快，莽古尔泰只有招架之功，没有还手之力。只见刘綎的镔铁刀高高举起，狠命砍下去，莽古尔泰用力使枪去架，只听"咔嚓"一声，莽古尔泰的大枪被削去半截。这下可吓坏了代善和皇太极，二人慌忙上前顶住刘綎的刀，莽古尔泰才得以脱逃。

这时，刘綎的义子刘招孙也纵马上前，与刘綎一起，跟代善和皇太极战到一起。代善见势头不对，急忙向皇太极使个眼色。二人虚晃一招，勒转马头就往营里跑去。

刘綎不知是计，见二人逃跑，忙大声喊道："追呀！"

他和刘招孙领着身后的兵马，一路高声叫着、喊着，形成一股巨大的声浪，在夜间的山谷中回响。

他们追着追着，突然不见了皇太极等人的踪影，只见前面一座高山挡住了去路。二人便停了下来，等着后面的大队人马赶上来，就此扎下营盘，准备明日再追。

第二天，即二月二十九日，东路大军又上路了。

当东路军来到马家寨口时，后金伏兵四起，喊声震天，朝明军冲杀过来。刘綎带领将士向前，一阵厮杀，后金伏兵因力量薄弱，抵挡不住明军的攻击，有八十五人被明军砍杀，八十八人被俘。伏击之计没有成功。

三月一日，刘綎军进入马家寨。这时，杜松正与八旗军在吉林崖拼杀，两军不通消息，又怎能做到"分兵合击"呢？

三月二日中午，东路军到达深河，这里是努尔哈赤的重点防守区。

经过反复策划，努尔哈赤决定在这里拖住刘綎的东路军，以集中兵力对付西路的杜松和北路的马林。

他在此埋伏了两支兵马：一支是由三子阿拜率领的一千人马，占据路旁的野猪岭，从后牵制明军；另一支兵马埋伏在明军前进的道路两旁，从正面阻止刘綎军继续前进，这支兵马由牛录额真托保、额尔纳、额里率领。

为了突破防线，刘綎派勇将刘龙吉前去攻占野猪岭，并叮嘱道："把这个制高点——野猪岭拿下来，我们前进就没有大尾巴在后面坠着了。"

刘綎准备亲自打击前面的后金兵马，于是命令乔一奇带兵先走。

刘龙吉带领一千人马，去攻打占据着野猪岭的阿拜，岭上的滚木、礌石如雨点般落下，明军一时无法上去。

刘龙吉登上山坡高处察看地形后，决定声东击西。他先派二百人从侧面迂回登岭，争取绕到八旗兵的后面进行突然袭击，自己仍从正面继续攻击，以吸引敌人的注意。

不一会儿，野猪岭上喊杀声起，迂回登岭的二百名明军与后金的旗兵打了起来，刘龙吉立即从正面开始攻打。不料制高点上的八旗兵众多，由侧后方上去的明军刚一出现，便被八旗兵围在中间，然后一齐放箭，二百人只逃回十几人，其余全部丧命。刘龙吉在进攻时也不幸被礌石击中脑袋，当场死去。

刘綎的先锋乔一奇带领军队冲击托保军的阵营，二人在营前拼杀起来，斗了七八个回合，托保战败，逃回营中。乔一奇带兵追去，托保据险防守，矢发如雨，仍未攻下来。

刘綎在阵中看得分明，遂领着兵马大喝道："冲啊！随我去杀鞑子！"

明军士兵如出海蛟龙，跟随刘綎冲进金营中，两军立即混战在一起。刘綎的大刀在八旗兵中抡起来横扫，一扫一大片，勇猛无比。

两军一直战到天色变黑，后金步卒死伤惨重，托保带着伤臂与额尔纳等领着残兵败将脱围逃走。

深河这一仗，使明军半天无法前进，有力地配合了西部战场，使努尔哈赤能率部全力攻打马林军。

努尔哈赤得到马家寨、深河阻击兵败的消息后，立即召开军事会议，商讨如何对付刘綎的东路军。

代善首先说道："刘綎果然名不虚传，那大刀一百多斤重，很难招架。若与他硬拼，咱们不是他的对手，只能智取。"

皇太极也认为："对刘綎这样的战将，不宜近战！可以用远攻的方法，将他引入伏击地点，用弓箭治他。"

努尔哈赤听了点头说道："对付刘綎，必须智取，引他上钩！关键是如何引他上钩，应从这方面多想点子。"

这时，范文程走到努尔哈赤面前，在他耳边低声说了几句，只见努尔哈赤笑道："高，高！这叫作虚虚实实，以假乱真，实在是妙计！"

距离赫图阿拉城五十里处，有一个地方名叫阿布达里冈，位于拉法河与加哈河的交汇处，那里地形复杂，易于设伏。努尔哈赤听从范文程的计策，准备将刘綎诱至阿布达里冈，进而歼灭之。

刘綎的前锋乔一奇等刚刚抵达阿布达里冈，就见伏兵四起，前锋军陷入重围。扈尔汉带领一队人马，猛扑过来。乔一奇挥起大刀，率先与扈尔汉交战，双方只战了五六个回合，乔一奇就觉得虎口被震得发疼，不由得谨慎起来。

这时，副将于承恩见乔一奇不能取胜，便手使双刀，催马上前，二人齐战扈尔汉。扈尔汉身后的八旗兵马见状，也一齐拥上来。乔一奇先锋营里只有五百人，怎经得住扈尔汉一千兵马的冲击，尤其是那些骑兵，如飓风般扫荡，先锋营一下子被冲散了。

乔一奇等急忙领着残余兵马冲出重围，回来向刘綎报信。刘綎这才如梦初醒，知道自己中了大金的诱兵计。

但刘綎毕竟身经百战，他表现出异乎寻常的镇静，立即命令道：“全军集结，整顿好队伍，准备迎击鞑子的突然袭击！”

刘綎话音刚落，周围山坡上、树林里便响起喊杀声，后金的三万多兵马漫山遍野地包围过来。刘綎与将士们一见，不由得大惊失色。

当代善、阿敏、皇太极一齐出现在刘綎面前时，他两眼环睁，怒视着三人骂道：“你们几个全是我的手下败将，赶快滚回去，唤老贼努尔哈赤来，看老子活活砍了他！”

代善不紧不慢地说：“刘将军！你不要执迷不悟了，你已经中了我们的埋伏，还是早早下马受降吧！”

刘綎一听，气得肺都快炸了：“呸！我刘大刀虽然是个武人，但也略知君臣大义。我生是明朝的人，死是明朝的鬼，岂能弯腰投降你们境外胡人！”说罢，举起手中大刀朝阿敏砍去。

代善忙向阿敏喊道：“注意他的大刀，千万别去碰它。”

阿敏也知道那刀的分量，急忙来个镫里藏身，躲过了那一刀。

这时，皇太极舞刀杀向刘綎，三人把刘綎围在中间。战了二十多个回合，皇太极心想：何必跟他没完没了地打，不如引他到前面去，用箭射死他……

想到这里，他立即向其余二人各使了一个眼色，拍马向前跑去。代善与阿敏也勒马随着皇太极逃去。刘綎这次比较谨慎，他见前面怪石嶙峋，不敢轻率追杀，而是立马察看。

此时，西北角上一彪军马杀到，喊杀连天，风驰电掣。从火光中望去，见大旗上现出一个斗大的“杜”字来。刘招孙回头说：“义父，前面好像是杜松的人马，他们为何跑到这里来了？”刘綎不假思索地说：“可能是杜将军派来接应我们的。”他急忙领着身后兵马前去迎见，走了半里多路，见那队兵马进了林子，便又赶去。祖天定说：“大人，这队人马来得蹊跷。杜总兵既已派士兵传信，又传了炮，为何还派人马来接应？”

刘綎稍一犹豫，就听到四周喊杀声大起，隐伏在山顶、丛林、溪谷中的八旗伏兵，一齐杀了出来，似山洪暴泻，锐不可当。一支支乱箭射来，刘綎急忙舞动大刀，左臂已被射中，但他仍坚持举刀砍杀，复伤右臂，即便如此，他仍然带伤拼杀。这时，他身后的队伍已被旗兵切成数段，首尾不能接应。

突然，刘綎的两个儿子接连大声呼救。刘綎一眼望去，发现刘佐、刘结双双战死，不由得心如刀割，大叫一声，撇了阿敏，去砍杜度。很快，刘綎又面中一刀，被砍去半颊，但他仍左冲右突，手刃数十人。他的义子刘招孙急忙来救，结果陷入包围，被乱箭射死。

原来，那支高举“杜”字旗的队伍是后金兵马假扮的。这条以假乱真的计策，就是范文程想出来的。努尔哈赤凭借这一妙计，终于歼灭了刘綎的东路大军一万五千多人马，取得了巨大胜利。

与此同时，朝鲜的左、右两营也被八旗兵消灭，只剩中军姜宏立还在苦守着。

代善带领漫山遍野的八旗兵，朝姜宏立的中军围过来。姜宏立只得派遣旗官传令中军将士，鼓励士卒，奋战一场，争取死里求生。但代善对他围而不打，目的是迫使他投降，因为后金缴获明军大炮、鸟铳等火器后，自己不会用，想收降朝鲜兵卒，为金军充当炮手。双方派出代表谈判，终于共立盟誓，以求和好。

再说南路军主将李如柏，带着两万人马，三月一日才出清河鸦鹘关，由于出师晚，行动慢，到三月三日会师日期已过，李如柏仍然迟迟不进，逗留观望。

这天，探马忽然来报："西路杜松将军全军覆没！"

李如柏吓得面色苍白，他向探马挥挥手后，便垂头丧气地坐了下来。

这时，副将贺世贤建议道："我们兵马未动，又见死不救，怎么向皇上交代？不如偏师策应，增援东路，杀入重围，救出刘綎将军。"

李如柏犹疑再三，说："过两天再说吧！"

不料过了一天，探马又来报告："东路刘綎老将军兵败身死，全军被歼！朝鲜军队接受努尔哈赤的和谈条件，讲和了。"

李如柏吓得魂不附体，过了好长时间才说："八旗兵勇若猛虎，连杜松、刘綎都战败了，我去也是白白送命！"

他想把兵马撤回去，但又害怕杨镐的尚方宝剑，真是欲进不敢、欲退不能，忧愁得茶饭不思、寝卧不安。

其实，李如柏也确有难言之隐。他在广宁任总兵时，努尔哈赤为与他交好，将其弟穆尔哈齐的女儿娥那佳嫁给他，他们之间便成了翁婿关系。万历四十三年（1615 年）三月，努尔哈赤第八次入京朝贡，也是最后一次进京朝贡时，李如柏已调为辽东镇守。过辽阳时，努尔哈赤曾在辽阳住了较长时间。

在一次酒后谈心时，努尔哈赤说："有朝一日，我若攻打明朝，你做何打算？"

李如柏想了一下说："我将拥兵自守，若不能，则弃甲率兵而逃，以此报答岳翁。"

努尔哈赤听了十分满意。之后的每一年李如柏都从建州获得大量的珍珠、人参、黑貂皮、熊掌、蜂蜜等。

李如柏是个庸才，生性懦弱无能，但当他把这些土特产送到京城，使朝廷里的各部大人都有一份时，谁会不喜欢这位李总兵呢？

再说辽东经略杨镐，见四路兵已有三路兵败将亡，败局已定，只得召李如柏的南路军急速回师沈阳。李如柏接到令箭，如获大赦，匆忙回师，狼狈得如惊弓之鸟。

一天中午，努尔哈赤派出来的一支哨探前往虎拦山（今辽宁新宾县永陵镇南）探听军情。他们在山上看到李如柏的败兵如退潮一般，哨探头目兀里堪便想跟李如柏开个玩笑，他让部下吹起螺号，并且一起呐喊。一时间，山鸣谷应，似有千军万马攻来。

李如柏以为中了埋伏，吓得心胆俱裂，不敢停下来应战，立即向队伍传令道："快撤！快撤！"

兀里堪索性带着二十名哨探，大声叫喊着从山上冲下来，杀入李如柏殿后的队伍。明兵见了丢盔弃甲，惊慌失措地朝沈阳逃去。

就这样，萨尔浒之战前后不到十天就结束了。

这次战役，明军损失惨重。据统计，明军五品以上文武将吏死亡三百多人，军丁死亡四万五千多人，阵失马、骡、驼两万八千多匹。

萨尔浒之战是后金和明朝兴衰史上的转折点，它使明军由进攻转为防御，而后金则由防御转为进攻。史称萨尔浒之战为"拐点"之战。

第七章　重创大明占辽沈

1. 再攻二城

万历四十七年（天命四年，1619 年）三月初，取得萨尔浒之战的全面胜利后，努尔哈赤命人在赫图阿拉的衙门里搭起凉棚，八旗的诸贝勒、大臣分坐八处，大贝勒代善、二贝勒阿敏、三贝勒莽古尔泰、四贝勒皇太极和投降的朝鲜都元帅姜宏立、副元帅金景瑞六人坐在椅子上，其他人席地而坐，举行宴会。努尔哈赤下令将缴获的甲胄、兵仗、衣物、枪炮等，像小山似的堆积八处，按军功进行分配，又指令休整士卒，牧放马匹，缮治器械。

与后金欢庆胜利相反，萨尔浒三路败绩报至京师后，全城震动。言官频上劾章，要求追究丧师责任；官吏收拾细软，准备遣送眷属南逃；商民惶恐不安，京城九门晨开午闭。此时，万历皇帝已病入膏肓，时日无多，但他现在似乎不糊涂了，对萨尔浒之败的原因洞若观火，没有因此处分败将杨镐，而是让李如柏自杀来为战败承担责任，杨镐继续留任原职。李如柏之弟李如桢①接替李如柏任开原总兵，马林降为主事。开原城内还有副将于化龙、参将高贞、游击于守志、守备何懋官等率兵

---

① 李如桢（？—1621）：名将李成梁第三子，由父荫为指挥使。万历四十七年（1619 年），辽东危在旦夕，朝廷无镇辽将军可派，有大臣建议借李氏旧威，派李如桢为镇辽总兵官，初守铁岭，后屯沈阳。清军攻铁岭时，他拥兵不援，致使铁岭失陷，被罢官。天启元年（1621 年）下狱论死。崇祯四年（1631 年），崇祯皇帝念及李成梁勋绩，特免死从军。

戍守。

五月下旬，努尔哈赤又召开军事会议，讨论攻打开原的策略。他首先说道："开原是一座古城。它是明朝离蒙古、建州最近的城市，不但是一个经济交流的重要场所，也是明朝皇帝镇压蒙古和我们女真人的前哨堡垒。我们若要进攻辽沈，必须先占领开原。攻打开原的战术，还是老办法——强攻与智取相结合。就如何智取这个问题，请各位发表高见。"

范文程说："开原形势险要，跨龙冈，临大漠，边靠咽喉之路。东边是建州，西边是蒙古，北边是叶赫。开原是砖砌城墙，四个城门，四个角楼，强攻不易。若智取则可从贪官入手。开原城推事官郑之范，为人狡诈阴险，平日见钱眼开，贪污行贿，上扒下压，无所不为。李成梁是他妻子吴树兰的表叔，由于这层关系，他才当上开原城的推事官。"

随后，努尔哈赤派人找来李永芳，让他讲讲郑之范的情况。李永芳说："郑之范是开原城的首富，家资巨万，但这些钱财全是贪赃受贿得来。此人贪财成癖，在各个场所巧立名目，捞取大量金钱，当地百姓无不叫苦连天。"

四贝勒皇太极建议道："可以让何和礼先派细作到开原，试着做郑之范的工作。既然此人贪财，就送些给他，争取里应外合。"

次日，何和礼派兀里堪带上五十名谍报人员，分几批陆续潜入开原城。兀里堪与谍报人员兀佳扮成做珍珠生意的蒙古人，直接去拜访郑之范。

几天之内，兀佳等人就把开原城文官武将的心思、爱好查得清清楚楚，上报努尔哈赤。

由于郑之范的贪污聚财，城中守兵毫无斗志，人缺粮饷，马缺草料，不少战马被活活饿死。开原守军不得不到城外牧马，开原城内一时空虚。

开原总兵马林被降职后，对练兵布防更不热心。他从叶赫那里得知建州集结兵马，急忙派人前去打探。探马走到浑河边，因水流湍急，找了几个地方都没法过河，碰巧与过河的德格类的旗兵撞上。于是，开原探马立即回到马林的总兵府，禀报说："建州大队人马正向沈阳城进发。"

开原城的参将于化龙对马林说："那建州老罕子肯定是出兵沈阳城了，我们开原当出兵增援，早做准备。"马林阻止道："不要妄动，建州出兵沈阳城，自有辽阳增援就够了。沈阳城兵多将广，何须咱们劳师袭远。何况没有兵部的命令，岂能随意出兵？我们就装作不知道建州出兵吧。"于化龙不敢违令。随后，马林又把探马和城外的哨兵都调回开原城内。

万历四十七年（天命四年，1619 年）六月十日，努尔哈赤率八旗军四万人悄悄前往开原。兵分两路：以几百人的小股部队直奔沈阳，沿途杀明军三十多人、俘二十人以虚张声势；主力部队迅速靠近靖安堡。

八旗军进兵之时，突然下起暴雨，瞬间把几万人马淋成了落汤鸡。努尔哈赤认为这是老天惩罚自己，便想回兵。四贝勒皇太极劝阻道："阿玛用兵，总想万无一失，但机会错过恐怕就不会再来了。"

努尔哈赤说："如果一直下雨，在城外牧马的明军可能提前回城，对我们智取开原很不利。"

努尔哈赤正犹豫时，探马回报："浑河北岸没有下雨，道路干燥。开原城中兵马散乱，没有戒备的迹象。"努尔哈赤听罢，一声令下，四万大军继续前行。

出征第六日，金兵悄无声息地抵达开原城下。开原推事郑之范忙着贪污享乐，变着法地敲诈下属和商人给他行贿，终日在酒楼、妓院、赌场里玩乐，根本无暇顾及公务。总兵府主事马林也放松警惕，与蒙古吉赛及叶赫金台石立的联防盟约，让他觉得已高枕无忧。

"建州人马已经到达东门，马上就要攻城了。"马林闻报，如同被人当头泼下一盆冷水，慌忙传令让城外的兵马集合，城内留守的人马立即登上城墙拒敌。他一边传令，一边跑出门，上马奔向东门。郑之范不知道从哪个胡同里钻出来，手脚颤抖，两个家奴左右拽着他的胳膊，拉拉拉扯扯地往东门走。城中人马已有三四千人登上墙头。八旗兵开始向城上射箭，楯车推动，云梯搭上城头。马林在城上督战，用长枪、滚木、礌石进行反击。

郑之范被家奴架着，走到马林身边，嘴抖动得讲不出话来。马林安慰他说："大人不用急，我们只需坚守一天半日，等城外的士兵和蒙古骑兵及叶赫兵马赶来，到时里外夹击，很容易打退建州兵。"郑之范这才定下心来，说："总兵大人一定要守住。"

这时，八旗兵的攻势减弱了，只有几个云梯仍搭在城墙上，大队人马向南门和西门涌过去。马林请郑之范坐镇东门，留下千总王一屏、戴集宾两人率领两千多人马把守东门，他自己带领一队人马奔向南门。

郑之范坐在城上的大椅子里，王一屏上前拱手行礼："大人，我们这里箭支、滚木、礌石都不多了，请大人调来一些。"郑之范闻言大怒，指着王一屏骂道："胡说，这东西不都有嘛！城下没有几个人了，省着点用，别浪费了。你只管小心看着城下，上来一个八旗兵，我扒你的皮。"王一屏不敢再说话。不久，东门外的八旗兵都撤走了。

此时，南门、西门和北门杀声震天，八旗兵布战车、竖云梯，人马、楯车如江水般涌到城下，沿城冲杀。城上的明军坚守不住，慌乱逃窜。郑之范远远望去，脸色又惊恐起来。这时，郑府的管家吴三流子疾步走上前来，对着他的耳朵嘀咕了半天。他犹豫了一会儿，把王一屏和戴集宾叫过来说："你们全部去增援南门。"戴集宾拱手道："大人，总兵令我们把守的是东门。"郑之范大怒道："混账，我的话不是命令吗？如敢违令，当心灭你九族。"王一屏和戴集宾两人不敢违抗，只得带着人马下城。郑之范和管家随即也下城回府。

郑之范回府收拾金银珠宝等财物后，用五十匹马驮着，带上家眷，领了二百多名亲兵，悄悄奔向东门。此时，商人古尔巴领着几十人赶着十多辆马车躲藏在胡同里，看见郑之范过来，忙上前施礼说："大人救命，请放我们出城吧。"郑之范看也没看他们一眼，就说："跟后边。"

东门只有七八个看门的士兵，吴三流子上前跟他们打招呼，说郑大人要出城搬救兵。守门的士兵不敢抗命，便打开一扇门，郑之范等人急匆匆地跑了出去。这时，一大群“商人”涌过来，将看守城门的几个明军三五下就解决了，把大小四扇门全部打开。

埋伏在东门外的八旗铁骑冲杀过来，城内北门的明军千总白奇策，南门的王一屏、金玉和等人刚好带着兵马同时赶到。但有几辆马车上的货物撒了一地，把城门给挤住了，关不上，八旗铁骑趁机杀进城中。

两万多八旗兵马由东门杀入开原城，北门守将高贞在城上正想指挥守军援救东门，不料被莽古尔泰一箭射中面门，当即毙命。莽古尔泰乘势猛攻，登上城头。

从东门进入的八旗兵马如潮水般涌进城里，逢人便杀，分别杀向西门、北门和南门。明军四门一齐溃败，参将于化龙、于守志等人战死，马林被斩。逃出城的不到千人，驻守开原城的两千名蒙古骑兵，只剩下二百多人，无力再战，只得投降。

八旗兵打下开原城后，努尔哈赤进入南城门，坐在门楼上，向四周眺望城池山野，探马来报：“开原城南发现明军。”另一个探马禀报：“城北有叶赫兵马，正向开原行进。”

这时，城里也乱得厉害，不少人跑着、喊着：“努尔哈赤杀进城了！快操家伙跟他们拼啊！誓死不当亡国奴！……”

城内百姓自发组织起来，与八旗军拼杀，不一会儿工夫，城内百姓全部战死。

原来，后金士兵见四门守军都已消灭，心想可以进城劫掠了。不料开原的百姓与抚顺、清河不同，当金兵挨家搜掠时，几乎都受到了不同程度的阻击，不少人死于百姓的菜刀、铁叉之下。大街上，巷子里，院子里，屋子里，到处都是搏斗的战场。

有人说，“开原城里多节义之人”。这话确实没错，开原城内的百姓，有的全家与八旗士兵拼杀，全部战死；一些老弱妇女无拼杀能力，就自缢而死。因此，八旗士兵也非常恼火，逢人便杀，反抗的一个不留，百姓全被野蛮屠杀。

作为明朝东北地区的一座古城，开原城内人口众多，物资雄厚，财产、玉帛多达数百万。八旗兵用马骡驮载，牛车装运，竟达五日五夜，最后放火焚烧了开原城的衙署、房舍、仓廪、楼台。努尔哈赤将掠夺的财物运送至界凡城，按军功大小进行分配。

战后，原明兵部尚书、辽东经略王在晋说："开原未破而奸细先潜伏于城中，无亡矢遗镞之费，而成摧城陷阵之功。奴盖斗智而非徒斗力也。"这正是对努尔哈赤以智谋取胜的最好说明。

八旗兵马攻破开原城时，马林部下有千总守备等七人，带领近一千名明军逃走。他们沿着浑河走到抚顺城东面的嘉班，扎下营盘，等待沈阳城出兵援救开原城。但四五天过去了，西面仍没有一点动静，而他们早已没有粮食，于是一起合计下一步的计划。

千总刘遇节说："没法在这儿等了，我们投奔铁岭城吧。"其他几个千总有些犹豫，没有表态。刘遇节问："不去铁岭城，还有什么办法吗?"王一屏发愁地说："在开原城东门守城的时候，郑大人说了，如果我失守，要活扒皮。现在郑大人可能在铁岭城里，我可不敢去。还有，我的妻儿都被建州掳走，我要去找他们。即使到那里成了奴才，当牛做马也比挨剐强。"

刘遇节听了十分吃惊，但其他人都点头赞同王一屏的说法。戴集宾跟着附和："我也这样想。"刘遇节愤怒地说："你们几个贪生怕死，不保气节！从此大路朝天，各走半边。"

王一屏、戴集宾等六人满脸羞愧，只好无奈地退走。他们领着二十一个亲兵，往东前往界凡城，投降建州。刘遇节则率领一千人马向北走，投奔铁岭城。

智取开原后，努尔哈赤更加重视对降服汉官的政策，他得意地说："彼知天意佑我，又闻吾国爱养人民，故相继来归耳。"王一屏、戴集宾、金玉和、白奇策等六人及随从都得到了优厚的赏赐。

由于攻打开原城近一个月，辽东明军都没有任何反应，努尔哈赤准备乘胜拿下开原西南面的铁岭城。八旗兵在界凡城休整月余后，努尔哈赤召集四大贝勒、五大臣，以及范文程、李永芳商议出兵事宜。会上议定，除派遣一批探马之外，再派出新归顺的王一屏去铁岭城活动，派戴集宾装扮成商人，进沈阳城打探动静。

五大臣之一的何和礼分管谍报工作，他说："据探报的可靠消息说，铁岭城内将领之间矛盾重重，城防无人过问，基本是空虚的。现在由一个名叫丁碧的参将主持铁岭军务，他对游击喻成名、李克泰等人有意见，彼此不和。"

铁岭之城，诸夷环绕，三面受敌，是明朝沈阳北部的重要城堡。但是，再坚固的堡垒也能从内部攻破。铁岭总兵李如桢是李成梁第三子，因父荫而为指挥使，官至右都督，并曾在锦衣卫执掌南、北镇抚司。"如桢虽将家子，然未历行阵，不知兵"，他受命之后，借父兄权势，又以锦衣近臣自诩，未出山海关，却派人向总督汪可受报到，闹得朝议哗然。他到达辽东后，经略杨镐见他是铁岭人，便派他守铁岭，不久又令他屯驻沈阳。铁岭仅以参将丁碧，游击喻成名、李克泰等领兵防守，兵力更加薄弱。因此，努尔哈赤先把丁碧作为饵下游鱼。

李永芳接着说："丁碧主持铁岭城防，但并不懂兵法，是萨尔浒战中的逃将。此人没有什么能耐，喜欢说大话。"

莽古尔泰补充道："据说，王一屏是铁岭守将丁碧的表弟，正好让他去做丁碧的工作，动员他投顺我大金国。"

努尔哈赤听后觉得大家都越来越懂得知己知彼的道理，点头说道："这几个倒是可以利用的人。"他把这个任务交给了何和礼。

于是，何和礼让王一屏带上一匹好马、五百两白银、一百颗珍珠等直奔铁岭而去。

铁岭东门的守将李克泰为人稳重，遇事好动脑子，他主动把城外几个堡子的兵力组织在一起，共有两千多人，每日半天训练，半天搬运滚木、礌石，又重新布列了大炮位置，增加了弓箭的射位，对城墙进行加固。

看到李克泰在东门抓防备，既有特色又有成效，其他三个城门的守将——喻成名、吴贡卿和史凤鸣三人，也按照李克泰的做法，对城上的守军认真整顿、加强训练。

丁碧把军务之事都交由几个部下去办，自己则在一家酒楼与一个名叫青莲的姑娘鬼混。他见明朝一天天地衰落，而后金却一天天地强大，心里矛盾极了。他想来想去都拿不定主意，觉得即使像杜松、刘綎那样英勇地战死，也阻挡不住后金的铁骑，挽救不了岌岌可危的明王朝。但是，若学习李永芳打开城门，主动投降，他又怕被人骂为汉奸，这样的日子也不好过。

这天，丁碧正抱着青莲饮酒、调情，侍卫来报告说："有位王千总正在府上等您。"

丁碧很不情愿地放下青莲回到府内，见到表弟王一屏后，他并没有特别高兴，只是觉得有些奇怪：他莫不是开原失守后来投靠自己，这样多少应该带点好东西来呀？

丁碧打了个哈哈，说道："稀客啊，是什么风把表弟吹到我这穷家小户来了？"转眼一看，桌上还真放着不少东西，看来王一屏并不落魄。于是，他马上换了语调说："表弟送这么多礼，实在是见外了。"

王一屏说："这礼不是我送的，是大汗努尔哈赤送的。"

丁碧一听努尔哈赤的名字，顿时猜出了王一屏的来意。这礼物实在不好收，若收了，就等于把自己出卖了。

王一屏见丁碧低头不说话，又说："大汗爱惜大哥是一员将才，请大哥归附，先叫小弟捎来一点礼品。"

丁碧说："归附建州，岂不成了不忠不义之人？"

王一屏知道丁碧已经在心里权衡了，只是还需要一个台阶下，忙趁热打铁地说："识时务者为俊杰呀！"

丁碧说："就算我愿意归附，其他将官也不一定愿意。"

王一屏小声说："八旗兵攻城时，大哥只需开启城门即可。"

丁碧首肯，两人又定下了开城暗号。

七月二十五日，努尔哈赤率领贝勒大臣统兵六万出三岔儿堡，围攻铁岭。

当天傍晚，各旗兵马正准备安营扎寨，忽听喊杀声从四面传来，一时惊慌得不知所措。

原来，明将李光泰、喻成名、史凤鸣、吴贡卿四人各率一千人马，从东、南、西、北四个方向一齐杀向混乱中的八旗士兵，他们左砍右劈，一阵乱砍乱杀，八旗兵死伤不少。等努尔哈赤得到消息，命令各旗奋起反击时，这四支兵马早已一声呼哨，回到铁岭城中去了。努尔哈赤让各旗清点人数，居然死伤千余人。

第二天，努尔哈赤登上铁岭城东南一座名叫黑山嘴的小山，让范文程坐在自己的旁边，指挥八旗士兵攻城。但因明军激烈抵抗，八旗兵死伤众多。

四贝勒皇太极见状，下令改用集团冲锋形式，以人海战术继续强攻。

城上李克泰面对强敌指挥若定，放火炮、发矢石，有效阻止了八旗兵的攻势。努尔哈赤派兵竖起云梯，登城毁墙。明军则用大炮轰击，拼死守城。

李克泰、喻成名等见努尔哈赤集中攻击东门，纷纷派兵支援，并派人找来丁碧。丁碧虽然决心投降金，但四门守将坚持抗敌，令他无法插手。如今见四将请求外援，他没有同意。李克泰见丁碧如此消极，非常生气，只得写信派人去沈阳请李如桢派兵援救。

这天夜里，努尔哈赤一直等到二更天，也不见北门有什么动静。按约定，丁碧应该打开城门了。努尔哈赤猜想丁碧可能有变，便下令继续强攻。

四大贝勒带领八旗兵马，借着夜色掩护，悄悄来到城下，将云梯靠上城墙，慢慢朝城上爬去。城上的守城士兵早有准备，大声喊道："攻城了！努尔哈赤又攻城了！"

这一喊，城上的守城士兵全都振奋起来，双方的拼杀又开始了。转眼之间，城上城下一片喊杀声。这时，火把燃起，照得城头犹如白昼一般。八旗兵马冒着如雨的箭矢和礌石、滚木的打击，顽强地登上云梯。

在八旗兵凌厉的攻势下，加上夜色的原因，城上炮火的威力明显减小了。金军人多势众，尽管死伤惨重，但有进无退的八旗兵越战越勇，毫无退缩之意。

东门守将李克泰指挥守军奋力抵抗，但由于拼杀了一天，两千名守军死伤过半，加上疲劳饥渴，渐渐体力不支。八旗子弟见城上守军稍一松懈，便跃上城头，沿城冲杀起来。

正在双方交战之际，北门悄悄被人打开，八旗骑兵从城门一拥而入，进入城中大肆砍杀，血流成河。

北门城上的守军退下城来，和城里的居民一起，与八旗兵马开始巷战。

北门既失，东门、南门也保不住了。守将李克泰、喻成名、吴贡卿等先后战死。全城战死军丁计五千多人，城内居民被杀、被俘一万余人。

沈阳总兵李如桢接到李克泰的情报时，若能及时增援，完全可以解除铁岭之围。但直到铁岭城被攻破，他才带着兵马姗姗而来。

努尔哈赤得知李如帧带兵来援的消息，整队准备迎击。而李如桢听说铁岭已失，畏敌如虎，距城十五里以外扎营。为了回去邀功领赏，他竟命令士兵在攻打铁岭城战死的八旗士兵的死尸上，割取一百七十多个首级后慌忙溜走了。

战后，明朝大臣对李如桢的“不俗”表现交相参劾，李如桢遭到罢免，不久被捕下狱，判处死刑。崇祯四年（天聪五年，1631 年），改死刑为充军，李如桢捡回一条命。

开原和铁岭的陷落，使大金打开了进入辽、沈的门户，并且切断了明朝和蒙古、叶赫的联系。

八月十七日，努尔哈赤率八旗精锐顺势给了叶赫部最后一击。八月二十二日早晨，皇太极的大军经过三天激战，占领了东西二城，城内军民纷纷投降。叶赫境内，硝烟滚滚，满目疮痍，战死的士兵尸首漂浮在叶赫河面上，血水浸染，被烈日炙烤至干涸，血腥味久久地弥漫不散。

随后，努尔哈赤命令：对叶赫国中所有人，不论是善人、恶人，都一家不动。父子兄弟不分离，亲戚不离散，不动女人穿的衣服，不夺男人带的弓箭，各家的财物各自收拾保存，好好地善待他们。但是，不准他们聚居，而是分散编入满洲各旗，以淡化他们的叶赫部落意识，使他们完全融入建州女真之中。

2. 辽东大将

就在萨尔浒大战后，努尔哈赤难以停下征伐的脚步，在他智取开原、铁岭的同时，重病中的万历皇帝也被迫打起精神来，主持了一次朝议，主题只有一个：推选一位能够经营辽东的帅才。大臣们都慌了，生怕这不幸的差事落到自己头上。文武大臣久居官场，早已对官场的潜规则了如指掌：有好处有甜头的事情，都争着抢着去做；背黑锅没有甜头的事情，都避之不及。

大家挑来选去，最终选中了熊廷弼①。于是，万历皇帝授熊廷弼为大理寺丞兼河南道御史，宣慰辽东。

熊廷弼，字飞百，江夏（今湖北武昌）人，有胆略，知兵法。万历二十六年（1598 年）中进士，授保定推官，进工部主事，后改任御史。他身高两米多，能左右射，有胆知兵，刚直不阿。万历三十六年（1608 年），巡按辽东。

熊廷弼对于朝廷的任命不推不避，反而很积极，但他还没出京，就

---

① 熊廷弼（1569—1625）：字飞白，号芝冈，湖广江夏人，万历年间进士，由推官擢御史，巡按辽东。万历三十六年（1608 年），受命巡按辽东。万历四十七年（1619 年），以兵部右侍郎代杨镐经略辽东，召集流亡，整肃军令，造战车，治火器，浚壕缮城，守备大固。天启元年（1621 年），后金努尔哈赤攻破辽阳，再任辽东经略。因与广宁（今辽宁北镇）巡抚王化贞不和，终致兵败溃退，广宁失守。沦为囚犯的他又不幸陷入党争，以前虽为楚党，但与东林党关系密切，且与东林六君子也关系匪浅。有人传言杨涟弹劾阉党的奏疏正是出自熊廷弼之手。后被阉党所害，天启五年（1625 年）被杀，并传首九边。崇祯二年（1629 年），熊廷弼得以归葬故里，谥“襄愍”。

惊闻开原失守。为此，他请求朝廷迅速调遣将士，备粮秣，修器械，巩固辽河以东防线。

万历皇帝担心熊廷弼遇到阻力，又擢升熊廷弼为兵部右侍郎兼右佥都御史，代杨镐为辽东经略，赐尚方宝剑。

就在熊廷弼鞍马劳顿到达辽东地区时，又惊闻铁岭失陷，沈阳、辽阳诸城军民惊恐，辽东地区的百姓为了躲避战祸，纷纷收拾包袱，携老扶幼，狼狈不堪地朝关内逃去。就连辽东地区的大明军队，也都犹如惊弓之鸟，丢掉兵器，脱下盔甲，匆匆踏上归乡之路。这样一来，辽东不少地区已是百里无人烟，千里无鸡鸣。

熊廷弼明白这样下去，不要说施展自己平辽的远大抱负，就连能否保住身家性命都是问题。因此，他指派了一名游击将军持自己的手令去辽阳、沈阳，召集逃跑的士兵。这个游击将军一听要自己单独去辽阳、沈阳这样危险的地方，不禁吓得全身发抖，双脚发软，立刻跪下来恳求道：“大人，您就饶了小人吧。小人上有八十岁老母需要赡养，下有妻子儿女需要抚养，如果小人遭遇不测，谁来照顾他们啊?”说得声泪俱下，痛不欲生。

熊廷弼并非不通情理之人，一看他那伤心欲绝的样子，就没有让他去，而是重新指派了一个参将。这个参将倒是没有找借口推托，而是默默地收拾包袱，踏上了前往辽阳、沈阳的道路。熊廷弼看在眼里，喜在心头，心想：大明王朝还有忠勇之士，看来大明王朝还没有病入膏肓，还有救。

但那位参将注定要让熊廷弼失望，他刚走出城门没多远，就不敢再往前走了，回来还向熊廷弼绘声绘色地讲述自己遇到多少八旗军队，八旗军队又是如何凶猛。

一般的朝廷大员遇到如此棘手的问题，只有仰天长叹，束手无策。但熊廷弼仔细分析了眼下遇到的困难与问题后，做出了一个让所有人都意想不到的决定：你们都不去，我自己去！我就是要去看看路上是不是真的有猛虎，能够把你们吓破胆！

熊廷弼亲自带上一个千总官和几个随从，从广宁城出发，昼夜兼程。他一路走一路细心观察，遇到背着砍刀逃跑的大明百姓，就耐心地开导他们，动之以情、晓之以理、许之以利，劝他们要相信大明王朝的军队有决心也有实力保证他们的生命与财产安全，要相信大明王朝的皇帝与官员有信心给他们安宁祥和的生存环境。

遇到逃跑的大明士兵，熊廷弼就迎上前去，苦口婆心地劝他们不要忘记军人的职责与义务。这次打了败仗，其耻不在士兵，要坚信这个世界上没有常胜将军。明军之所以被八旗军队打败，是因为还没有遇到优秀的将领。

遇到逃跑的军官，熊廷弼就先把他们抓起来，让他们吃几天牢饭。逃将刘遇节、王捷、王文鼎等人首当其冲，撞到了熊廷弼的枪口上。

就这样，熊廷弼凭借不怕死的勇气与超强的说服能力，在到达沈阳时，已劝回上万名大明百姓，集结了数千名大明士兵，也捕获了一些叛将，获取了一些情报。

据熊廷弼捕获的一名生员贾朝辅（降金应为谍工）同年八月的供词称：

本月初十日，降主会集诸部各头目及李永芳等，问此番攻取何先？或曰当先辽阳，倾其根本；或曰当先沈阳，溃其藩篱；或曰熊经略已到，彼必有备，当先北关，去其内患。降主曰："辽已败坏至此，熊一人虽好，如何急忙整顿兵马得来!"李永芳曰："凡事只在一人，如努尔哈赤一人好，事事都好。"降主曰："说的是。我意亦欲先取北关，免我内顾；将来好用全力去攻辽、沈。"

据此，熊廷弼在八月二十九日抵达辽阳后，为挽回败局，采取了一系列措施。首先，他命总兵连夜整治军队，违命者立刻斩首。

为了整肃军纪，他命人将临阵脱逃的将领和逃兵带来。这些人跪在他面前，只是张着口说不出话来。熊廷弼见了怒上加怒，说："捆绑起来！”

那些人吓得两腿乱颤，熊廷弼又问道：“叫什么名字？为什么逃跑？”

“我叫王文鼎，是铁岭的新兵游击。”

“我叫王捷，是开原总兵官马林的总管。”

还有一个千总结结巴巴地正要解释，熊廷弼早已失去耐心，便下令：“都是胆小鬼，不杀不能平民愤！”

说着，他请出尚方宝剑，喝道：“拉出去砍了！”

于是，一群逃将在鬼哭狼嚎中被砍下脑袋，并送到各营去示众。最后，又拿他们的首级来祭奠在抚顺、清河、开原、铁岭等地战斗中死难的将士和百姓。

第二天，熊廷弼以辽东经略的名义发了几张布告，安抚百姓安心生产，照常经营，不要惊慌。如有私造谣言、扰乱人心的，一经查实，立刻斩首。

满城军民，人人慑服，人人感恩，混乱的局面暂时得到了控制。

一天，有人来告发说：“辽阳的军需将官陈伦，贪污军饷，把军马的草料送到市场上去出售。”

熊廷弼命人将陈伦喊来，问道：“你老实将贪污军饷、马料之事快快招来。”

陈伦原是辽阳的一个军中马弁，由于他的妹妹被杨镐看中，要去做了小妾，仰仗这层关系当了军需官。此后，陈伦依恃杨镐的权势，克扣军饷，还将马料送到市场出售，弄得沸沸扬扬。杨镐被捕后，大家才敢公开告发他。

经熊廷弼几番询问，陈伦承认了全部事实。熊廷弼当即宣布：“拉出去斩首示众！”

陈伦被处死后，辽阳军中一片叫好声。士兵们公开议论说：“熊经略来了，兵有饷、马有料，咱们再不逃跑了。”

就这样，熊廷弼到辽东不久，很快便取得民心、赢得军心。

接着，熊廷弼又派出将官到各处督查、巡逻，并慰问守城的广大将士。

开原道佥事韩原善本来奉命去沈阳慰问守城的将士，但他害怕金兵，不敢去。熊廷弼又改派佥事阎鸣前去，不料阎鸣刚走到虎皮驿，听说努尔哈赤来了，竟吓得大哭而回。熊廷弼只好亲自前去各处视察，他先到了虎皮驿，看见各将士恪尽职守且士气高昂，感到十分欣慰，接着又去了沈阳，视察完毕后又在一个风雪夜前往抚顺。

总兵官贺世贤极力劝阻道："抚顺离敌人很近，大人亲自去那里，危险太大了。一旦出了事，很不值得。"

熊廷弼却不以为然地说："现在冰雪满地，努尔哈赤不会想到我会去抚顺的。有时候，越危险的地方才越安全。"

他坚持前往，带领将士等数百人进了抚顺城。这里原是辽东的繁荣之地，几经战争浩劫，已成一片废墟，周围百里荒无人烟。

熊廷弼下令在城里摆下祭坛，为死难将士致哀。他在祭坛前说道："你们为了捍卫大明江山，远离自己的故乡，却把尸骨抛于塞外荒郊，令人心痛，但你们的气节将会让大明子民铭记。"

离开抚顺后，熊廷弼又率大队人马到奉集炫耀武力，目的一是给后金看，使之有所顾忌；二是给自己人看，增强他们的信心。

他每到一地，便召集流散的百姓和士兵，说服他们安居下来；同时亲自检查防御工事是否坚固，防守是否得法，如有不妥之处，则必重新部署。

熊廷弼在经营辽东期间，采取的主要措施有六项：

其一，躬自巡历，严肃军纪。

其二，筹措粮饷，召集流亡。

其三，修整器械，缮治城池。

其四，激励士气，任用辽官。

其五，联朝结蒙，两翼策应。

其六，疏陈方略，布兵固守。

由于他勇于任事，躬亲巡行，号令严肃，雷厉风行，严惩贪生怕死之徒，一年后，濒于溃散的军队基本稳定下来，陷于混乱状态的前线也得到了巩固。史评其事功曰：“一时大臣，才气魄力，足以撑拄之者，熊司马一人耳。”

万历四十八年（天命五年，1620 年）五月，努尔哈赤率军袭击大小村堡四十多所，掠获数千人，先锋直到距离沈阳城五里才停止前进。

初战时，明军坚守沈阳城，拒不出战。努尔哈赤原以为招降沈阳守军易如反掌，但辽沈在熊廷弼的经营下，军纪整肃，官将合力，将卒同心，誓与沈阳城共存亡。

总兵李怀信领兵四万坐守沈阳；总兵贺世贤带兵迎战于沈阳东二十里，与八旗兵抚顺路主力战于浑河沿岸；柴国柱从奉节堡出兵，与八旗兵后援战于沈东三十里的小夹山。

面对前有坚城、后有追兵的不利形势，努尔哈赤不得不后退十五里。

但明军又改变战术，贺、柴两军一南一北朝努尔哈赤大营的兵马首尾夹击而来。同时，沈阳四万大军又从西边平推逼进。

努尔哈赤这次出兵的目的是孤悬沈阳，因而将注意力放在破坏边台小堡、夺取谷物上，加上有轻敌思想，没有决战准备，更没有料到熊廷弼将辽沈整顿得如此有成效。由于熊廷弼初战便力挫八旗兵锐气，明军又从三面似排山倒海之势逼进，摆出决一死战的架势，八旗兵见状纷纷退却。

五月十五日，扈尔汉领兵一万人转到沈阳北境。十六日，皇太极率兵八百人，再掠沈阳以东居民一千多口。

同年八月，努尔哈赤又两次向效路、蒲河进军。莽古尔泰、额亦都等也统兵与明军战于沈阳东南，掠取人口与谷物而回。

尽管努尔哈赤频繁地派兵袭击辽沈，但多是小胜或小败，一直没有大的军事行动，主要的障碍就是熊廷弼严守边防。

熊廷弼的策略是以守为主，反对贸然进攻，并联合朝鲜牵制后金，使辽东形势发生急剧变化。努尔哈赤进取辽沈的计划遇到困难，只得召集诸贝勒大臣及李永芳等，会商进取方略。根据辽东局势的变化，努尔哈赤重新做了部署：北取叶赫，西抚蒙古，等待时机，再攻取辽沈。

正当熊廷弼经营辽东要塞小有成就时，朝廷中却起了变故。

就在这一年七月二十一日，万历皇帝走完了他那荒唐的一生。但大明王朝并没有因为他生前荒唐而贬损他，反而给了他一个好称呼：范天合道哲肃敦简光文章武安仁止孝显皇帝，庙号“神宗”。

万历皇帝去世后，其长子朱常洛于八月初一即帝位，是为光宗泰昌帝。九月初一，光宗吞红丸死于乾清宫。之后，由朱常洛长子朱由校①袭皇位，是为熹宗天启帝。天启朝统治集团内部的“党争”愈演愈烈，大臣之间，结党营私，排斥异己，互相讦告。

熊廷弼虽在边防功勋卓著，但他性格刚直，不徇私受贿，也不曲意逢迎，得罪了一些朝廷要员，成为党争中首先被攻讦者。

刘国缙和姚宗文首先陷害熊廷弼，熊廷弼上疏自辩。御史冯三才、顾慥、张修德又弹劾熊廷弼，他再次上疏自明：“辽已转危而致安，臣且之生而致死。”给事中魏应嘉等复连章弹劾，朝中无人的熊廷弼无奈之下，将一切苦衷写成奏章，请求辞职归乡。然而，他的奏章还未发出，京城里的紧急圣旨已经下来，将熊廷弼革职，理由是：按兵不进，

---

① 明熹宗朱由校（1605—1627）：明朝第十五位皇帝，明光宗朱常洛长子，明思宗朱由检同父异母兄。十六岁即位，在位七年。朱由校在位期间，客氏与魏忠贤专权，制造了“乙丑诏狱”“丙寅诏狱”等冤狱，残酷迫害企图改良明朝政治的东林党人。魏忠贤阉党对东林党人的迫害不断激起民变。其时，国内各种社会矛盾激化，主要忧患来自于辽东后金对明王朝的威胁。朱由校听信谗言，即位后罢免“有胆知兵”的辽东经略熊廷弼，致使后金攻陷沈阳、辽阳，辽东局势日趋严峻。

天启元年（1621 年）三月，为稳定辽东，朱由校不得不再次起用熊廷弼为辽东经略。熊廷弼根据辽东的实际情况，制定了三方布置方案。但掌握辽东实际兵权的巡抚王化贞，却不顾当时敌强我弱、容易被各个击破的危险，力主分兵把守，全面进攻。在阉党的策划下，朱由校杀了坚持正确方略的熊廷弼，忠臣良将孙承宗、袁崇焕也因遭到猜忌而被革职，辽东战局陷入重重危机之中。

天启七年（1627 年），落水生病的朱由校服用“仙药”身亡，终年二十三岁，葬于明十三陵之德陵，庙号“熹宗”，谥号为“达天阐道敦孝笃友章文襄武靖穆庄勤悊皇帝”。

贻误战机。随后，袁应泰①代熊廷弼为经略，薛国用为巡抚。

袁应泰受职后，杀白马祭神，但他“历官精敏强毅，用兵非所长，规划颇疏”。熊廷弼在辽时，部伍整肃，法令严，守御为主。袁应泰则宽纵将士，妄自诩，谋取抚顺。他改变熊廷弼原来的部署，撤换了许多官将，造成前线混乱；又收纳过多蒙古和女真降人，使大量谍工混入明军中。

不久，辽东大旱，赤地千里，年荒米贵。后金因人口增多，粮食奇缺，数以千计的女真人南下为丐。努尔哈赤为摆脱经济困境，度过灾荒，除了派出小股部队，频繁袭扰明边，掠夺粮食以外，有时也派出大部队向辽沈冲击。

3. 辽沈失陷

新任辽东经略袁应泰本是进士出身，曾担任过巡抚，为人也很机警，对上既忠，对下又和。但他文官的出身，根本无法与文韬武略的熊廷弼相比。

袁应泰到辽阳赴任以后，不顾条件是否成熟，一改熊廷弼以守为主、渐逼渐进的策略，制订了谋取抚顺的计划。于是，熊廷弼刚刚稳定下来的辽东局势很快就被搞乱了。明军长于守城，短于野战，而金军长于野战，短于攻城，袁应泰主动出击无疑是弃长用短。

努尔哈赤听说袁应泰担任辽东经略，高兴地说：“熊爷去职，这个袁应泰不足畏惧了。”同时，召开军事会议，讨论、制定攻打辽沈的战略决策。

---

①　袁应泰（？—1621）：字大来，凤翔人。东林党人。万历二十三年（1595 年）中进士，授临漳知县，筑长堤四十余里，捍御漳水。迁工部主事，起河南右参政，官至兵部侍郎。泰昌元年（1620 年）九月，擢右佥都御史，代周永春巡抚辽东，一个月后代熊廷弼经略辽东。袁应泰在辽东扩大边防，收编叛将、叛卒，来投即纳，大将童仲揆、尤世功等均认为不可，但袁应泰不听。天启元年（1621 年）三月，袁应泰下令打开闸门，把太河水放入护城河，壕沟的内侧排列火炮，严阵以待。努尔哈赤水陆俱进，攻下沈阳，再战又下辽阳，贺世贤、尤世功被乱箭射死，童仲揆等赴援，亦战死。袁应泰在辽阳城东北的镇远楼督战，城破之后举火自焚而亡，后被明廷追封为兵部尚书。

范文程率先在会上发言，他说："大凡到过辽东的人，都知道沈阳、奉节堡和虎皮驿三地成为鼎立之势。若想占领沈阳，必须先攻占奉节堡；若想占领奉节堡，又必须攻占虎皮驿。若把虎皮驿、奉节堡拿下来，沈阳便成为孤悬之城。"

四贝勒皇太极说："范先生分析得透彻。我先用两股兵力，分别攻打奉节堡和虎皮驿，这是试探虚实的打法，看袁应泰如何反应。然后，再用兵沈阳，可保万无一失。"

会后，努尔哈赤做了充分准备，下令大造攻城用的铁钩、云梯、战车，同时大量储备粮草。经过一番周密的准备，八旗兵的武器装备大为改进，还投入大量资金来赶造楯车。楯车是攻城必备的器械，车上装着五六寸厚的木板，裹上生牛皮，用来遮挡明军火器。楯车后跟着弓箭手，以楯车为掩护，发射箭矢；弓箭手后是装载泥土的小车，用于填壕塞堑；再后面是重甲铁骑。明军作战，一般是先发火器后冲锋。明军火器齐发时，八旗兵以楯车抵挡；明军装火药时，八旗军弓箭手则万箭齐发，推着载土小车的八旗军士卒，在弓箭手的掩护下将明军壕堑填平，而后重甲铁骑从两翼突击，以雷霆万钧之力将对手围而歼之。

与此同时，努尔哈赤又把行营从界凡迁到萨尔浒，并大兴土木，筑建城池，营造军民房舍。努尔哈赤对贝勒、大臣们说："萨尔浒离沈阳不过百余里，这里山势险峻，道路崎岖，易守难攻。进攻沈阳时，这里既有利于指挥，也有利于部队的调动。"

天启元年（天命六年，1621 年）春，为夺取辽阳、沈阳，进入辽河流域，努尔哈赤正式发动辽沈之战。

后金兵马刚动，袁应泰便得到了消息。原来，福余卫头目煖兔的属下把速向明边吏密报："有达子哈喇等四人持布匹，前往努尔哈赤家贸易，闻奴酋欲于闰二月来克沈阳。"同时，被后金掳掠的辽民逃回后，"皆言奴酋制造钩梯、营车，备糗粮，将犯沈、奉"。

但是，袁应泰似乎并不重视一个小小的城堡，对这些情况也置之不理。

二月十一日，努尔哈赤率诸贝勒、大臣，统左翼步骑劲旅一万余人，兵分八路，突袭奉集堡。守城总兵官李秉诚得到八旗兵来攻的急报后，没有凭借堑壕施放火炮抗御敌兵，而是领两万骑兵出城六里安营迎战。这无疑是自取灭亡。李秉诚先派二百名骑兵为前探，与金军左翼四旗相遇，结果一触即溃。金军驰袭而来，李秉诚只得率兵拔营入城。金军追至城下，被城上大炮打死参将一员及兵士多人。

努尔哈赤站在城北高冈处，远远望见城门下的惨状，即命十子德格类率右翼四旗（准备围攻沈阳的骑兵）支援，攻击尚在城外的明军骑兵。明军两万骑兵溃逃，德格类率骑兵冲杀至明军屯聚之所，屯军惊慌失措，四处逃遁。

五天后，努尔哈赤又攻打沈阳的另一只犄角虎皮驿。随之，后金骑兵又至王大人屯，“往来无定，骎图大举”。八旗兵四处出击，忽东忽西，既试探明军的虚实，又麻痹明军的警觉，为进取沈阳做准备。

沈阳为砖城，墙垣高广，堑壕深阔，是明朝在辽东的重镇，作为辽阳的“藩蔽”而受到朝廷的重视。

为了保住沈阳，使之发挥对辽阳的护卫作用，明朝边将曾精心构筑了一套体系完备的防御工事：

在城外挖深壕，用大木头立为栅栏。在靠近城墙的地方，挖壕两道，各宽十五米、深六米，壕底插有尖桩。在壕的内侧，即接近城墙的一侧，再构筑马墙一道，间留炮眼，排列战车、枪炮。在大壕外边，挖了一道道沟堑，设下陷阱，井底插上尖木桩，上面铺上秫秸，掩上土。

这套庞大的工事专门用来对付后金的骑兵冲锋，并阻止步兵扛抬攻城器械接近城下。

明军总兵贺世贤率亲兵一千余人，同时招收民兵五六万之众，加上副将尤世功领兵一万五千人，总兵力约八万人，守卫沈阳及周边城堡。

三月十二日，八旗军兵临沈阳城下。努尔哈赤未敢督兵攻城，先派数十骑隔壕侦探。贺世贤和尤世功到晚上才得到准确的报告，不禁大惊失色，于是增派一万兵马，加强沈阳城的防守。

贺世贤乃武举出身，勇猛而寡谋，日日饮酒，竟贪功出城迎战。他带兵冲出城去，杀死四人，略获小胜。随后，努尔哈赤命“用战车冲锋，马步继之”，将沈阳城围困起来。

晚饭后，努尔哈赤让侍卫把李永芳喊来，问道：“你与贺世贤不是早就相识吗?”

李永芳说：“是的，我们很早就认识了。”

“明天你到城边去，向贺世贤讲讲话，争取劝他投过来。”

次日上午，努尔哈赤派几个精明强悍的八旗士兵，陪李永芳来到城下。李永芳大声喊道：“请总兵大人出来讲话!”

过了一会儿，守城士兵出来传话说：“贺总兵说了，他不愿意和汉奸讲话!”

李永芳听了心里很不是滋味，一时恨得咬牙切齿。无奈，他又写了一封热情洋溢的书信给贺世贤，再次招他投降献城。

贺世贤接到来信后，气愤地将信件扔在地上，一脚踩在信件上大骂不止，并将送信人当场杀掉。

消息传来，后金诸贝勒、众大臣个个摩拳擦掌，喊着要攻城。但努尔哈赤却不动声色，不再提攻城之事。他仍派小股兵力到城下挑衅，想诱使城内出兵，然后再聚而歼之。

为了诱使明军出城，努尔哈赤又派一支精兵渡到浑河南岸，去屯寨进行掠劫活动，但沈阳城里仍然无动于衷。不久，那支队伍便返了回来。

贺世贤见努尔哈赤迟迟不来攻城，把努尔哈赤的诱战认为是怯懦，想再次出城对敌。部下竭力劝阻他道：“鞑子兵多势众，还是不出城为好。”

但是，贺世贤并不理会，大声喊道：“拿酒来!”他一口气喝了七八杯酒后，打开沈阳城南门，率千余人马出城。

努尔哈赤正苦于求战不能、诱战不出，忽见贺世贤领兵冲出城来，不禁喜出望外，遂命一队哨兵迎击，并让他们且战且退。贺世贤兴奋不已，率兵拍马直追，离城越来越远。

努尔哈赤见有机可乘，急忙命代善和阿敏各领一千人马，前去包围贺世贤。贺世贤被团团围住后，才意识到自己已经中计，但为时已晚。八旗兵对准他的队伍，万箭齐发。

贺世贤虽然率领上千勇士，手舞铁鞭，杀死许多八旗士兵，但终究寡不敌众，一千亲兵所剩无几，想突围已不可能。他自己也精疲力竭，身上又连中四箭，最后坠落马下，被八旗兵砍杀。

沈阳城被围之时，经略袁应泰、巡按大臣张铨早已部署了各路援军：以沈阳为犄角，命川浙总兵童仲揆、陈策从黄山前来增援；虎皮驿、武靖营总兵朱万良、姜弼率兵三万人，也朝沈阳方向增援；奉节堡李秉成也领兵向沈阳集结。

努尔哈赤得知明朝援兵已到，急速派兵向正在渡河的援兵猛扑过去。朱万良、姜弼等领兵刚刚登上浑河北岸，兵分两营，尚未站稳脚跟，努尔哈赤派来的右翼兵马已经围了上来。

与此同时，努尔哈赤又派一支精兵截断了浑河桥通道，阻止童仲揆、陈策等带领的部队过河。初战时，努尔哈赤仅调用正白旗兵力，认为明军全是弱卒，不堪一击。但令他万万没想到的是，这支来自四川的明朝援军，顽强拼杀不多时便使后金的正白旗军败下阵来。

努尔哈赤随即派自己统领的正黄旗军接着厮杀。这时，川军已杀红了眼，主将童仲揆率先拼杀。副总兵秦邦屏向士兵们喊道："奋力拼杀吧，报效朝廷的时刻到了！"

由于川兵英勇顽强，正黄旗军又被杀退。努尔哈赤也看得触目惊心，又将正红旗军的全部兵力调拨过来，并把正白旗、正黄旗的士卒汇集起来，将川军四面包围。经过一番激战，两军杀伤相当，前后三进三退，八旗士兵死伤近三千人。

与此同时，武靖营、虎皮驿总兵姜弼、朱万良领着三万大军，与奉节堡总兵李秉成的兵马会合在白塔铺，共有四万余人，向沈阳进发。

大金诸贝勒、大臣们听到这一消息，都有些惊骇。努尔哈赤立即派代善统领右翼旗兵再与被围困的川、浙两营兵马激战，他对代善说：“这一仗事关重大，要速战速决，只许胜，不许败！”

代善领兵去后，努尔哈赤又对李永芳说：“你先带领精锐骑兵二百人，前往明朝援军阵前，与他们谈判，劝说他们投降。若能成功，我给你记大功。”

“大汗放心，罪臣必竭心尽力，想尽千方百计也要说服明将前来投降。”说完，李永芳带着二百名骑兵，赶往白塔铺明朝援军大营。但李永芳费了不少口舌，仍然劝降失败。努尔哈赤听了李永芳的报告后，十分生气：“他们不投降，就叫他们灭亡！”

说完，他又向皇太极吩咐道：“你带领五千骑兵，冲击明军阵营，我随后就领着兵马前去接应！”皇太极立即领兵朝白塔铺方向驰去，正奔驰间，突然发现前面有一队兵马，大旗上斗大的“明”字分外闪亮。皇太极不由得双目圆睁，向身后的骑兵大声喊道：“冲啊！杀啊！”他手挥大刀，与那五千骑兵一起朝明军队伍冲杀过去。

他们的喊杀声震荡着周围山谷，如惊雷滚滚。明军一时惊慌失措，扭头便跑，将盔甲、兵器等扔得遍地都是。

皇太极追上一个逃兵，翻身下马，问他道：“这里离你们的大营还有多远？”

这个逃兵吓得哆哆嗦嗦地答道：“还有十……十五里路……”

未等他说完，皇太极便翻身上马，领着队伍继续向前奔驰。快到明军大营的时候，他们与一队巡逻的士兵相遇。皇太极手举大刀，叫喊道：“向明军大营冲击！杀啊！”

后金骑兵如离弦的箭，冲向明军大营。那些战车、木栅如何能挡住铁骑的冲击，明军四万兵马眨眼之间四散奔逃，溃不成军。

努尔哈赤也趁机急速回军，与代善合兵一处，全力围攻浙、川二营，与他们拼杀起来。

浑河南的战斗比浑河北更加激烈。努尔哈赤督兵猛攻，明军凭借火器的威力，顽强抵抗，奋力激战。此时，明军将领陈策首先战死，童仲揆被迫杀出重围，派部将刘洪急驰辽阳请求发兵救援。

努尔哈赤早料到辽阳会派救兵，已派三贝勒莽古尔泰率领五千人马，前往沈阳与辽阳之间的胡马峪埋伏起来。

刘洪来到辽阳，见到经略袁应泰后，放声大哭道："我们的部队只来到浑河边上，沈阳已经陷落。将军们坚持进战，谁知鞑子兵马太多，将我们团团围住。川军大部人马已经战死，剩余的士兵在周世禄的带领下，与浙兵合在一起，又被包围。如今炮火用尽，陈策将军阵亡，童将军派我来请救兵。请大人快快发兵前去救援，若是迟误，恐将全军覆没！"

袁应泰听了，对刘洪说："早在沈阳被困时，本官已派参将王世科带五千兵马前去沈阳救援。谁知努尔哈赤异常狡诈，在辽阳与沈阳之间的胡马峪埋伏精兵，把王世科的五千人马全部歼灭了。敌兵人多势众，若再派援兵去，还会陷入重围。"

这时，巡按御史张铨说："俗话说，救兵如救火，怎能见死不救？不能因为怕中敌人的埋伏，就不派援兵。你看刘洪将军头都磕出血来了。"

"我再说一遍，援军是不能再派了！这等于是去送死！"

张铨听了非常生气，说："派援军去，等于是去送死。那你就眼睁睁地看着将士们被鞑子兵马围着，一个个被杀死，你忍心吗？"

"请张大人不要再说了，我是不会再派援军的！"

张铨也不示弱，气得一拍桌子，站起身来气呼呼地说："自己畏敌如虎，怕死怯战，怎能服众？真让部下寒心……"

袁应泰听而不闻，干脆走了出去，最终还是没有发兵。

童仲揆被围后，一心盼着辽阳发救兵，不料援兵迟迟不至，他只得挥舞大刀，杀开一条血路，冲出重围。他正准备离开战场，突听有人喊道："童将军！"

他回头一看，原来是副将戚金，便对他说："咱们一同走吧，何必死在这里！"

戚金劝阻道："不知童将军想过没有，咱们拼杀到现在，一旦离开战场，不就成了临阵脱逃吗？即使逃出去也活不成，还落得个临阵逃跑的罪名，受到千人骂、万人唾！古人说：‘青山处处埋忠骨，何必马革裹尸还？’作为军人，职责就是杀敌立功，守卫疆土。能够战死沙场，也是我等幸事！咱们何不与八旗兵再拼杀一番……”

童仲揆听了，也觉得他言之有理。于是，二人紧了紧腰带，手挥大刀，一同杀入重围，一直奋战到死。

战后，努尔哈赤下令在沈阳城里屯兵五天，并论功行赏，慰劳全军。由于浑河南北的激战，八旗士卒死伤很多，为了安慰广大将士，稳定军心，努尔哈赤亲自带领四大贝勒和大臣们，祭奠阵亡将士，以慰亡魂。

三月十八日，努尔哈赤召集诸贝勒、众大臣说：“沈阳已拔，敌兵大败，可率大兵乘势长驱，以取辽阳。”众人都表示同意。会后，努尔哈赤亲统八旗军，“旌旗蔽日，弥山亘野”，向辽阳进发。

辽阳为砖城，周十六里余，高十一米，设六门，四隅皆设有角楼。作为辽东繁华之地，曾有诗曰“辽阳春似洛阳春，紫陌飞花不见尘”。努尔哈赤攻占沈阳之后，辽阳成为明朝与后金的必争之地。

辽阳城坚池固，外围城壕，沿壕列火器，环城设重炮。沈阳、奉集陷落后，辽阳失去屏障。经略袁应泰得到沈阳失陷的战报后，急撤各路兵马据守辽阳，下令引太子河水注濠，沿城布兵，加强防守。

三月十九日，努尔哈赤集合左右两路旗兵包围辽阳。袁应泰督促侯世禄、李秉成、梁仲善、姜弼、朱万良五总兵等率兵出城五里处结阵，与金军对垒。努尔哈赤见辽阳城城池险固，兵多将广，有意撤退把袁应泰引诱到空旷之地，发挥骑兵优势，一举而诛之。没想到袁应泰竟如此愚蠢，又给了努尔哈赤一次歼灭明军的好机会。

三月二十日，八旗军兵分两路攻城。明军将兵力重点放在东门和小西门，先在东城门列队放火炮，反击金军。努尔哈赤命八旗兵右翼四旗兵攻打东门，左翼四旗兵攻打小西门。明军发火箭阻击，八旗兵稍有受挫。努尔哈赤指挥右翼军，堵塞城东入水口，左翼兵挖开小西门闸口以泄濠水。当入水口被堵住，城濠开始干涸时，他又命右翼四旗兵推楯车攻城。八旗兵发动强攻，明军步兵受挫败退。明总兵梁仲善、朱万良战死，步骑兵大溃，被杀、溺死者甚众。袁应泰退入城内，与巡按御史张铨分兵固守。

与此同时，左翼四旗兵攻打小西门。明军在城上放火箭，掷火罐，隔濠射击，奋力守御。左翼军向努尔哈赤驰报："小西门桥马上能夺下来！"莽古尔泰贝勒、阿敏贝勒率兵冒炮火夺桥。扬古利奋勇陷阵，夺桥渡河，近城强攻。城上万矢齐下，八旗军奋死前进。傍晚，左翼军竖云梯，列楯车，登城而上，与城上守军展开肉搏战。明军挑灯夜战，直至天亮，监军高出、牛维曜、胡嘉栋及督饷郎中傅国等乘乱弃城逃走。

三月二十一日，努尔哈赤督率左右翼军发起总攻，袁应泰又败。明军在城上扣弦发矢，进行抵御；金军奋死夺城，傍晚时城门大开，又有欢迎横幅，原来是城内谍工接应，遂一拥而入，趁势登城，沿城追杀明守军，喊杀声响彻云霄。

袁应泰正在辽阳城东北角的镇远楼督战，见城已破，知道大势已去，急写遗书交给亲兵，命他们逃出城去。

这时，巡按御史张铨气喘吁吁地跑上镇远楼。袁应泰见了张铨，泪流满面地说："我身为经略，上不能报皇恩，下不能顾民命。如今，守土已亡，城不能保，唯有一死以谢朝廷。阁下乃文官，无守土之责，希望你躲起来，还能保住性命。如能退守河西，召集残部，还可以再图后举。"

张铨说："大人知道报答皇恩，我难道不懂得吗？"

袁应泰不好再说什么，只得连连点头。此时，楼外喊杀声连天，袁应泰将印剑挂起，西望朝廷，又叩头拜辞，然后解带悬梁，自缢而死。随后，分守道何廷魁携带妻子等投井而死。监军崔儒秀、巡按御史张铨等也自缢。

这时，后金兵马已全部进城，努尔哈赤下令搜查主将。八旗兵搜索到镇远楼，见张铨等人全都挂在梁上，急忙解下来抬到努尔哈赤面前。

努尔哈赤非常吃惊："真是忠臣、良将！可敬，可敬！"

努尔哈赤见张铨还有气息，忙让士兵用药灌救，张铨居然醒了过来。他向上望去，见上面坐着一个威风凛凛的老头，估计是努尔哈赤，便大声骂道："胡贼！为什么不杀我？"

努尔哈赤让李永芳去劝降，结果也被张铨大骂了一顿。李永芳碰了钉子，就去向努尔哈赤诉苦。努尔哈赤派人把张铨请到自己座前，只见张铨面不改色，挺立在那里。努尔哈赤说："你既已被我捉住，为何不跪拜？"

张铨慷慨激昂地说："我是明朝天子的重臣，你只不过是一个龙虎将军，怎能向你跪拜？"

努尔哈赤又耐心地劝他投降，说："人生百年，转眼而过。你看李永芳，就能看得远、想得开，你又何必……"

张铨不等努尔哈赤说完，便喊着说："我只求早死，决不屈服！"

努尔哈赤非常生气，命令刀斧手道："把这个想早死的家伙拉出去斩了！"

张铨听了面无惧色，反而大笑不止，并将头伸着，说："来吧！我张铨能以一死报效皇恩，也是人生一大幸事！"

努尔哈赤无奈地叹道："忠臣，忠臣啊，我实在不忍心杀他！"于是下令将其放回，想以此义举收降张铨。但张铨乃是真正的忠君爱国之人，回府之后便自刎而亡。

努尔哈赤攻占辽阳后，下令汉民剃发，以示归顺。他利用已降顺的原通判黄衣，剃去头发，披红蟒衣，骑着骡子，沿街游说，但受到汉人的唾弃和辱骂。

从夺取明朝辽东第一座城堡抚顺起，中经开原、铁岭、沈阳，直至辽阳，努尔哈赤都是用计行间，里应外合而得手的。他既已占领辽河以东广大地区，自然垂涎河西。因此，他开始将兵锋指向辽西重镇——广宁。

4. 一路向西

辽沈被后金攻占后，广宁成为明廷在关外的最大基地。为了挽救残局，明廷决定再次起用熊廷弼。

当时，熊廷弼被革去辽东经略后，已回湖北老家江夏。一天，他与妻子王氏正坐在院子里闲话家常，忽听门外一阵锣响，接着百十人陆续走进院子里来。领头的一位官员手中捧着黄绫包的圣旨，口中高呼："熊廷弼接旨！"

熊廷弼不敢怠慢，连忙摆设香案，面朝北跪下。朝官口中念道："奉天承运皇帝诏曰：熊廷弼经略辽东一载，威慑边廷，力保辽东危城，功绩累累。后因他人诽谤，朝中大臣又未能及时向朕剖析，令朕蒙蔽，让熊将军蒙冤，不久后朕便彻悟。如今沈阳、辽阳两大重镇相继沦陷，全辽形势万分危急，辽西存亡迫在眉睫。经过臣下勘奏，朕再三考虑，挽救辽西危局，非熊将军莫属。特旨复熊廷弼辽东经略兼兵部右侍郎之职，并速速回京就命。钦此！"

熊廷弼叩首至地，口中说道："遵旨！谢恩！"

熊廷弼接旨后，尽弃前怨，连夜赶往京城，几天后便制订了一套固守辽西、以图恢复的战略防御方案，这便是著名的"三方布置策"。

所谓三方布置，即陆上以广宁为中心，重点设防，部署马步大军，沿河防守，打造有利的军事态势，迎击后金主力；在天津、登州、莱州三处各置舟师，从海上进行牵制；在山海关设经略，统辖三方。当各路援军集结完毕，海上舟师齐备，然后三方并举，实行反攻。

熹宗看了这套积极的防御计划后，马上准奏，并提升熊廷弼为兵部尚书，驻守山海关。同时，提升王化贞①为广宁巡抚，驻守广宁。

王化贞，山东诸城人，万历四十年（1612 年）进士。熊廷弼经略辽东时，他以户部主事的身份分守广宁。由于抚慰有方，蒙古炒花诸部皆不敢轻举妄动。辽阳、沈阳失陷后，明廷重新起用熊廷弼。为了限制

---

① 王化贞（？—1632）：字肖干，山东诸城人，进士出身。由户部主事历右参议，东林党重要成员、前首辅叶向高的弟子。后来背叛东林党，投奔阉党。广平之战惨败后，遭朝廷缉拿，尽管魏忠贤对他百般袒护，但罪行确凿，缓刑至崇祯五年（1632 年）处死。

熊廷弼专权，达到“制熊”的目的，魏忠贤[1]怂恿熹宗提升王化贞为右佥都御史、广宁巡抚，驻守广宁。辽阳初失，远近震惊，皆以为河西之地肯定不保。王化贞手下最初只有千余名老弱孱卒，他镇守孤城时，联络蒙古，激励士民，守住了河西，以至于朝廷信他为奇才。

但是，熊、王二人一开始就有分歧，意见相左。熊廷弼到任时，王化贞陪他进入府中，准备接风酒，席间共同商谈战守问题。刚谈几句，二人对守战各执己见，意见严重对立，并且互不相让。

对付后金，熊廷弼主守，按照他的方针，明军应取守势，积极防御，守住以后才谈得上进攻。

王化贞的意见正好相反，他主战，强烈反对熊廷弼的防御方针。于是，两人激烈地辩论起来。熊廷弼说：“守，是为战。如今人饥马疲，连防守都十分困难，怎么去攻？”

王化贞反驳说：“正因为不足守，所以应当进攻，这叫作以战为守！”

熊廷弼进一步说：“常言道：兵马未动，粮草先行。眼下运输如此艰难，既然进兵，应该先考虑运粮的办法。”

王化贞自信地说：“咱们的兵马一过河，海州的粮仓都为我所有，怕什么，还能饿着你吗？”

熊廷弼又提出一个问题：“军队如要过河，就应该考虑如何守法。一旦出现危险情况，怎么支援？”

王化贞很轻松地回答：“我一取下牛庄，那里必然响应，定有人抓住叛将来献给我！”

两人唇枪舌剑，相持不下，下面的将吏一时无所适从。

---

① 魏忠贤（1568—1627）：字完吾，原名李进忠，直隶肃宁（今河北沧州肃宁县）人。由才人王氏复姓，出任秉笔太监后，改名魏忠贤。明熹宗时期极受宠信，被称为“九千九百岁”。他排除异己，专断国政，以致人们“只知有忠贤，而不知有皇上”。崇祯皇帝朱由检继位后，打击惩治阉党，治魏忠贤十大罪，命逮捕法办。魏忠贤自缢而亡，其余党亦被肃清。

双方争执期间，王化贞的手下都司毛文龙[①]率数百精兵，突然袭取了镇江（今辽宁丹东附近）。王化贞自以为奇功，熊廷弼则不以为然："三方兵力未集，毛文龙发之太早，致使虏泄恨辽人，屠戮四卫军民殆尽，灰东山（蒙古）之心，寒朝鲜之胆，夺河西之气，乱三方并进之谋，误属国联络之算。名为奇功，实为奇祸！"他认为毛文龙打乱了明、蒙、朝三方部署，实乃乱国之举。但明廷对此并不认同，王化贞也认定熊廷弼嫉妒他属下首功，心中更生忌恨。

王化贞为人，素不习兵，轻视大敌，文人轻狂、目空一切的习气在他身上表现得淋漓尽致。取得镇江小胜后，他自我感觉良好，奏称可以联络蒙古炒花等部合击后金。兵部尚书张鹤鸣非常信任他，全依其奏报行事。当时，王化贞在广宁城拥重兵十四万，而他名义上的上级熊廷弼徒有"经略"之名，身边只有几千弱兵。与此同时，熊廷弼也具本上奏，斥责兵部尚书张鹤鸣不与自己商量，擅自调派部队。由此，熊、张二人的矛盾日益加深。

此时，熹宗初登大位，朝廷大权仍掌握在宦官手中。王化贞是魏忠贤的同党，又与张鹤鸣关系密切，并且是内阁大臣东林党主将叶向高[②]的学生。有他们在朝中给他撑腰，他自然能呼风唤雨，对谁都无所顾忌了。

天启元年（天命六年，1621 年）底，河水冰封，广宁百姓传言鞑子兵肯定要渡河来攻，纷纷逃亡。王化贞分兵镇守镇武、西平等堡塞，集大军守广宁。

---

① 毛文龙（1576—1629）：字振南，又名毛伯龙，浙江杭州府钱塘县（今浙江省杭州市上城区）人。历仕万历、泰昌、天启、崇祯四朝，官至左都督平辽总兵官。曾开创军事重镇东江镇，在与后金的战争中颇有战功，但为人骄恣，所上事多浮夸，索饷过多。后被袁崇焕矫诏所斩。

② 叶向高（1559—1627）：字进卿，号台山，福建福清人，晚年自号福庐山人。万历、天启年间，两度出任内阁首辅大臣。在任期间大败倭寇、驱赶荷兰人侵者，粉碎了他们霸占台湾的图谋。万历三十年（1602 年），鼓励、推荐好友沈有容出任福建水师参将，率军平倭。他在担任内阁首辅期间，善于决断大事，为万历皇帝出谋划策，调剂大臣之间的关系，更对维护太子正统、遏制魏忠贤的势力起到了不可替代的作用。天启七年（1627 年）逝世。崇祯初年，叶向高被追赠为太师，谥号"文忠"。

兵部尚书张鹤鸣命熊廷弼出关相援。熊廷弼不得已出关在右屯（今辽宁凌海东南）驻兵，但仍旧坚持守议，以重兵内护广宁，外扼镇武、闾阳，准备在金兵行至中间时再行夹击。部署既定，王化贞轻信后金间谍之言，主动发兵攻袭海州，结果半途而返，劳师丧气。

王化贞回广宁后，仍不减斗志。他平日就喜欢说大话，现在有魏、叶等人的支持和怂恿，更加盛气凌人。他再次上疏说："我以六万兵马，就可以荡平赫图阿拉，活捉努尔哈赤！"他破坏熊廷弼集中兵力于广宁的部署，擅自分兵，沿辽河西岸一线布防，又于西平诸堡镇驻兵，做出要渡辽河进攻的架势，极大地削弱了广宁的防御力量。

朝中官员察知辽东经、抚不和后，纷纷上疏弹劾二人，朝政乱成一锅粥。此时，魏忠贤还未成大气候，正与客氏一心一意在内宫谋杀怀孕的嫔妃，外廷之事皆由几个阁臣主持。大臣们互斗多日，熹宗并不明确表态支持熊廷弼或王化贞，只是警告他们二人加强合作。

正当明廷邀功、争权、斗法之际，努尔哈赤也在做全国动员，秣马厉兵。天启二年（天命七年，1622 年）正月，正当明朝大臣争论熊廷弼的去留问题时，关外传来消息说："努尔哈赤已率领大批人马，进攻广宁城！"面对这种情况，朝议一致决定让熊廷弼留下来，并奏请皇上下旨，约定二人"功罪一体"。

当大军抵达辽河三岔河渡口时，努尔哈赤突然改变原定计划，没有直接攻打广宁城。这天晚上，努尔哈赤毫无睡意，心绪不宁，索性拿出《三国演义》读了起来，读着，读着，他觉得神思恍惚，很快进入梦乡。

突然，一阵冷风刮来，烛光跳了几下，努尔哈赤抬头一看，只见一人站在灯影里，他不由得警觉起来，按剑问道："你是谁？深夜来到我的卧室，有什么事？"

对方一声不吭，努尔哈赤遂手提宝剑站了起来，借着烛光仔细一看，原来是费英东。努尔哈赤连忙问道："原来是费将军！深夜来到这里，一定有什么要事吧？"

但费英东只是流泪不止，一言不发。努尔哈赤急了，又说道："咱们是八拜之交的兄弟，多年来情同手足。你有什么事，为什么不说话？"

费英东哭着说道："愿大汗保重，我再不能随你拼杀了！"

说完，费英东就不见了。这时，又是一阵凉风吹来，努尔哈赤忽然惊醒，原来是个梦。

这时正是午夜三更时分，努尔哈赤再无睡意，头脑亦觉清醒许多。他对梦中的事感到十分惊异，便命人把范文程叫来。他把梦中的情景告诉范文程，问道："范先生，这是怎么回事？"

范文程知道这是一个不好的兆头，但仍宽慰努尔哈赤道："俗话说：日有所思，夜有所梦。这是大汗思念费将军所致，没有什么可疑虑的。"

努尔哈赤听了仍疑虑重重。范文程又说："大汗整日忙于军务，疲劳太甚，应该多加休息，保重身体要紧。"

他告辞出来，迎面碰见额亦都，于是将努尔哈赤的梦告诉额亦都。额亦都听了脸色陡变，说："费英东病情严重，早就卧床不起了。"

二人说话间，忽有一个侍卫匆忙报告："大将军费英东病逝了！"

努尔哈赤听说费英东病逝，大叫一声，昏倒在地。额亦都急忙上前扶住努尔哈赤，并让侍卫将他抬进卧室。过了好一会儿，努尔哈赤才苏醒过来。范文程劝道："大汗要节哀顺变。自古以来，生死有命。费将军久病不愈，现已升天而去，不可挽回，望大汗保重龙体。"

努尔哈赤坐在那里，只是流泪不止，过了好长时间才说："我要厚葬他……"

次日，努尔哈赤带着诸贝勒大臣、部分八旗士卒返回赫图阿拉。后金自努尔哈赤以下全都戴孝，并让喇嘛庙里的喇嘛前来做功德，超度英灵。最后，葬费英东于赫图阿拉都城旁边的鸡鸣山上。

努尔哈赤治丧后，重返三岔河口。此时，他的战略计划已经明晰——先攻西平、镇武诸堡垒。

消息传来，王化贞大惊失色地说："这么快就来攻广宁了！"他根本不知道努尔哈赤究竟要打哪里，仓促之间，四处布兵防守。他派总兵刘渠领兵两万守镇武；总兵刘利寿领兵一万守闾阳，分南北两路，与广宁成掎角；再派副总兵罗一贯率三千人守西平堡。镇宁也派重兵把守。

王化贞自己带领三万余人守广宁，企图以三堡屏障广宁，阻击金军的进犯。

对于如此分散兵力的布防，熊廷弼极不赞成。但王化贞有兵部尚书张鹤鸣的支持，对熊廷弼的反对意见根本不予理会。

当天傍晚，八旗主力开始渡河。王化贞部署的沿河守兵一见敌军来势凶猛，掉头就跑。八旗兵猛追二十里，一直追到西平堡。

西平堡守将副总兵罗一贯仅有兵三千人。他性格忠厚，为人耿直，办事认真。面对多出自己十几倍兵力的金兵，他毫无惧色，命令士兵们说："从现在开始，紧闭城门，准备好滚木、礌石，将炮火放在适当位置上，争取大量杀伤敌人。"

三月二十日下午，八旗兵开始攻城。参将黑云鹤不听劝阻，率兵出战，被杀得大败而回。

三月二十一日，八旗兵如潮水般涌来，几万人马将西平堡层层包围。黑云鹤不接受教训，再次出战，刚一交锋就败下阵来。莽古尔泰见了拍马急追，黑云鹤刚逃到城门前，便被赶上来的莽古尔泰快刀斩于马下。

八旗兵乘势涌到城下，把战车、云梯、铁钩等攻城器具推到阵前，大举攻城。

罗一贯指挥若定，凭城固守，发礌石、滚木，并以火炮轰击。八旗兵密布在城池周围，成为城上炮火袭击的目标。每一发炮弹落地，随着一声震天动地的轰鸣，八旗兵便倒下一片。那些冲到城墙下的人，也全被礌石、滚木击中。八旗兵死伤众多，城下的尸体几乎与城墙一般高。

与此同时，王化贞的主力先锋孙得功在平阳桥上（今辽宁台安）与八旗兵主力相遇。刚刚交锋，这个游击将军就率本部兵马先行自溃，镇武、闾阳二堡的士兵顿时惶骇大乱，随之四处奔逃。

孙得功逃回广宁后，对王化贞说："请巡抚调出广宁兵、闾阳兵、镇武兵，一齐来援助西平堡。"王化贞不知他已暗中降金，对他的话并不怀疑。城内明军人数不多，不少人趁乱缒城逃走。王化贞当即集结三处明军，开往西平堡。然而，他直到现在才将分散四处的明军组织起来反击，为时已晚，只能给八旗兵当靶子了。

当王化贞进到西平堡北边的沙岭时，与代善、皇太极带领的三万人马相遇。虽然力量差距不大，但八旗兵士气正旺，而且围攻西平堡的八旗兵已基本结束战斗，正好对付明朝的援军。

王化贞两面受敌。双方兵卒混战时，明将刘渠的马蹶倒，被掀翻在地，死于八旗兵的乱刀之下。祁秉忠等人皆战死，六万明军一半以上阵亡。

王化贞见势不妙，只得带着一队人马向西狼狈逃去，在大凌河城恰巧遇到熊廷弼的援军。他一见到熊廷弼，不禁大哭起来。熊廷弼见状，心中又急又恨，谑笑地问："六万大军想一举荡平建奴，现在何如?"

王化贞再无昔日的精神和劲头，俯首羞惭不能回答。他硬着头皮与熊廷弼商议，想遣军夺回广宁。熊廷弼说："现在为时已晚，只有护送溃逃民众入关这一选择了。"他把手下的五千军兵交给王化贞殿后，然后尽焚军资，掩护难民撤退。

本来明军在西平等地战败时，如果熊廷弼出军，或许能与广宁守军固守城池。即使王化贞弃广宁，若安排得当，明军仍可坚守锦州、宁远等地，步步为营，阻击金军。但因同僚间互相倾轧，熊廷弼心灰意冷，根本不想再做抵抗，一直回撤入关。

努尔哈赤攻下广宁，派人把全城抢个精光，一把大火烧掉了这个军事重镇，回到辽阳。至此，金军在辽西掌握了军事主动权，明廷再也无望恢复辽东，步步后撤，最终只能以山海关为依托抵抗金军了。

广宁大败的消息传至京城，兵部尚书张鹤鸣立刻"自告奋勇"去山海关"督师"。熹宗赐予尚方宝剑，命他立刻赴山海关镇守。其实，张鹤鸣并不是真想守好山海关，而是想借此躲过一劫。他毕竟比熊廷弼、王化贞更聪明点，一路上磨磨蹭蹭，走了二十天才抵达山海关，不久即以身染重病为由，递上辞呈，溜回老家养老去了。

而熊、王二人逃入关后不久，双双被逮。这时，魏忠贤已渐掌朝柄，权势正炽，前次因向熊廷弼索银四万遭拒，索性以熊廷弼为名目大兴“辽案”，以受贿罪把杨涟、左光斗等东林党人牵涉入内，一一残杀。熊廷弼本人也难逃斩首的结局，其长子熊兆珪不堪地方官凌辱，自刎而亡；其女悲愤，呕血而死。直到崇祯二年（天聪三年，1629 年），朝廷才下诏允许熊廷弼的家人持其首级归葬。王化贞与熊廷弼一起下狱论死，但多活了几年，直到崇祯五年（天聪六年，1632 年）才被斩首，以平公论。

熊廷弼的死，其实是明廷自去巨柱。事后，明廷不得不另觅人选，决定让兵部右侍郎解经邦经略辽东。但解经邦胆小怕事，连连辞任，即使被朝廷革职也在所不惜。最后，明廷只得进行“民主”集议，谁的票多，谁就得去。选了半天，王在晋被选中了。熹宗任命他为兵部尚书兼都察院右副都御史，经略辽东、蓟镇、天津、登州、莱州等处军务。如此职高权大的位置，王在晋仍力辞不就。最后，熹宗震怒，说了一句，如再敢推辞，“国法不容”。

如此重压之下，王在晋只得勉强受命。他集中近十二万精兵于山海关，坐镇关上。

第八章　一再受挫憾而归

1. 官逼民反

王在晋还没赶到山海关，努尔哈赤便得到了情报，他本想给王在晋一个下马威，不料自家后院却起了火。

打下辽沈后，努尔哈赤面临的首要问题就是如何管理辽东千里之地及广大民众。他一方面要维护满洲八旗在政治、经济上的优势地位，另一方面又得做出一副将辽沈汉民从明朝黑暗统治中拯救出来的救世主姿态。为此，天启元年（天命六年，1621 年）七月，努尔哈赤在辽阳颁布“圈地与计丁受田令”。

“圈地与计丁受田令”的第一部分内容是圈地。《满文老档》记载如下：

（天命六年七月）十四日，一行将前往分田，故先期告谕各村曰：在海州地方取田十万日（“日”也作“晌”，后金土地计量单位，约为六亩），在辽东地方取田二十万日，共取田三十万日，给我驻扎此地之兵马。

也就是说，努尔哈赤下令在辽东地区和海州等地，圈占原汉民土地共三十万日（即一百八十万亩），以安置从浑河上游、苏子河流域迁至辽东的满族八旗贵族、勋臣、兵丁及家属。这一做法成为清顺治年间清军入关后，在京畿等地区实行圈地、拨补换地等政策的先河。

“圈地与计丁受田令”的第二部分内容是对辽东新占领区的汉民实行“计丁受田”。对此，努尔哈赤下令革除明朝辽东地区土地集中、贫富不均的弊病。首先将辽东地区全部土地收归后金所有，然后圈占三十万日土地给予八旗，再将其他土地以每一男丁给六日，五日种粮、一日种棉；每三丁种官田一日，每二十丁一丁当兵、一丁应役的方法，在辽东汉民中平均分配。

为了加强对辽东汉人的统治，努尔哈赤虽然一面谕令收养汉人、勿妄杀掠，但另一面又经常滥施淫威、举措失当，制定了一些错误的政策。

天启二年（天命七年，1622 年）正月下旬，努尔哈赤一战而取广宁后，又招降了这一地区各城堡的明军和百姓，缴获大量粮饷、兵器、甲仗等物资。之后，辽东、辽西连成一片，偌大的辽河两岸全归顺了后金。

对于这一胜利，努尔哈赤掩饰不住内心的激动，向众贝勒、大臣们说：“快去请后妃们及诸王、大臣们的妻妾一起来广宁，观赏这一胜利的辉煌成果，共同分享这胜利的喜悦。”

二月十四日，努尔哈赤举行盛大的宴会。宴会开始的时候，大妃乌拉那拉阿巴亥率领众后妃，在铺设红地毯的衙门里，向坐在衙署正堂的努尔哈赤叩贺道：“天眷佑汗，占领广宁……”随后，依次行庆贺礼，鼓乐齐鸣，歌舞欢畅，热闹非凡。

回到辽阳后，努尔哈赤又颁布了一项法令：“城内所有汉民，一律剃去额前头发，以示归顺。有不听从命令者，一经查证，格杀勿论。勿谓言之不预也！”

第二天，原辽阳通判黄衣剃掉头发，光着脑袋，披着大蟒衣，骑上一匹又高又大的骡子，手里敲着铜锣，沿街走着，喊道：“凡是自动剃发的，都是大金的顺民；不剃发的人，要被砍头！”

辽阳城里顿时沸扬起来，不少人乖乖地剃了头发，当了后金的顺民。浑河路上，汉人都剃了头发，成为辽阳城的“模范头”。但也有不少辽民，基于民族的义愤和气节，纷纷起来反抗，宁死不肯剃发。当黄衣的游行队伍来到辽南街时，有一群孩子站在街道边上，向黄衣投掷石块，并齐声喊着：“汉奸卖国贼！汉奸卖国贼……”有些妇女沿街站着，向黄衣身上吐唾沫，乱哄哄地骂道：“汉奸不要脸！汉奸该死……”走到大街中段时，一名叫陶瑞安的年轻男子突然冲出人群，一把将黄衣拉下马来，先是一顿拳打脚踢，后来竟割去黄衣的两只耳朵。围观的人越聚越多，齐声叫好……

这事很快传到努尔哈赤耳中，他气得好长时间没有说话。之后，他叫来范文程问道：“范先生，你看这事怎么办？”

范文程说：“古人有言：治乱世，用重典。对胆敢违抗大金法令的人，要杀一儆百！否则，大金怎能在这广阔的两辽地区立足？”

努尔哈赤赞成地点了点头，说：“还是从汉人反抗剃发之事着手！”

次日早上，努尔哈赤派一个名叫赍达的小头目带领一百名士卒，坐守辽阳城西门，对来往行人逐一检查，凡发现没有剃发的，一律杀头。半天时间，有一百多个没有剃发的百姓被杀。消息很快传遍辽阳城，那些没有剃发、准备逃出后金管辖区的辽民都吓得躲藏起来。许多人说：“金汗令无虚发，说到做到。这头发虽是父母所给，但现在形势所逼，不得不剃了！”“这头发与性命相比，还是性命重要，剃了吧，别留着惹事了！”

于是，城里又出现了一股剃发的热潮。努尔哈赤听到这些情况，心里十分高兴，对范文程说：“俗话说，万事开头难。这剃发的事，要不了多久，便会正常的。我就不相信，汉人会把头发看得比性命还重要！”

努尔哈赤让赍达第二天继续在西门检查，又赏给他几两银子，嘱咐他一定要认真负责，不得放走一个留发的辽民。

赍达受宠若惊，次日一大早又带着一百名士卒来到西门，等到接近城门时，身后已有黑压压的二百多人。此前袭击黄衣的陶瑞安见赍达又来了，快步冲到赍达面前，未等他说话，便一步上前，一把抓住赍达的后领，将尖刀顶着他的后心说："快让你的士卒闪开，如敢反抗，马上就把你捅死!"

说完，陶瑞安将赍达手中的刀夺走。金兵刚想反抗，陶瑞安的弟弟陶瑞金等人一刀一个，连续捅死七八个人，其他士卒便一哄而散。其他辽民蜂拥而出，陶瑞金在前面引路，一行人直奔辽南矿山而去。

眨眼之间，从西门逃出五六百辽民。当皇太极带领五百人马来到西门时，只见赍达被捆了个"四马攒蹄"，躺在城门的角落里，嘴里还被塞了一团泥巴。逃出的辽民早已不见踪影，皇太极只好领着人马，怏怏而归。

次日，城中八口水井周围的八旗将士及其亲属都不同程度地中了毒，还好抢救及时，只是老人和孩子抵抗力较弱，未能抢救过来，死了一千多人。

由于难以忍受后金贵族的盘剥和奴役，辽民为求生存，成户、成村、成地区地逃亡。比如，连山关汉民男四十人、女二十人，驱赶马十八匹、牛五头、骡四头和驴两头，集体逃亡；夹山河村二十户居民，共八十人，仅耕田七日，无法生活，把喂养的猪、鸡、狗宰杀后放在筐子里，密议逃亡，但被告密捕捉定罪；红草岛附近五村汉人，用秫秸秆编成筏子渡河逃亡。对此，李永芳哀叹道："沿海一带汉民都想杀女真人，逃往明朝，气势汹汹啊!"

到天启五年（天命十年，1625年），因闹粮荒，社会秩序混乱，逃亡的人更多了。努尔哈赤下令在城门设哨岗，逃人出城要敲锣传报，以派兵追捕。尽管如此，逃走之人仍屡禁不止。史载："有七百人黑夜潜偷下山至海边，渡上觉华岛。婴孩都害死。问其何以害死，曰'恐儿啼贼来追赶也'!"宁肯扼杀婴儿而逃，也不愿投降后金。

在残酷镇压汉人的同时，努尔哈赤继续实行他的灭明计划。而大明面对凶残的敌人，则是一筹莫展。

2. 孙袁合璧

广宁失守以后，面对更加严峻的形势，明朝面临着两种选择：

一是承认失败，接受现实。这就需要按照后金所提出的方案划界，双方以辽河为界，河东归后金，河西归明廷。明军在河西地区不修建军事工事，以免威胁后金。

二是不承认失败，继续反攻。这样明廷就必须投入大量的人力物力，整军备战。

权衡利弊之后，明廷选择了后者。经文武大臣集体推荐，几经筛选，任王在晋为兵部尚书，经略辽东。

王在晋上任后，老调重弹，提出“堵隘抚赏”的战略方针。所谓“抚”，就是让朝廷拿出大把的金银来收买蒙古人；所谓“赏”，就是借用蒙古的力量来对抗后金；所谓“堵隘”，就是在山海外再修一座关城，以此护卫山海关内。

王在晋的方案一提出，立即遭到部将袁崇焕和孙元化[①]等人的坚决反对。袁崇焕说：“大明自建立以后，一直与蒙古对立，常年处于战争状态。双方好时，只是谈和，关系很不稳定。利用蒙古去打大金，不过是一厢情愿的幻想！”

孙元化说得更有力：“当年马林守开原时，收买过蒙古的宰麦等，还签了约。结果，大金军队来打开原时，他们却暗地里帮助大金。王化贞防守广宁时，也曾用过这个办法，结果完全落空，等于画饼充饥！”

袁崇焕对“堵隘”也有独到见解，他说：“在山海关外再修一座城，还要筑一道几十里长的墙把它连起来，这是使关外有关、墙外有

---

① 孙元化（1581—1632）：字初阳，号火东，上海川沙县高桥镇人，西洋火炮专家。天启年间举人，跟随徐光启学西洋火器法，由孙承宗荐为兵部司务，在边筑台制炮，进兵部职方司主事。崇祯初为职方郎中，崇祯三年（1630 年）以右佥都御史，巡抚登莱。崇祯五年（1632 年），叛将孔有德攻陷登州，被俘后放归。后遭首辅温体仁等诬陷，被冤杀。著有《经武主编》等。

墙，看上去可以保障山海关的安全。可是，这也是行不通的，因为修筑这道关城既耗费大量金银，又费工费时。如果修筑期间大金前来攻打，又怎么办呢!”

袁崇焕是什么人，竟敢如此与尚书抗辩?

袁崇焕，字元素，广西藤县（祖籍广东东莞）人。万历四十七年（天命四年，1619 年）进士，授邵武知县。他为人机敏，胆壮，善骑艺，喜谈兵。史载：“崇焕少好谈兵，见人辄拜为同盟，肝肠颇热。为闽中县令，分校闱中，日呼一老兵习辽事者，与之谈兵，绝不阅卷。”天启二年（天命七年，1622 年）正月，京师一纸诏令，让喜欢谈兵的袁崇焕火速到北京朝觐，接受朝廷的政绩考核。他利用在京的时间，单骑出塞外，巡历关上，精心记忆山川形势，并详细记录防御要点，回京后进言：“予我军马钱谷，我一人足守此。”当时，广宁已失，廷臣惶惧，袁崇焕请一人守关的壮语，对于正准备收拾珍宝南逃的朝臣来说，无疑是一剂安神良药。于是，在广宁失陷的第四天，御史侯恂奏请破格擢用袁崇焕，熹宗授袁崇焕为兵部职方司主事，旋升为山东按察司佥事、山海监军，正四品。

受职后，袁崇焕上《擢佥事监军奏方略疏》。他在奏疏中，一扫文臣武将中普遍存在的悲观、恐惧气氛，力请练兵选将，整械造船，固守山海，远图恢复。他疏言：“不但巩固山海，即已失之封疆，行将复之。”明廷为之一振，派他在王在晋麾下任职。为加强关外边防，袁崇焕提出修筑重镇宁远。但是，王在晋固执己见，不听他的意见。消息传到朝中，对于采取何种方略，熹宗也举棋不定。

这时，分管兵部常务的大学士孙承宗[1]说："请求皇上准臣到辽东去实地考察一番。"

熹宗准奏，派孙承宗到关外去考察。

孙承宗是高阳人，万历三十二年（1604 年）考中进士。他会试中进士的成绩并不好，在百名之后。但殿试时，他得了第二名榜眼，得以在翰林院当编修，正七品。孙承宗在这个职位上整整坐了十年。熹宗继位以后，他以左庶子充任日讲官（即皇帝的老师之一）。熹宗每听其讲授，常言"心开"，故眷注殊殷。孙承宗不仅学富五车，而且对教育、农业、军事颇有研究。早在当县学生时，他便常留意边郡。担任大学士分管兵部事后，他更加留心辽东战事，因而通晓边事。至广宁兵败，朝中大臣因孙承宗知兵，屡疏谏，熹宗便命其主持辽东军事。

孙承宗亲自来到山海关外，经过一番实际考察，觉得王在晋修筑重关的计划极不可取。于是，他对王在晋说："现在国难当头，这个耗费巨资的工程劳民伤财，绝对行不通！"

王在晋仍坚持说："我的主张是长远战略，你的想法是图一时之举。你的意见不能说服我，更不能把你的意见强加于我！"

孙承宗回到北京后，向首辅叶向高提出："重建宁远城的意见可取，建重关的计划万万不可采纳。王在晋此人偏激固执，不能胜任，必须尽快调离。"叶向高一时不能决断，便报告皇上。熹宗一听王在晋要耗费百万两白银，十分恼怒，随即下圣旨把王在晋改任南京。

王在晋被免职，由谁去接任呢？满朝文武官员一听说辽东之事，都缩着头，拿不出半点主意。熹宗当着众臣问道："谁可以接任辽东经

---

① 孙承宗（1563—1638）：字稚绳，号恺阳，北直隶保定高阳（今河北）人。明末军事战略家。曾为明熹宗朱由校的老师，而后替代王在晋为蓟辽督师，修筑宁锦二百里防线，统领军队十一万，功勋卓著，但由于遭到魏忠贤的妒忌，不得不辞官回乡。皇太极包围京都时，受崇祯皇帝朱由检急召，运筹帷幄将清军击退。不久又遭到朝中大臣弹劾，再次辞官回乡。崇祯十一年（1638 年），清军大举进攻，孙承宗领家人守卫高阳，五个儿子、六个孙子、两个侄子、八个侄孙战死。生前官至兵部尚书、太傅等，南明福王追赠太师，谥"文正"。著有诗集《高阳集》、军事著作《车营扣答合编》。

略？”他一连问了几遍，都没有人敢承担，也没有人出来举荐。熹宗气得大声嚷道：“这满朝的文武，难道都是白吃皇粮的吗？你们领了俸禄，不感到羞愧吗？孙卿你说说，到底还有没有适合的人。”

孙承宗见皇上指名道姓要自己表态，便回奏说：“皇上，若实在无人能去，就让臣去吧。”

熹宗见自己的老师自愿出来分忧，当即封孙承宗为兵部尚书，并经略辽东，又赐尚方宝剑一把。

第二天，熹宗亲自送孙承宗到城外，手捧御酒为他饯行。孙承宗拜谢皇恩后，便带领家兵家将匆匆赶往山海关。

孙承宗上任后，重用宁前兵备佥事袁崇焕，又推荐副总兵赵率教①、满桂二人为助手，与袁崇焕一道，坚持力守关外的战略方针，在宁远、锦州一线布防，依托山海关，使之成为八旗兵难以逾越的防御体系。

袁崇焕向孙承宗建议说：“一定要派兵守住宁远城，这是攻守兼备的军事要地。守住它，山海关则平安无事；凭借它，才有可能在适当时机收复已失去的疆土。”

宁远位置的重要性，就在于它是山海关一个很理想的防守位置。其西面紧靠连绵起伏的热河丘陵，南面对着滔滔渤海。城南三百米处，有山海关通往沈阳的一条大道；再往南十多里就是大海，有觉华岛（今菊花岛）耸峙海中，可以驻兵屯粮，与宁远城遥相呼应。

因此，孙承宗也赞同袁崇焕的意见：“宁远位置的重要性在于它正处在辽西走廊的中间。守住它，也就扼住了这条走廊的咽喉，在西南二百里之外的山海关就不会受到惊扰了，京城也就安全无虑了。”

袁崇焕说：“大人说得太好了！咱们就开始干吧。目前，努尔哈赤

---

① 赵率教（1569—1629）：字希龙，号明善，陕西人。历任总兵、左都督、平辽将军。万历十九年（1591 年）武进士，任甘州（今甘肃省张掖市）都司，为袁崇焕爱将。宁远之战后，赴锦州经营关宁锦防线北段，并在宁锦之战中坚守锦州，击退后金的进攻。崇祯二年（1629 年）十一月初四日，在遵化（今属河北）与后金贝勒阿济格的大军激战，被左翼四旗及蒙古兵包围，不幸中流矢坠马，力战殉国。崇祯皇帝朱由检追赠他为太子太师。

被辽民反剃发运动搞得筋疲力尽，无力南进，正是筑城的大好时机。机不可失，失不再来！”

孙承宗答应了袁崇焕的请求，随即派遣祖大寿负责修筑宁远城。

祖大寿到了宁远，却对部下说：“又是劳民伤财！皇上哪有心思长守这个地方？满朝文武都说，只要守住山海关就行了。”因此，他没有认真筑城，只完成了任务的三成，而且质量很差。

袁崇焕对此十分不满。孙承宗对他说：“还是你领着干吧！”

于是，袁崇焕又重新设计了图纸，定制城墙规格：城墙高十一米，雉高二米，城墙底部宽十米，顶部七米多。他与官兵和城中百姓同甘共苦，用时三月便完工。

新的宁远城竣工后，孙承宗亲临察看，兴致勃勃地与袁崇焕一起，规划布置一条新防线——宁锦防线，并派出将领至锦州、松山、杏山、右屯、大凌河、小凌河各处筑缮城守，使宁远城向前又推进二百多里，其间至山海关共四百里。

如此一来，整个辽东形势也稳定下来。“边亭有相望之旌旗，岛屿有相连之舸舰，分合具备，水陆兼施”，一时之间，警报不传，烽火熄灭，逃难的百姓陆续返回家园，开垦屯种，一度沉寂的辽西大地又变得生机盎然。

后金方面，辽民的暴动被镇压下去后，局势渐趋稳定，努尔哈赤又想派兵南伐了。然而，由于孙承宗与袁崇焕相互支持，配合默契，不仅重修了宁远城，还在锦州等地驻有重兵，八旗兵叩关显然更加困难。

努尔哈赤找来范文程商议，最后决定派少量部队进行试探性攻击，探清明军的底细。

天启四年（天命九年，1624 年）秋，努尔哈赤命令代善率领三千精锐铁骑，前去攻打锦州。临出发前，他嘱咐代善说：“能攻城就攻，攻不了就撤。千万别被困住，耗损兵力。”

锦州守将马世龙是宁夏人，武举出身，历任游击、副总兵。孙承宗来到山海关后，对马世龙非常信任，并请熹宗升任他为山海关总兵。

锦州是整个宁锦防线的要地，也是这条防线的最前线。孙承宗把马世龙放在这个关键之地，正说明对其重用不疑。为了报答知遇之恩，马世龙一到锦州，便大举修补城墙，在城上配置火炮，运来大量的滚木、礌石，并准备了充足的粮草，还对士兵严加训练，同时加强了军情的刺探，建立了完整的情报组织。

因此，代善的骑兵一出发，马上就引起了锦州明军的警觉。明军探马一边让人继续监视后金骑兵的动向，一边向马世龙报告。

马世龙得到消息后，急忙沿城布置守卫，命令守军严阵以待。不久，探马来报告说："鞑子一支骑兵约三千人马，正往锦州方向赶来，并带有攻城器械。"

马世龙立即下令："点燃烽火报警，立即关闭城门，城上守军进入战备状态。"顷刻间，宁锦防线的烽火台全都燃起来了。

这时，探马向在宁远的袁崇焕报告说："锦州方面已有烽火报警，鞑子出动兵马前往锦州了。"

袁崇焕立即派遣副将左辅、朱梅二人，带领两千人马迅速驰援锦州。

代善带领兵马来到锦州城下，一声令下，便开始攻城。他指挥士兵先用战车在前开路，后面是弓箭手，最后是步兵抬着云梯爬城。八旗兵奋勇前进，杀声阵阵。

马世龙亲自督战，他在城头上指挥炮手点燃大炮。一颗颗炮弹落在攻城的八旗兵中间，"轰隆"一阵巨响，炸倒一大片。城上的滚木、礌石也纷纷砸下来，但骁勇的八旗兵前赴后继，仍然拼命抬着云梯，一排排地登城拼杀。

眼看城墙有被战车撞塌的危险，城南方向忽然喊杀声骤起。原来，松山、杏山离锦州甚近，两地守将一见锦州报警，立即派遣兵马前来援助。马世龙见有援军到来，斗志更旺，鼓励守军说："咱们的援军到了，要狠狠地揍，别让鞑子逃了……"

八旗兵虽然彪悍勇猛，推进速度极快，但到了城墙下，在炮火滚木、礌石的打击下，死伤不少。现在又见来了明朝的援军，攻城的劲头明显减弱。

代善担心腹背受敌，便下令停止攻城，与增援的明军拼杀在一起，且战且退。

话说努尔哈赤自代善领兵走后，心里一直不安，于是又派遣皇太极带领三千人马前去接应，以防代善有失。

此时，宁远城的左辅、朱梅援军也赶到了，见后金军已在城下腹背受敌，便迅速指挥士卒包抄过去，试图把后金兵马包围起来全部消灭。

代善正指挥八旗兵与明军拼杀，忽见城南又过来一支兵马，顿觉形势不妙，便集结队伍往回杀去。

八旗士兵随代善往外冲击，又得到皇太极一军的援助，在明军还未形成包围圈之前，终于杀开一条血路。

代善和皇太极带领兵马，十分沮丧地退回沈阳。努尔哈赤并没有责怪代善，反而鼓励他说："你虎口脱险，目的已经达到了。你不要丧气，兵强于气，气盛则战无不胜。"

经过这次试探，努尔哈赤深深感到孙承宗、袁崇焕的精明强势，知道他们不像杨镐、袁应泰、王在晋那样好对付。

锦州反击战告捷后，孙承宗立即带着袁崇焕赶到锦州城里，让侍从把带来的慰劳品分发给城上守军。同时，又召集松山、杏山、右屯及大小凌河的守将，齐聚一堂，设宴庆功。

宴会上，袁崇焕说："这次反击战是对宁锦防线的一次考验，已初步显现了宁锦防线的威力。当年，杨镐的四路出师分散了兵力，被八旗兵各个击破，我们不能忘记这个沉痛的教训。"

随后，孙承宗把锦州守卫战告捷的消息奏报朝廷，并提出边关军饷的问题，但迟迟没有得到熹宗的批复。因此，孙承宗准备找机会回京，向熹宗面呈宁锦防线的形势，并为将士们请功。

天启五年（天命十年，1625 年），春节刚过，努尔哈赤颁布汗命：今年三月迁都盛京。在过去的一年多，皇太极又两次率兵出征，使大明彻底失去了对辽东的控制。努尔哈赤把再次迁都的想法告诉了诸贝勒、大臣们。一石击起千层浪，大家纷纷表示反对，认为放弃刚修建好的东京城（辽阳）十分可惜。

从当时的形势来看，后金国占有的土地成倍扩大，南至鸭绿江，与朝鲜相邻；北到嫩江，与蒙古接壤；西临辽河，与明朝对峙。因此，从地理位置看，后金正处于这三股势力的包围之中。

努尔哈赤从二十五岁起兵开始，虽然打着为报父祖之仇的旗帜，骨子里却早已把夺取明朝的天下当作“射天之志”。沈阳理所当然地成为他实现这一远大政治目标的根据地。因此，他决心不惜“一时之劳，唯远大是图”，再次迁都。

三月，努尔哈赤迁都沈阳，后将沈阳叫作“盛京”。

按照努尔哈赤的命令，八旗将官全都驻扎在沈阳城里。招募良工巧匠，对沈阳城重加修筑，建造与明王朝相似的宫殿，把沈阳城开了四门。中置大政殿，又名笃恭殿。前殿名崇政殿，后殿名清宁宫；东有迎凤楼，西有飞龙阁。又盖了十五亭等，楼台掩映，金碧辉煌，虽是塞外都城，但并不亚于大明京阙。

不久，努尔哈赤带着六宫后妃、满朝文武来到沈阳，住进宫里。之后，他终日与大妃乌拉那拉氏、庶妃德因泽等饮酒作乐。代善与其弟兄十几人，不是去上林里打猎，便是去校场练武，玩得也很开心，似乎忘记了夺取大明天下的霸业。

也就在这一年正月，大明宦官魏忠贤召集亲信顾秉谦、张广微、高第等阉党一派开会。他开门见山地说：“孙承宗在辽东守边几年，功高权重，拥兵十万以上，不能忽视这股力量，要设法把他拉到我们这边来。”

顾秉谦首先提出异议：“此人生性耿直，不苟言笑，遇事固执己见，很难有人跟他说得上话。”

张广微接着说：“此人在兵部时便很少与同僚结交，更不与外人来往，自命清高，也得罪了不少人。”

高第说："凡人皆有弱点，孙承宗又不是圣人，我们总可找到突破口。应坤能说会道，又能见机行事，我看就派他去山海关试探一下吧！"

魏忠贤表示赞同："那就先派应坤去探探路，听听他的口风，适当的时候表明我们的意图。你跟应坤交代一下，让他尽快起程。"

应坤接到这棘手的差事后，丝毫不敢怠慢，带上一大笔银两及崔呈秀等二百名锦衣卫，骑上快马奔赴山海关。

这天，孙承宗刚从宁远城袁崇焕那里回到山海关，便有侍卫前来报告说："九千岁的特使前来拜见大人，现在衙门外等候。"孙承宗匆匆整理一下官服，走到二门外去迎接。

应坤本是替魏忠贤坠镫牵马、脱靴戴帽的马弁，孙承宗见到他后，气一下子就上来了。

入座后，应坤见孙承宗脸色很不好看，便赔着笑脸说："千岁一向关心朝廷大事，爱护封疆大吏。他见大人戍边辛苦，特让下官送来白银两万两，请大人收下！"

孙承宗冷冷一笑，没好气地说："我守边辛苦，是为朝廷办差，心甘情愿。朝廷已发给我俸禄，足够用了，何劳千岁送来银子？再说，千岁若是真为守边着想，将皇上批发给辽边的二十四万两白银的兴师军饷立即发下来，才是对封疆大吏的真心支持。"

应坤急忙说："那二十四万两白银的军饷，与千岁不相干，是兵、户两部的问题。千岁为这事，跟他们也说了不少好话呢。"

孙承宗更加恼火："与他不相干？这军饷在兵、户两部推来推去，就是他魏忠贤从中作梗！他利用手中的权力，故意拖延时间，致使饷费久久不能到关。"

孙承宗这番话直截了当，应坤一时不好辩驳，便劝道："大人不必如此冲动，不要听信外面的谣言。这可能是东林余党散布的不实之词……"

"我不管它东林、西林的，我只知道为朝廷守边，这饷银发不下来，就是他魏忠贤借故刁难。"

应坤还想劝说，但孙承宗越说越气，最后干脆说道："不必多说了，这两万两银子你带回去，我孙承宗不稀罕这‘慰劳品’！请你回去转告魏忠贤，军饷是皇上给的，他为什么不下发，又何时发下来？要给戍边的将士们一个交代！”

应坤无以应对，只得让锦衣卫把两万两银子抬回北京，交还魏忠贤。魏忠贤听了应坤的禀报，还不死心，又从浙江找来李寔去山海关当说客，结果也被孙承宗骂了一通。

李寔尴尬地说：“你又何必如此动怒呢？如今魏忠贤独掌朝廷内外大权，左副都御史杨涟、工部尚书赵南星、三都御史高攀龙、金都御史左光斗等全都下狱，或被拷打而死，或被刀锯而死。他现在内结宫闱以自固，外纳朝臣而淫威，整垮东林，控制阁部，提督东厂，广布特务。难道你一人就能独撑大厦？”

孙承宗觉得话不投机，不耐烦地说：“难怪你挖空心思，为他建造生人祠，替他搽脂抹粉，原来是惧怕他的淫威。但你极尽奴颜婢膝之能事，就能得到他的庇护吗？你又良心何安？”李寔羞愧难当，只得悻悻而回。

再说努尔哈赤迁居新都后，虽然每天吃喝玩乐，其实未曾忘记正事，只因孙、袁二人不好对付，一时苦无良策。

一天，降将李永芳前来献计道：“在锦州与松山之间有一座北石山，山下有一条很深很长的山沟，可藏兵十万之众。若能派兵以攻取锦州为名，先占据此山，便可以截断孙承宗、袁崇焕的所谓‘宁锦防线’。锦州、松山孤立无援，就很容易打下来了。占据这二城后，再远图宁远，便容易得多。”

听了李永芳的建议，努尔哈赤仔细查看了一阵地图，觉得这一计划利中有弊。有利之处是，占据此山，就等于在宁锦防线上插上了一颗钉子；不利的是，这一带过于狭窄，一旦被明军两面夹击，很有可能全军覆没。因此，他对李永芳说：“你的建议很好，让我想想再做打算。”

随后，努尔哈赤让侍卫请来范文程，将李永芳的建议告诉他，又问道：“范先生，你看这建议是否可行？”何和礼去世后，范文程已成为努尔哈赤的重要参谋。

范文程仔细查看了地图，又思索了半天，才谨慎地说：“这个建议好是好，不过有点冒险。关键是要能一鼓作气拿下北山，不可有半点拖延。大汗若觉得有利，那就不妨一试。”

天启四年（天命九年，1624 年）十月初，努尔哈赤召集众贝勒、大臣、将领，研究攻占北石山的方案。代善因前次锦州兵败觉得窝囊，十分赞同进兵。

经过十多天的准备，努尔哈赤毅然决定分两路出兵，一路围锦州，另一路抢占北石山。

这天，孙承宗和袁崇焕正在谈话，探马来报说：“鞑子军队分两路进军，前队约有一万人马，已接近锦州城。后队人马多，约有三万人，似乎另有目标。”

袁崇焕觉得这位探马与众不同，便问道：“你怎么知道‘另有目标’呢?”

探马立即答道：“前次攻锦州，他们只有三四千人马。若不是援军赶到，锦州很可能会被攻下。这后面的大队人马，我认为它只是来打援的，或是去攻打松山城。”

袁崇焕和孙承宗觉得探马说得很有道理。两人经过商议，决定带兵入松山城，协助孙元化守城。

当天，代善和阿敏带着一万兵马，将锦州城围得水泄不通。努尔哈赤的主力三万人马则悄悄开往锦松之间的北石山。

袁崇焕接到探报，当即派遣左辅带兵两千人，埋伏于松山城东树林中，并耳提面命伏击机要；命令朱梅带兵两千人，埋伏于松山城两山谷中，同样对他嘱咐一番。他自己则带着一千人马，回到松山城里，与孙元化合兵一处，共一万多兵卒守城。

孙承宗担心锦州兵力单薄，又派人飞驰山海关，让参将祖大寿领兵一万人，从海上坐船北上，增援锦州。

努尔哈赤带领大队人马，于次日晨抵达北石山下。他命令将士们带上干粮，隐藏在大山沟里，他自己则领着莽古尔泰、皇太极等登上北石山山顶。

就在这时，前锋大将扬古利前来报告说："松山城四门大开，城上没有一面旗帜，城门附近有十几个老百姓在打扫积雪。可能是袁崇焕听说咱们大军前来攻城，吓得逃跑了。"

努尔哈赤带着莽古尔泰、皇太极及众将领来到前面，往城上一看，明军果然逃走了。他不禁心生疑虑，未战自退，最近两年在明军中极为少见，难道明军已设下埋伏？他立即转身回营，下令道："后军作前锋，前锋作后军，全部退往锦州。"

于是，各旗将领分别回到自己的队伍中，安排撤退。这山沟虽不小，但三万兵马集中在里面，加上战车、云梯等，已挤得满满当当的了。撤退的命令一下，沟里便乱起来了，人喊马叫，一片混乱，完全暴露在明军的枪炮之下。很快，传来几声轰响，明军的大炮开火了。八旗兵只得丢下重装备，轻装突围。这时，从松山城里一下涌出一万多兵马，挥舞着鸟铳、大刀冲杀过来。八旗兵慌忙应战。

松山城东西两处埋伏的人马听到炮声，也杀了出来。大、小凌河派来的救兵也朝后金兵马冲杀过来。八旗兵四面受敌，只得集中力量朝锦州方向冲杀。

锦州城下早已是炮声隆隆，喊杀连天。代善想报前次兵败之仇，命令旗兵分几队猛攻，试图一举破城。但由于城外新挖了护城沟，八旗兵受阻，不得不抬土填沟，这就给明军的大炮提供了非常好的机会。他们一炮打在抬土填沟的八旗兵中，立即倒下一片。

突然，锦州城东门处又来了一支明军。这支明军正是祖大寿统领的一万士卒，他们很快与攻城的八旗兵马杀到一处。

努尔哈赤见后面有明军追杀，锦州城强攻不下，又有海上援军不断赶来，不由得叹息一声，下令退兵。

袁崇焕指挥几路兵马追击努尔哈赤主力，从北石山下一直赶到锦州城下。由于努尔哈赤无心恋战已撤退，明军也就收兵回城了。

就在孙承宗雄心勃勃，准备在辽东大显身手之际，朝中魏忠贤等人因拉拢不成，便加紧诬陷他，想方设法给孙承宗制造障碍。

一天，熹宗忽然向魏忠贤问道：“辽东战事有无进展？”

魏忠贤立即回道：“孙承宗拥军十万之众，不思报效皇恩，只龟缩在宁远城中，从不主动出击，哪能有进展？”

熹宗听了很不高兴，不过他也只是随便问问。过一会儿，他就去忙木工活了，只要山海关没有坏消息传来就行。实际上，孙承宗的捷报奏表及调拨军饷的申请全被魏忠贤扣了下来，熹宗完全被蒙在鼓里。

为了收复失地，三年前孙承宗就向朝廷申请经费二十四万两白银。魏忠贤心怀叵测，让户部、兵部相互推诿，故意拖延，以迫使孙承宗屈服。同时，魏忠贤还多次奏请精简山海关兵马，理由是为朝廷节省开支。孙承宗无奈，打算在十一月中旬贺万寿节时到京城亲自向皇上奏明。

魏忠贤听到这一消息后，极为惶恐，忙把张广微、顾秉谦、高第、崔呈秀等人叫来商讨对策。随后，他们在孙承宗还未进京前，四处散播谣言，说孙承宗“挟兵震主”，是想“袒护东林党”，是要“清君侧”。魏忠贤又指使御史李藩、崔呈秀等写表弹劾孙承宗。

但熹宗对此却不置可否。魏忠贤见皇上不理不睬，心里急了，他挤出几滴眼泪，哭诉说：“皇上，臣都是为大明的江山社稷着想。孙承宗如果真的拥重兵而反，朝中还有谁能治得了他，不能不防啊！”

年轻的皇上终于被魏忠贤的眼泪感动了，从御床上下来，不耐烦地说：“好了，朕就依你，让孙承宗好好在山海关待着吧，别进京了。”

魏忠贤得旨，便让兵部连续三次派飞骑驰往山海关，阻止孙承宗进京入觐。

孙承宗到达通州时，接到皇帝的圣旨，要他不必回京贺寿，而且所用言辞还不那么温和。他心里明白，只要有魏忠贤在，他就没有好日子过。但不能因为自己一人得罪了魏忠贤，就让守边的十万将士饿肚子，他只得写了请求罢职回家的表章。

不巧的是，孙承宗的奏章还未送到皇帝手中，又发生了柳河事件，这就给了魏忠贤一个可乘之机。

原来，天启五年（天命十年，1625 年）九月，山海关总兵马世龙误听属下刘伯强的话，派鲁之甲、李承先率小股士卒，夜袭后金所占的耀州，结果兵败柳河，死伤四百多人。

这本是兵家常事，但魏忠贤得知消息后却添油加醋，大肆渲染一番，并唆使他的死党数十人，纷纷上表弹劾孙承宗，闹得议论纷纷。魏忠贤又故作姿态，出来平息众议。他对熹宗说："大臣们是担心孙承宗长期在山海关待下去，兵力财力耗尽，山海关不保，京师也将不保。这事不难处理，只要把无能的孙承宗撤了就没事了。"

熹宗说道："你们都说撤，就撤了他吧。孙承宗督辽四年，朕也安稳四年，你们却说他不行，到底谁能比他行呢？"

对此，魏忠贤早有自己的人选——新任兵部尚书高第。

熹宗顺水推舟地说："既然高第是兵部尚书，当个经略自然没有问题，那就由高第接任辽东经略吧。至于孙承宗，他不是请辞吗？那就准他回家养老去。"

就这样，魏忠贤如愿以偿，除掉了心头之患。高第却惨了，尽管魏忠贤备盛宴为他饯行，他还是高兴不起来。

高第，字公次，洛阳人氏，从小娇生惯养，读书不用功，学武怕吃苦，是个寻花问柳、不务正业的浪荡公子。万历十七年（1589 年），他通过走关系，弄了个进士功名，开始发奋。初任临颍县令，因廉洁勤政，升了大同知府。后又为山东按察副使、湖广右参政，政绩也不错，军中、朝中口碑都很好。天启元年（天命六年，1621 年），高第兼都察院右佥都御史，巡抚大同，随即改任兵部右侍郎，但仍只是个正三品。

当时，他坚决反对孙承宗守关外以御敌的策略，更不相信什么关外宁锦防线。孙承宗在前面卖力，他便在后面死缠着批判。然而，那个时候熹宗还是比较信任孙承宗的，所以高第批判孙承宗并没有得到什么好处。

不过，正是他和孙承宗对着干的决心，又善于见风转舵，被魏忠贤看中了。高第也因官运不如意而有意谄附魏忠贤，于是两人沆瀣一气，一拍即合。

在魏忠贤的一手策划下，高第很快又被重新起用，并且官升一级——当了兵部尚书，正二品官。

这次，在魏忠贤的推荐下，高第硬着头皮接下辽东经略，走马上任。

3. 不敌炮火

高第抵达山海关的第二天，便借柳河兵败为由，把山海总兵马世龙大骂一通，命他放弃关外所有城堡。

袁崇焕对此坚决反对，斩钉截铁地说："兵法云'有进无退'，既然三城已复，怎么可以轻撤呢？锦州动摇，山海关便失去了屏障。"

高第不但不听，反而主张放弃宁远和前屯。袁崇焕仍不同意，尽管高第请出尚方宝剑，他也毫无惧色，不为所动。

高第一气之下，尽撤锦州、右屯、大凌河、宁前诸城守军，将器械、枪炮、粮秣、弹药移至关内，放弃关外四百里。锦州、右屯、大凌河三城，为辽东明军的前锋要塞，如此仓皇撤防，使已兴工修筑的城堡尽弃，丢下十多万石军粮。同时，高第又令垦耕的辽民重迁，许多人死于沟壑之中。如此一来，关外只剩下宁远一座孤城。

努尔哈赤知道孙承宗被罢官后，心中大喜。四年了，他终于等到了这一天。他对诸贝勒和大臣们说："明廷任用高第这等无能之辈为经略，定会不战而逃。八旗铁蹄将一脚踢开山海关！"

诸大臣同声祝贺："大汗洪福，此乃天助我主成就大业。"

努尔哈赤还有些不放心，又让人把范文程请来分析一下形势。

努尔哈赤首先问道："军师对高第这人怎么看待？"

范文程没有细想，直接回道："他虽是进士出身，但宦业不显，素不知兵，胆怯无能，以谄附阉党魏忠贤得受封疆重任。高第力扼孙承宗守关外以捍关内、先固守以图恢复的积极防御方略，弃逃入关，正是大汗轻取关外的最好机会。"

"可是，袁崇焕还在宁远城，这可是一个很硬的绊脚石。"

范文程笑了笑，说："袁崇焕只是一个小小的宁前道，和高第不属一党。大汗正好可以利用他们之间的矛盾，收降他；收降不成就间离他们，袁崇焕根本瞧不起高第，绝对会跟他对着干；再不成就强取宁远，逼服他。"

"范先生真是高见啊！不过，袁崇焕有勇有谋，诡计多端，关外会不会还暗藏伏兵呢?"

"大汗若有疑虑，不妨多备几手。"

于是，努尔哈赤立即召集诸贝勒和文武大臣商议，定出具体方案。

天启六年（天命十一年，1626 年）正月初，努尔哈赤乘明军易帅和匆忙撤军之机，从十方堡出边，前至广宁附近关口打围。八旗兵连陷右屯、大凌河、锦州、小凌河、松山、杏山、塔山、连山等八座空城，于正月十二日轻松地回到沈阳。

当天，努尔哈赤即吩咐各牛录并降将，每官预备牛车三十辆、爬犁三十张，每人要靰鞡三双、炒米三斗。这些都是为出征的八旗兵预备的。

正月十四日，努尔哈赤统领十三万大军，号称二十万，往孤城宁远攻去。正月十七日，西渡辽河。八旗军布满辽西平原，清官书称：其前后络绎，首尾莫测，旌旗如潮，剑戟似林。八旗劲旅，雄伟壮观，军容强盛，扑向宁远。

第二天，努尔哈赤与皇太极等人来到宁远城下，勒马瞭望，感慨地说："好一座坚固的城池！"接着，他又指着金兵说："大金兵铁蹄下无完城，宁远虽坚，岂能挡住我二十万精兵！"说罢，又转身问范文程：

“军师意若何？”范文程马上躬身说：“托大汗洪福，大金兵多将广，战无不胜，攻无不克，宁远城旦夕之间当唾手可得！”

努尔哈赤望见城上旗帜鲜明，戈矛林立，中有红夷大炮，更是生平未见，不觉注视多时，甚觉诧异：袁崇焕果然早有坚守死战的准备，宁远城小瞧不得。他令皇太极从他的旗中分出两千兵马开到宁远西北，以防明军增援。

金兵渡过辽河的警报传至明廷，京城顿时人心惶惶，远迩大震。兵部尚书王永光“集廷臣议战守，无善策”。经略高第和总兵杨麒闻警丧胆，计无所出，龟缩山海关，拥兵不出。道臣刘诏等要统兵三千出关增援，但高第却命已出发的兵马撤回；李卑援兵蜷缩在中后所，李平胡的援兵不满七百人，又退到中前所。因此，在宁远的紧急关头，“关门援兵，并无一至”。疑心很重的努尔哈赤分兵阻击援兵，看来也是多此一举。

袁崇焕驻守孤城宁远，城中士卒不满两万人。为了表示坚持抗战到底的决心，他将家属接入城中。当夜，袁崇焕集合众将，刺破手指，用滴血的手指在洁白的纸上一挥而就，写下坚定不移的誓言：誓与城池共存亡。随后，他开始作出部署，派大将满桂，副将左辅、朱梅，参将祖大寿，分守各城门，在城上配置当时最先进的武器——产自荷兰的红夷大炮，共十一门。又下令将城外粮食全部运入渤海觉华岛（今菊花岛）中，将城外全部民房和草料烧尽，不给金兵留下任何东西。同时，在城内查缉奸细，并通告邻近各地，凡见到从宁远逃跑的将士立即斩首。

将士们见主将如此忠贞不屈，深受感动，齐声高呼：“誓死跟随袁将军，誓与城池共存亡！”宁远城中的百姓也纷纷拿起武器，准备参战。袁崇焕又传檄前屯、山前关守将赵率教等做好与金兵决战的准备。

正月二十二日，袁崇焕守城部署就绪。他与几个幕僚来到鼓楼，与朝鲜使臣、翻译韩瑗等谈古论今，镇静如常。他先令兵民“偃旗息鼓待之，城中若无人”，静待金兵接近城池。

正月二十三日，八旗兵主力穿过宁远城东五里处的首山与螺峰山（窟窿山）之间的隘口，进抵宁远城郊。努尔哈赤下令离城五里，横截山海大路，安营布阵，并在城北扎设统帅大营。在发起攻城之前，努尔哈赤释放被虏汉人回到宁远城，传汗旨，劝袁崇焕投降，但遭到严词拒绝。

据《清太祖武皇帝实录》记载：“放捉获汉人，入宁远往告：‘吾以二十万兵攻此城，破之必矣！尔众官若降，即封以高爵。’宁远道袁崇焕答曰：‘汗何故遽加兵耶？宁、锦二城，乃汗所弃之地，吾恢复之，义当死守，岂有降理！乃谓来兵二十万，虚也，吾已知十三万，岂其以尔为寡乎！’”

努尔哈赤见袁崇焕如此强硬，收买不成，愤怒地说：“袁崇焕不投降，就叫他灭亡！”

正月二十四日，努尔哈赤率诸贝勒、众大将再次来到城下，发现城上没有战旗，城中也鸦雀无声，没有丝毫动静。正疑惑时，突然随着城楼上一阵震耳的鼓角声，一面大旗从城楼上竖起，旗上绣着一个斗大的“袁”字。旗下一员大将，金盔耀目，铁甲生光，面目间隐隐露出杀气。努尔哈赤暗暗吃惊。皇太极大声问道：“你是袁崇焕吗？何不早降！”袁崇焕铿锵有力地答道：“我奉天子之命来此，誓死守城！”说毕，梆声阵阵响起，矢石如雨点般向金兵飞来。

努尔哈赤立即下令攻城。金兵推楯车，运钩梯，步骑蜂拥进攻，万矢齐射城上。明军凭坚城护卫，既不怕城下骑兵猛冲，又能躲避箭矢射击。

往日，在旷野作战时，努尔哈赤多采取战车与步骑相结合的“结阵”方法，即在阵前排列楯车，车前挡上五六寸厚的木板，上面裹上生牛皮。这种战车专门用来对付明军的火器。在楯车后面是弓箭手，再后是一排小车，专载泥土，用以填塞明军挖掘的沟堑，铺平道路，最后由铁骑冲击，每每打得明军措手不及。然而，在攻城时，铁骑的快速冲击失去了往日的威力，明军在城楼上可以从容地反复发炮。

袁崇焕命军士架起红夷大炮，对准后金的后续部队连续轰击，每一炮打出去，火药和铁沙四处飞迸，打得八旗兵尸横遍地。金兵还从未见识过这种火炮的威力，眼见横飞的血肉残肢，使勇猛如虎的八旗兵也不禁心生怯意。

为了减少伤亡，努尔哈赤集中兵力攻打城西南角。那里，左辅领兵坚守，祖大寿率军应援。明军用矢石、铁铳和西洋大炮还击，金兵死伤惨重，又移攻南城，在城门角两台间火力薄弱处凿城。守城明军“则门角两台，攒对横击”，以城护炮，以炮卫城。都司佥书彭簪古指挥东、北二面大炮，罗立指挥西、南二面大炮，“从城上击，周而不停，每炮所中，糜烂可数里”。金兵顶着炮火，用楯车撞城，冒着严寒，用大斧凿城。明军发矢镞，掷礌石，飞火球，投药罐。但金兵仍前赴后继，冒死不退，前锋挖凿冻土城，凿开高六米多的大洞三四处，宁远城受到了严重的威胁。

关键时刻，袁崇焕又出奇招。他命士兵们在城头点起千万根火把，从城头的垛口间推出许多又长又大的木柜。这些大木柜一半在城内，一半探出城外，木柜中伏有身着盔甲的明军兵士，俯身射箭投石，投完了便将大木柜拉进来，再装矢石出去投掷。接着，埋在城边的火药地雷爆炸，土石飞扬，金兵和战马被炸得血肉横飞。

激战中，皇太极故技重演：把包铁车推到城墙边，上面用木板遮住，以挡住城头投下的矢石，车里藏了兵士，用铁锹去挖掘城墙墙脚。金兵攻进了城墙下的死角，大炮已打不到他们，他们很快就挖开了一道口子。攻城历时很久，城基被金兵挖出一个个凹槽，他们躲在城墙洞内向里挖掘，城上再投大石下去，就打不到了。慢慢地，宁远四周十余里的城墙墙脚已被挖得千疮百孔，情势万分危急。全城百姓惊慌不已，想到城破后的惨景，便拼命来相助守城。

危急关头，袁崇焕再次想到了一个计策。他令士兵将铁索裹上撒有硫黄的棉絮，点火后甩出城外，再将火药撒在褥子和被单上，纷纷投到城下。铁索来回扫荡，立即点燃褥子被单，在城墙下形成一道火障，烧死烧伤了不少八旗兵。城内又有匠人将火药放在空心的大泥团中，外面围以木框，点燃了药引投下城去，泥团不断旋转喷火，点燃了攻城的撞车，也烧死了很多八旗兵。

努尔哈赤决心一举攻下宁远城，他向众贝勒、大臣们喊道："这小小的宁远城，若是攻不下来，怎么去打山海关？各旗轮番强攻！"在他的督战下，八旗士卒冒死不退。

这时，城墙被撞垮了六米多，袁崇焕亲自搬石来堵塞缺口，连续两次中箭受伤。部将劝他保重，他厉声说道："宁远虽只区区一城，但与国家的存亡有关。宁远要是守不住，数年之后，我们的父母兄弟都将成为鞑子的奴隶。我若胆小怕死，就算侥幸保得一命，又有什么乐趣？"他撕下战袍裹住左臂的伤口，继续战斗。将士们见状，人人奋勇，终于堵上了缺口。

经过一天的激战，双方都在总结经验教训，准备再战。

第二天，努尔哈赤命阿敏、莽古尔泰、皇太极各带一支人马，分三处同时攻城，以图分散明军兵力，使其不能兼顾。于是，贝勒们把八旗兵分成百队，轮番进攻。

袁崇焕镇定自若，在城上从容指挥。左辅、朱梅、祖大寿分守三门，把昨夜准备的柴草、芦花被褥，浇上油，撒上火药，丢下城去，再丢下火把。顿时，城下一片火海，八旗兵再次吃尽苦头。那些血肉模糊的尸体被大火一烧，空气中弥漫着浓烈呛鼻的腥臭味。八旗兵中开始有人逃跑。尽管八旗将领挥着大刀在后面督战，但士兵们一到城下便自顾逃命去了。

努尔哈赤望着宁远城上的红夷大炮，不忍观看战场的惨状。他长叹一声，下令收兵。

回到营帐后，努尔哈赤左思右想，怎么也不甘心。他见众贝勒和将领们都有撤军的意思，若再打下去，损失将更加惨重！但是，就此撤军也太便宜袁崇焕了。他突然想到了一个主意，大声喊道："来人，传大贝勒!"

不一会儿，代善来了，努尔哈赤命他领兵夜袭觉华岛。

觉华岛位于辽西海湾，西距宁远城三里左右。整个岛两头宽，中间窄，像个不规则的葫芦形状，孤悬海中，历来为明军在辽东的屯粮之所。现有存粮八万两千余石，驻兵七千余人，姚与贤等人分兵驻守。这支军队除护卫粮草外，还与宁远互为支援。

正月二十五日夜，金兵一面派人彻夜攻城，一面将主力转移到城西南五里龙宫寺一带扎营。这主要是因为龙宫寺距觉华岛最近，便于登岛；而且龙宫寺原有囤储粮食，可佯装劫粮，以此迷惑明军。

时值隆冬，海面冰封，从岸边履冰，可直达岛上。姚与贤等人为加强防御，沿岛凿开一道长达十五里的冰濠，以阻挡后金骑兵的突入。但由于天气严寒，冰濠凿开，穿而复合。

这天夜里，代善和骁将武纳格率领蒙古骑兵及后金骑兵约一万人，由冰上驰攻觉华岛。他们来到海边，见冰层很厚，高兴万分。武纳格说："这是老天爷相助呢!"

辰时，武纳格统领的后金骑兵分列十二队，武纳格居中，扑向位于岛"龙头"上的囤粮城。

岛上明军凿冰寒苦，既无盔甲、兵械，又系水手，不善战阵，无险可守。金骑兵很快从鞑鞨口登岸，攻入囤粮城北门，猛烈厮杀，冲进城中。他们用火焚烧城中囤积的粮料，片刻之间，浓烟蔽岛，火光冲天。金兵"旋即转攻东山，万骑驰冲；巳时，并攻西山，一路涌杀"。东山的明军拼死抵抗："金冠先死，而姚与贤等皆力战而死。视前此奔溃逃窜之夫，尚有生气。金冠之子，会武举金士麒，以迎父丧出关。闻警赴岛，遣其弟奉木主以西，而率义男三百余人力战，三百人无生者。其忠孝全矣！”

正月二十六日午时，袁崇焕正坐镇城中享受胜利的喜悦，突然发现龙宫寺方向浓烟滚滚，才醒悟到觉华岛的粮草被金兵焚毁了。

满桂对袁崇焕说：“努尔哈赤攻城两天，未捞到油水。攻袭觉华岛，也算是从失败中得到了一点补偿，总算找回一些面子！”

觉华岛一战，明军损失惨重。经略高第报：觉华岛“四营尽溃，都司王锡斧、季士登、吴国勋、姚与贤，艟总王朝臣、张士奇、吴惟进及前、左、后营艟百总俱已阵亡”。总督王之臣查报：“觉华兵将俱死以殉。粮料八万二千余及营房、民舍俱被焚。七八千之商民，无一不颠越糜烂者。”

正月二十七日，即攻下觉华岛的第二天，努尔哈赤骑着白色战马，想在撤围前再亲眼看一看宁远城，不料大炮突然响起，努尔哈赤被弹丸崩倒落马，一枚铁丸透入坚甲，直插入他的背中。一个亲兵慌忙将他扶起，察看了一下，发现只伤了点皮，就扶他上马。努尔哈赤只觉后背火烧火燎，但已顾不得许多了，受伤加上兵员受损，他带着沮丧的心情，率领八旗子弟缓缓撤退，返回沈阳。

袁崇焕唯恐其中有诈，又派探马去侦察，发现八旗兵“攻具焚弃，丧失殆尽”，确实是撤了。战后，明军在城下拾到十万多支箭，发现城墙根被后金兵挖出七十多个洞穴。这时，查点火药库，发现火药也快用尽，如果金兵继续攻城，明军很难坚持一天。袁崇焕暗叫侥幸，随后上表奏报朝廷。

宁远大捷的喜讯传到京城，朝廷上下一片欢呼。这是明军八年来第一次重挫后金兵锋。由此，袁崇焕成为朝廷的大功臣，熹宗提升他为右佥都御史，加辽东巡抚。诸将也各有升赏。当然，魏忠贤功劳最大，“宁远大捷”被说成是他本人“指挥帷幄”的结果，其宗族子弟均得荫赏。一直驻守山海关畏缩不出兵救援的高第，由于是阉党成员，只得到个去职赋闲的小小处分。

宁远战后，坚城大炮成为明军的战略指导思想。为此，熹宗还下诏封十几门西洋大炮为“安国全军平辽靖虏大将军”，这比起秦始皇封避雨的五棵大松树为“大夫”，确实有“进步”意义。此后，明廷与后金之间的形势，便由原来后金单方面的进攻，变成双方的战略对峙。

第九章　帝梦难圆含恨终

1. 临终诏书

努尔哈赤受伤后，八旗大军星夜兼程，于天启六年（天命十一年，1626 年）正月二十七日护送其回到盛京。经诊治，努尔哈赤的伤势不重，只是有些红肿而已。但努尔哈赤兵败宁远，损兵折将，心情沮丧，情绪十分低落。他经历大大小小战役一百多次，可以说是战无不胜，攻无不克。但偏偏一座宁远孤城拿不下来，郁闷和疑惑常常使他陷入深深的回忆之中。

同年三月，蒙古高原喀尔喀部落违背与后金订下的盟约，公然搞分裂。努尔哈赤早想找个出气筒出出这口闷气，便亲率八旗大军远征蒙古。

如今的蒙古骑兵早已不是成吉思汗统治时期那支骁勇善战、所向无敌的骑兵了，哪里是努尔哈赤八旗精锐的对手，很快便被八旗兵打得落花流水，抱头鼠窜。喀尔喀部落的贝勒囊努克也被八旗兵乱刀砍死。随后，努尔哈赤又令八旗兵乘胜追击，一直追到西拉木伦。沿途抢掠，截获大批牲畜、财物。

四月，蒙古科尔沁部贝勒奥巴为感谢努尔哈赤出兵相助，特来盛京致谢。故友重逢，努尔哈赤亲自率众贝勒、大臣们出城相迎，一连七天盛宴款待，并封奥巴为土谢图汗。

五月，驻守皮岛的明将毛文龙派兵偷袭了后金管辖内的鞍山驿和萨尔浒，驻守这两地的将领是巴布泰和巴笃礼。

这时，努尔哈赤背部受伤处又患上背疽，他感到自己的病情越来越重，无法亲征，便命巴布泰和阿拜、塔拜一起讨伐东海北路的呼尔哈部落，顺便教训一下毛文龙。巴布泰领命后即率兵出征，冲锋陷阵，砍杀敌军千余，并擒获明军游击李良美等，凯旋。努尔哈赤夸赞了巴布泰一番，并让他代为处理正黄旗的事务。

养病期间，努尔哈赤的背疽时好时坏，有时疼起来也令他苦不堪言。因此，他渐渐也不在意了，虽然叫大夫看过几次，但谁也说不出个所以然来。

从这一年六月起，努尔哈赤就不再出兵打仗，但他亲手写下训谕，教导诸贝勒要勤于练兵，与大臣同心同德，治理国事，并要求他们树立雄心大志。在训谕之后又说，等他身体稍愈，即再伐宁远。

他以不安的心情，幻想有那么一天，不用亲自管理国事，只坐观众贝勒治理国政，以享晚年之乐。但他对八个贝勒的训谕，又表露出他晚年不顺心的悲苦，以及对他没有真正坐上龙椅而心有不甘。他的心情是相当复杂的，也没有真正退位的打算。

这天，处理完政务后——也是努尔哈赤最后一次亲理政务，他对范文程说："也许是我年事已高的缘故，近来身上总是感到不舒适，觉得很累。"

范文程知道努尔哈赤的心思，他是在为不能马上破关而焦虑，更是为继承人之事而忧虑。经历了前两次立储失败，努尔哈赤在立储上显得优柔寡断。但范文程也不便挑明，只得劝解道："大汗确实很劳累。从宁远归来，伤势没有全好，又带兵征伐蒙古，在马上颠簸了二十多天。回沈阳还未能休息，又陪了奥巴一个多月，还得抽出时间给贝勒们训话。这些频繁的活动哪能不耗费精力呢？请大汗珍惜身体，千万别太操劳。而且，大汗的病也要进一步治疗，这样拖下去可不行啊！"

努尔哈赤感慨地说："有些事关系到国之根本，耽误不得啊！与蒙古结盟，对强国力、固后方是必不可少的；与贝勒们谈话，也是为大金国的未来着想，这些都是王者之基业！”

范文程明智地对努尔哈赤劝解一番后便告退了，此时努尔哈赤意犹未尽，独自走出大殿，遥望大明京城，仰天长叹道：“我打拼一生，竟不能坐殿金銮，憾矣！”

初夏，辽东持续大旱，蝗灾遍地，粮食歉收，采挖季节连野果、人参都少有。百姓缺衣少粮，人心涣散，各部族间的矛盾又起。对于辽东大片的土地、众多的人口，一直无法有效管理。千头万绪使努尔哈赤食不知味、寝不安眠，忧郁劳神使他的背疽进一步恶化。从六月书训贝勒后，一直到七月二十一日，他的身体一天不如一天，到后来，只能每天躺在病榻上呻吟不已，健壮的身体完全垮了。

努尔哈赤的妻妾和儿女们为此焦急，诸贝勒、大臣们齐聚努尔哈赤的寝宫，但见努尔哈赤呻吟不止，脸色蜡黄，整个人瘦得不成样子。

代善作为大贝勒，内心最为着急。努尔哈赤没有授权让他监国，有些事情想处理也没法处理，他希望父汗尽快好起来。七月二十一日，他把诸贝勒和努尔哈赤的近臣召集在一起，研究如何治疗努尔哈赤的疾病。阿敏、皇太极、莽古尔泰、阿济格、多尔衮等人都焦虑不安，但也拿不出什么方案。十五岁的多尔衮对代善说：“家有长子，大哥，既然大家都拿不出主意，现在就得听你的了。”在场的大臣们也说：“礼亲王，你是大汗的长子，不论从国还是家，你都要挑起这个重担。”

代善也觉得大家说得有理，于是说：“既然如此，我先提个建议：首先还得把宫中的大夫请来，让他们再对父汗的病重新会诊一次，看看有没有新的治疗方案。”说到这儿，他一边派人去把宫中所有的大夫都请过来，一边对在场所有的人说：“诸位大臣和兄弟们，包括在场的所有人，鉴于父汗的病情，现在看来，我们不能只指望宫中大夫的治疗了，因为他们已经会诊过几次，药疗、针疗等各种疗法也都用过了。今天再要他们过来，我想这也是最后一次了，我的意思是不能仅指望他们来治。但父汗的病还是要积极治疗的，半点耽误不得。请诸位都动脑筋想一想，我们身边有没有出名的大夫，有没有治疗背疽的偏方，或者有没有适合治疗的好地方。只要是大家能想出来的，都可以说出来。只要能治好父汗的病，我代表父汗向大家保证，一定会重重酬谢的。”

很快，宫中的御医们都到齐了，随即对努尔哈赤的背疽进行了诊视和讨论。他们一致认为，努尔哈赤肝火过旺，心脉过速，心神不宁，仅靠治毒疮的药恐怕不会有更好的效果，建议到比较清静的地方一边治疗一边静养。

说到清静的地方，一个甲喇额真提出去清河（本溪）“狗儿汤”。

这“狗儿汤”的来历，在场的很多人都知道。明朝后期，清河归清河卫城管辖。有一个叫广慧的和尚在那里建庙，因毗邻清河温泉，庙后有小山，故称汤山寺。努尔哈赤称王以后，闲暇时就外出狩猎。有一次，努尔哈赤到清河一带打猎，来到汤山寺，就在寺外的温泉旁小憩。当时努尔哈赤有一条爱犬，打猎时常不离左右，但这条忠实的猎犬生了癞疮。那天在温泉寺一见到温泉，立刻跳进冒着气泡的温水里浸泡起来，之后一连几天都跳到温泉里去泡。努尔哈赤后来惊奇地发现，爱犬身上的癞疮不见了，皮毛一新，恢复了往日的光泽。他非常高兴，就将这个被山民们叫作“沟儿汤”的温泉改叫“狗儿汤”。

甲喇额真说：“清河汤泉十分神异，犯有多年的沉疴者去汤泉一洗便好。建议大汗可去清河坐汤，也许背疽可愈。”

听了甲喇额真的话，代善马上和诸贝勒、大臣们商量，大家都同意这个治疗方法。

代善说：“既然大家都同意去清河坐汤，暂且就这样定下来，但最后还得由罕王本人定夺。”于是，代善又去找努尔哈赤商量，努尔哈赤也表示同意，但他提出要先祭祀祖先。

努尔哈赤所谓的先祖，就是神话中的仙女——佛古伦。这事不需要贝勒们参加，所以代善、皇太极、阿敏等贝勒及大臣们便分头行事，准备车马、船只及需要的生活用品去了。努尔哈赤只让里瓦尔克旺善和费格哈拉陪他到神堂去拜见先祖。

来到祭先祖的堂子，里瓦尔克旺善和费格哈拉扶着努尔哈赤恭恭敬敬地跪在先人的画像前。努尔哈赤祷告说："你的子汗病了，使我的病速愈。无论如何都要扶住我。我愈后，每月朔日将不断祭祀。"接着，努尔哈赤对身边的人说，回去杀牛三头，并在堂子里为先人们烧些纸钱。等二人搀扶着努尔哈赤出了先祖堂，马车已停在门前。于是，他们上车直奔浑河停船的地点，然后分乘三条船，直奔清河而去。

七月二十三日中午，几艘官船沿太子河溯流而上，在本溪温泉寺靠了岸。几十名护卫军鸦雀无声，目光聚焦在船上。几个侍从将努尔哈赤从船上抬下来，经过一番舟车劳顿，努尔哈赤已是筋疲力尽，昏睡不醒。

大家把努尔哈赤直接送到温泉，在数人的服侍下开始汤疗。将近一个时辰后，努尔哈赤醒了过来，发现自己泡在水中，忙问："这里是什么地方？怎么这么舒服?"费格哈拉回答说："这里是狗儿汤。"

"喔，"努尔哈赤似乎想起来了，又问身边的代善，"我们是怎么来的?"

代善回答道："父汗，我们是从盛京坐船来的，正给你坐汤呢!"

努尔哈赤不再发问，只一个劲地说："好舒服，好舒服……"

侍从们想扶他出来，但努尔哈赤没有这个意思，又继续在温泉中泡了约半个时辰。这对于一个病入膏肓的人来说，实在不是什么好事。温泉的水温达四十摄氏度以上，努尔哈赤在池中大量的排汗导致身体虚脱。他本来就因肝火旺而体内缺水，加上已是六十八岁的高龄，待他从汤池中出来后已经体力不支了。

大家见努尔哈赤出现这种状况，也变得紧张起来，急忙把努尔哈赤抬到病榻上。这时，努尔哈赤已陷入一阵阵的昏迷之中。代善心急如焚，一时手足无措。侍从们只能在努尔哈赤醒来的时候，给他喝点水或者一些甘饴的饮料。直到夜间三更天，以代善为首的儿孙们依然不敢擅离左右，下人们也守在榻前寸步不离。

努尔哈赤的神智渐渐清醒了，他没有多说话，只说了一句："不早了，你们都去歇了吧。"

代善问道：“父汗，你可觉得身上还好?”努尔哈赤只是摇了摇头，没有讲一句其他的话。

代善见他精神和脸色转好，就安排自己和两个下人值夜，让其他人都去睡了。

到了第三天，二贝勒阿敏前来探视，努尔哈赤即令代善先行返回盛京处理公务。同时，又传令大妃来清河伴驾。

这一天，努尔哈赤汤疗后觉得心情舒畅，似乎就要痊愈了，便把阿敏叫来谈话。他说：“我现在感觉背疮好了很多，你准备一下，咱们回沈阳去!”

阿敏感到奇怪，才来了四五天，就算是灵丹妙药也不可能好得这么快。因此，他劝阻道：“大汗真的感觉好了吗? 臣侄放心不下，还是多疗养几天吧。我已经派人去请大妃了，等他们来了之后再回沈阳也不迟!”

努尔哈赤想了想，便对阿敏说：“那就等他们来了之后，咱们再一起回去!”

沉默了一会儿，努尔哈赤突然问道：“在四大贝勒中，你觉得朕待你如何?”

阿敏作为努尔哈赤的侄子，能进四大贝勒之列，且不说权势如何，实惠如何，仅这等殊荣也是难得。当然，他也认为，自己所得的一切并非别人的恩赐，全是自己用命换来的。父亲被囚之后，他背后难免有人指指点点，说三道四，使他有了强烈的自卑心理。为了活得更有尊严，他不得不在战场上更加卖命，以证明自己存在的价值。

在这样的背景下，阿敏听了努尔哈赤的问话，淡淡地说：“大汗视我如同己出，我已心满意足。”

努尔哈赤又说：“有件事我想听听你的看法，但是，你必须说实话，你能做到吧?”

阿敏谨慎地答道：“臣侄一定实话实说。”

努尔哈赤又看了看阿敏，说：“我知道你跟四贝勒走得近，也一直倾向于由四贝勒继承汗位。但倘若现在立多尔衮为储王，由代善辅政，你如何看待?”

阿敏一听是这么重大的事情，心里紧张起来。如果说“不”，就意味着站到了努尔哈赤的反面，后果不堪设想，轻者被夺去兵权，没收财产；重者被幽禁，以致被处死。他自己确实倾向于四贝勒皇太极，想都没想过会轮到多尔衮，难道正黄旗真是留给多尔衮的吗?

他正想着，努尔哈赤又催促道：“怎么? 有什么问题吗? 是不是说真话容易，说假话难啊?”

阿敏情急之下心生一计，委婉地反问道：“这事如果有人反对，或是暗中阻挠，该怎么办?”

努尔哈赤一怔，马上问道：“阿敏你该不会反对吧? 若有人反对，八王中也只有一个人。”

阿敏心里明白，努尔哈赤指的必定是四贝勒皇太极，但他佯装不知：“我哪里猜得到这个人是谁。”他想把这场看似闲谈，实则严肃的政治谈话敷衍过去。

谁知努尔哈赤并不罢休，反而指名道姓，越说越具体：“在四大贝勒中，代善一心自保，可能不会反对，更何况还让他辅政呢。阿敏你会反对吗? 恐怕也不会。莽古尔泰愣实了一点，如果他反对，肯定是被人利用当枪使了。”

阿敏不得不佩服努尔哈赤的预见，真是洞若观火！他有些惶恐，不知该说什么好，细细一想，才发现多尔衮是在努尔哈赤身边时间最长的人，于是就附和道：“十四弟多尔衮是个很讨人喜欢的人，看似柔弱，实则刚强，能屈能伸，有大丈夫气概。美中不足的，只是年龄稍微小些……”

努尔哈赤知道阿敏是指多尔衮还没有什么战功，便说：“他年龄也不小了，今年已经十五岁。如果现在把一旗交给他，肯定能带好!”

阿敏不敢再说什么，他在心里不停地盘算着，即使多尔衮不能立汗，但掌管一旗不是难事，这样一来多尔衮兄弟三人名义上就有了八旗中的三旗，谁还敢跟他们抗衡？一旦多尔衮继承了王位，自己站在哪一边呢？关键时刻，千万不能站错位置，跟错了人。现在，要不要把这个消息告诉皇太极呢？他一面品味努尔哈赤的话意，一面向皇太极传信，把努尔哈赤的试探和想法转达出去。

再说，阿巴亥自从努尔哈赤复立她的大妃之位后，处处谨慎，时时小心，再也不像往日那样恃宠跋扈了。努尔哈赤赴清河时，阿巴亥曾提出陪同前去侍奉，但努尔哈赤并不以为他得的是绝症，反而劝慰她在家好好照顾三个孩子。可是，努尔哈赤走后，阿巴亥一直忐忑不安，总有一种不祥的预感。她的三个儿子年纪尚幼，长子阿济格才十八岁，虽然身列四小贝勒之中，但毕竟羽翼未丰。次子多尔衮十五岁，尽管努尔哈赤多次夸他"聪颖异常"，但他从未上过战场，寸功未立。一旦努尔哈赤"山陵崩"，将何以自托于大金？三子多铎才十三岁，早已是一旗之主，多少人对他又嫉又恨。想到这里，阿巴亥不禁潸然泪下，低声啜泣起来。

这天，侍从突然传旨见驾，她既惊喜又惶恐。就这样，在代善回盛京五天后，努尔哈赤把大妃阿巴亥盼来了。第二天，努尔哈赤准备启程回去。

阿敏不好再劝阻，便说："现在正是盛暑天气，坐车既颠又热，实在为难啊！"

努尔哈赤提高嗓门说："别管那么多，你去弄几条好船就是了，咱们还是坐船回去方便！"

阿敏刚走，努尔哈赤突然觉得脊背火辣辣地痛，疽疮又发作了，不一会儿便烧得他浑身滚烫滚烫的。他只得躺下来休息，但身子一着床，脑袋里便"嗡"的一声，晕倒在床上。大妃阿巴亥急忙叫人来诊视。

阿敏准备好船只后，回来见努尔哈赤脸色苍白，连喊了好几声，努尔哈赤才醒过来。他见这么多人围着自己，急切地说："怎么回事？咱们立即回盛京。你先派人回去传信，让大贝勒、三贝勒、四贝勒骑马到浑河西岸迎接。"

阿敏连声答应，急忙派人快马加鞭赶往沈阳送信。他心里十分明白，努尔哈赤的决定和举动极不正常。但他不敢抗命，只得与侍从及大妃一起搀扶努尔哈赤上船去。

他们坐着一艘经过装饰的龙船，沿着太子河顺流而下，再转入浑河逆流返回沈阳去。

努尔哈赤躺在病床上，不停地呻吟着，背上的疽疮一会儿疼得他挖心般难受，一会儿烧得他浑身滚烫。

大妃阿巴亥坐在床前不停地呼喊着努尔哈赤的名字，这个似曾相识的呼喊，隐约触动了他的心。在所有的妻子中，直呼其名的只有佟佳氏。他突然停止了呻吟，又恢复到原来那种茫然的状态，好像是被狂风折断了翅膀的雄鹰，心里极想展翅高飞，但无论怎么挣扎，也没有办法离开自己小小的巢穴。

回顾自己的一生，努尔哈赤政绩显赫，只有宁远一战，兵败负伤，留下了一大遗憾。这是他一生数十次征战中唯一一次败绩，他一直怀恨在心，总想着有朝一日再次率领八旗子弟，挥刀跃马，去叩关攻明。如今一病不起，恐将不久于人世，心有余而力不足了。倘若就这么死去，真是心有不甘啊！

阿巴亥伸出她那双洁白无瑕、光滑似玉的双手，慢慢地捧起努尔哈赤的脑袋，看似柔弱的双手此时已经变得强健有力。这是她甘愿为他付出一切，包括自己生命的男人，也是曾经万般宠爱自己的君王！这一刻，她是多么希望时间停滞不前，就让这一刻成为永恒！

“阿巴亥，我时日不多了。我离开后，你要好好照顾自己，为了我，也为了孩子，更为了你自己。记住我的话，不论遇到什么事情，不论遇到什么困难，阿巴亥，你都要坚持下去。”努尔哈赤注视着阿巴亥，似乎想把她的模样刻在心里，永远也不要忘记。

此时，阿巴亥只能任由清澈晶莹的泪珠从冰凉的面颊上缓缓滑落，她的双手不自觉地将努尔哈赤搂得更紧了。

夜风清寒，习习吹过，带来一丝凉意。大河上的浓雾弥漫着整个夜空。

阿巴亥轻轻地向病床上的努尔哈赤靠了靠，紧紧地握住那双强健有力，曾战胜过无数对手的大手。但这双手现在却显得那么软弱无力，如寒冰一样寒冷。阿巴亥的脸上，显露出几分少有的坚强，她轻轻将努尔哈赤搂在自己的怀中，用胸口的温暖去温热那即将被病魔夺去生命的躯体。

过了一会儿，努尔哈赤从昏迷中苏醒过来。他一边喘息，一边断断续续地说："不知大贝勒、三贝勒、四贝勒何时来到？只怕我……我等不到他们了！阿敏，你先写下……诏书吧！"

阿敏急忙拿来笔墨。努尔哈赤一字一句地说道："我死后，传位于十四贝勒多尔衮，由大贝勒代善辅政……"

说到这里，努尔哈赤嘴唇紧闭，又昏迷了过去。

阿巴亥哭着跑过来，抓住努尔哈赤的手，大声叫道："大汗，别丢下我！大汗，你醒来和我说说话，你不会有事的……"

努尔哈赤最后一次睁开眼睛，目不转睛地盯着阿巴亥说："答应我，你一定要……要……答应……我！好好活下去……"

"大汗，我答应你，我一定会好好活下去！"阿巴亥重重地点了一下头，继续低泣。

努尔哈赤笑了，这是他难得的也是最凄美的一笑。之后，他慢慢闭上眼睛，大手从阿巴亥的小手中缓缓滑落。

八月十一日零时，努尔哈赤匆匆走了。龙船靠岸，这里是浑河岸边的瑷鸡堡。

大贝勒代善、三贝勒莽古尔泰、四贝勒皇太极以及多尔衮、多铎等人接到努尔哈赤的口谕后，立刻从沈阳城出发，马不停蹄地赶往瑷鸡堡。现在，他们面色凝重，心里七上八下，忐忑不安，不仅担心努尔哈赤的身体，还关心那万人之上的大金汗位。在诸大贝勒中，最有自信的就是四贝勒皇太极，他坚信努尔哈赤一定会把大金帝国的汗位传给他。

因此，皇太极一来到瑷鸡堡，就飞身下马，顾不上与任何人打招呼，就直奔停泊在岸边的富丽堂皇的龙船。当他正准备揭开门帘进入内舱时，一阵哭喊声传入他的耳中。他禁不住打了一个寒战，迟疑片刻，才大步走了进去。

内舱中，大妃阿巴亥趴在努尔哈赤的尸体上，失声痛哭，努尔哈赤身上的被单已被打湿了一大半。皇太极目不转睛地注视着脸色蜡黄、早已咽气的努尔哈赤，颤抖着叫道："父汗……"

代善带着众兄弟跪泣于浑河岸上，一片愁云惨雾。

2. 八王共治

天启六年（天命十一年，1626 年）八月十一日未时，努尔哈赤的灵柩被群臣抬往盛京。从叆鸡堡到盛京只有四十里路，然而，这也是漫长死寂、杀机四伏的一段路程。为了争夺汗位，各方力量都在紧锣密鼓地策划、密谋、交易，人心惶惶，不知鹿死谁手。

按照"父死子继""立嫡以长"的皇位继承制度，代善成为汗位继承人是顺理成章的。论嫡庶，代善是褚英的胞弟，系嫡子；论长幼，除褚英外，他在努尔哈赤十五个儿子中年龄最长；论军功，他是诸贝勒中军功最显著的；论权势，他是佐政四大贝勒中的"大贝勒"，位列第一；论实力，他自领正红、镶红两旗，仅次于努尔哈赤的正黄旗。但事情从来都具有两面性，代善从受封为太子的第一天起，就已成为众矢之的。此事还得从五年前的几个谜案说起。

当时，努尔哈赤身边有一名叫秦太的侍女，与一个叫纳扎的女人发生口角，相互对骂，言语中透露出纳扎和巴克什达海通奸，有她送达海的蓝布两匹为证。此事被努尔哈赤的小福晋德因泽听到，出于个人目的，她向努尔哈赤告发了此事。

努尔哈赤把当事人找来当面对质，证实纳扎送达海布匹是得到福晋允诺的，但努尔哈赤依然处死了纳扎，达海则因通晓蒙古文、汉文而幸免一死，被囚禁起来。当时，努尔哈赤责骂那个福晋说："尔以物与人，我本不吝惜，然禁约云：诸凡福晋，若不经汗允，即以一尺布、一块绸给予女人，则被诬为欺夫买药；若与男人，则被诬为已有外心。有此诬告，则以诬告人言为是，故无论为何物，均不得给予他人等语。是尔违禁约，与达海蓝布两匹，尔有何忠心言耶?”但他却未按成规处罚这位福晋。有人认为，这个福晋是指富察氏，也有人认为是指阿巴亥。

那么，小福晋德因泽跟大妃阿巴亥有什么过节要告状呢?

德因泽原本是随叶赫那拉氏孟古嫁过来的使女。当时，孟古十四岁，德因泽年仅八岁。几年后，一个偶然的机会，努尔哈赤走进孟古的屋子，看到一个长得清纯娇媚的少女在领着皇太极玩耍，便走上前去询问，得知她是孟古的使女德因泽。努尔哈赤一时性起，便走上前去搂住她求欢。恰巧孟古不在，德因泽不敢强拒，半推半就，二人便在孟古的床上成就了好事。

正当二人整衣下床之时，孟古回来了。出了这样的事情，最简单的办法就是纳入后宫，于是，德因泽便成了努尔哈赤的小福晋。

孟古性格文静、善良，把德因泽当作妹妹看待。皇太极自小随孟古长大，平日称她为姨娘，二人建立了深厚的感情。

孟古死时，皇太极刚满十三岁，但在他小小的心灵深处，早已埋下了仇恨的种子。他恨谁呢？自然是恨夺取他父爱的人——阿巴亥母子。

努尔哈赤娶阿巴亥时，阿巴亥年仅十二岁，却生得体态婀娜，妖艳风流，风韵更胜孟古一筹。努尔哈赤遂宠新欢，自然冷落了孟古。孟古因此郁郁寡欢，终于忧烦成疾，不到两年工夫，貌若鲜花一般的她便香消玉殒了，时年二十九岁。生母在凄惶中死去，皇太极失去了生活上的依托。

德因泽也是因为努尔哈赤宠爱阿巴亥而冷落了她，导致她怨恨阿巴亥。

一天晚上，努尔哈赤正在德因泽房中，阿巴亥的使女尤拉菲进来报告说：“大妃替大汗炖的参茸大补汤快凉了，请大汗过去饮用。”努尔哈赤听了便放下兴奋中的德因泽，离开了。

这事对德因泽的尊严是一个沉重的打击，她咬着牙说：“这个狐媚子太霸道了！”阿巴亥的外号叫“狐媚子”。据说她生下来时，长着一身绒毛，颜色像狐狸的白细毛一般，直到满月后，绒毛才褪去，现出一身洁白的皮肤，质细如玉。长大以后，她不仅面若芙蓉，而且聪慧异常，狡猾而跋扈。她一连生了三个儿子，也就是阿济格、多尔衮、多铎。

德因泽思来想去，决心报复阿巴亥。她突然想起了阿巴亥的乌拉使女尤拉菲，这个使女曾经在自己面前诉说委屈，说过阿巴亥的坏话。于是，德因泽开始打尤拉菲的主意。

皇太极这时已渐渐长大成人，自从母亲死后，他与德因泽更加亲近了，有时也来姨娘处走动。有一次，皇太极出征归来，来到德因泽屋里，见到一个如花似玉般的少女与他的姨娘坐在一起说话。经询问，方知是大妃阿巴亥的使女尤拉菲。皇太极对尤拉菲一见钟情，他悄悄在德因泽的耳边说：“姨娘，我想与尤拉菲单独坐一会儿。”

德因泽自然明白皇太极的意思，便对尤拉菲神秘地一笑，然后附耳说道：“等一会儿你切勿怠慢了四贝勒。”

说完，德因泽借口有点事，随即关上房门出去了。皇太极走过去，肆无忌惮地对尤拉菲说：“我想收你为妾，不知你可否愿意侍候我？”

尤拉菲的脸一下子变得通红，低声答道：“我是大妃屋里的人，这事得由她做主。”

但是，皇太极已是欲火焚身，便说：“等与你度过这美好时光之后，我再去找大妃讨要也不迟！”说着就抱住她亲热起来。这时，德因泽突然开门进来，故作生气地说：“你们怎能如此放肆……”

尤拉菲低下头，一声也不敢吭。皇太极一边穿衣，一边说：“姨娘息怒，是我想收她为妾，请为我们促成这桩好事吧！”

德因泽说：“她是大妃的使女，那女人又多疑又心狠，你去讨要未必能如愿。她若得知你们已在我这里做成了那事，更不会善罢甘休。到那时，更苦了尤拉菲了！”

尤拉菲听了，立即跪在地上，泪流满面地向德因泽哀求道：“今天这事不能让大妃知道，以后我绝不会忘记你的恩情。”

皇太极见火候已到，马上向德因泽使了个眼色。二人看着尤拉菲，安慰她。

从此，德因泽对尤拉菲更加关心。皇太极一来，她便把尤拉菲约出来，让他们两人幽会。尤拉菲也因此更加信赖德因泽，更希望她能帮助自己早日离开大妃阿巴亥，去皇太极那儿做个小妾。

不久，大将安费扬古领兵征讨渥集部时，掳得一个十五岁的美女阿济根，弹唱歌舞无所不精。努尔哈赤一见，便把她留在自己身边。从此，努尔哈赤一有空闲，便到阿济根那里听歌赏舞，一时又把阿巴亥抛到了九霄云外。

初次受到冷落的阿巴亥前思后想，怎么也想不出自己为什么会突然失宠，但如果真的失宠，自己该怎么办呢？她想起努尔哈赤曾经在一次宴席上说的话："我死后，将你们母子交由大贝勒照看……”那么，现在是不是应该多亲近一下大贝勒，以便日后好说话呢？这样考虑之后，阿巴亥开始有意接近代善。

阿巴亥的亲近姿态，对代善确实产生了一种诱惑力。不过，他心里明白，自己一旦失礼、越轨，将在众兄弟面前出丑，失去往日的尊严与威信，还会激怒父汗，后果不堪设想。

以后，阿巴亥又几次送去亲手烧成的饭菜，更是让代善想入非非。于是，他前去登门致谢，借以了解她的真意。俗话说，若要人不知，除非己莫为。这一切早被尤拉菲看在眼里，又由德因泽、皇太极几人传了出去。

再说，德因泽报告纳扎的事后，见努尔哈赤对纳扎、达海处罚甚重，但仍未祸及大妃，就想借大妃与代善私下往来之事除掉大妃而争宠。于是，她又向努尔哈赤告发说大贝勒代善与大妃阿巴亥之间关系暧昧，经常幽会。

努尔哈赤起先一惊，但立刻双目圆瞪，对德因泽说："你胡说什么？你手里有证据吗？”

德因泽说："大妃两次做饭菜送到大阿哥府里，大阿哥都吃了。而且大妃一日两三次差人至大阿哥家，如此来往，肯定有图谋。大妃自身还曾深夜出院二三次。"

努尔哈赤想了一下又说："你讲的这些算不得什么证据，我派人去查。若不像你说的这样，绝不饶你！"

德因泽听说努尔哈赤要派人去查，胆子更壮了，更加强硬地说："这事谁不清楚？五大臣与和硕贝勒全都知道，只有大汗你一人被蒙在鼓里！"

努尔哈赤立即感到这事必有原因，肯定有人在背后指使，遂喝道："你别得意！我再问你，到底是谁指使你来告状的？不说老实话，我非杀你不可！"

德因泽语气更加强硬地说："大汗！我只是想维护你的尊严，没有一点私心，没有人指使，请大汗明察！"

努尔哈赤脸色一变，怒斥道："你这下贱的女人满嘴胡言乱语，诬告陷害，扰乱人心，我绝不轻饶你！"说罢，他大声喊道："快来人！把这女人关起来，不准与任何人接触！"随后，他又叫来几位"局外"大臣，问道："近来发生了一件丑闻，据说已传得沸沸扬扬，不知你们都听到了没有？"

听了努尔哈赤的问话，大臣们我看看你，你看看我，都没有说话。

过了好一会儿，还是范文程胆子大，他对努尔哈赤说："既然大汗问起，我也不得不说了！大贝勒代善与大妃阿巴亥之间，即使有那么回事，也不该如此传扬。其实，传扬这件事情的，全是大汗的子侄与后妃们！这里必有文章，有人想借此机会把大贝勒拉下来，把大妃也弄臭！"

努尔哈赤说："我曾言待我死后，将我诸幼子及大妃交由大阿哥照看。因有此言，所以大妃倾心于大贝勒，才平白无故，一日遣人来往二三次的。"

大臣雅逊说："此事牵涉到立储，也是后妃间争宠的表现，不能单纯当作丑闻来处理。"

大臣额尔德尼建议道："这小福晋背后是谁指使？若无人插手，她只为争宠的话，是不敢来向大汗告发大妃的。要对她进行审问，不能让她蒙混过去！"

努尔哈赤不想把事情搞得太复杂，便问道："若德因泽的告发属实呢？"

众人又沉默了一会儿，莽阿图说："即使此事属实，也应回避，对大贝勒可以不予追究，以后慢慢教育他吧！对大妃的处置也应谨慎，她还有三个儿子，处理不好只会适得其反！"

努尔哈赤觉得他言之在理，于是令扈尔汉、额尔德尼、雅逊、莽阿图四大臣暗中调查，结果发现德因泽的告发完全属实。努尔哈赤稍一斟酌，决定既不能加罪于代善，又不能使家丑外扬，便想出了个移花接木的妙计。

他把四大臣找来，对他们说："这件事背后有人操纵、指使，以致蒙蔽了不少不明真相的人，希望你们不要把事情向外扩散。至于大妃乌拉那拉氏，此人是有些问题，有人反映她私藏金银财物等（另有史载，努尔哈赤查贪赃一事是指富察氏）。你们现在就派人前去搜缴，不要让她转移走了。"

其实，在努尔哈赤的后妃中，大部分人的金银财物都有隐匿，努尔哈赤对此早已心明如镜。只要一搜，或多或少都会有些问题。果不其然，从大妃阿巴亥那里搜出了她隐匿的大量金银等贵重财物。

为平息众议，努尔哈赤立即召四大贝勒、诸大臣及将领们齐集一堂，在会上宣布："大妃奸诈邪恶，欺诳盗窃。"接着，努尔哈赤又宣布必须"离弃这女人，并废之"。自此，废大妃位。小福晋德因泽因举发有功，着加荐拔，陪努尔哈赤同桌用膳而不避。

这就是最先动摇代善太子之位的一件丑闻。皇太极这一箭双雕之举果然奏效，不仅废了大妃阿巴亥，也使大贝勒代善声名狼藉。

不久，又发生了代善虐待前妻之子岳托和硕托之事，而此事最后演变成了代善太子之位被废的导火索。在过去争夺宅地的过程中，代善对待长子岳托的态度非常刻薄，对次子硕托更是有过之而无不及。万历四十八年（天命五年，1620 年）九月初三，代善的次子硕托等突然失踪，有人说他“叛逃”去了明朝。在尚未确定硕托是否叛逃时，代善便一口咬定硕托有叛逃之心。在找到硕托并且他本人明确表示并没有逃走时，代善仍固执己见，向努尔哈赤跪下五六次请求斩杀硕托。代善的要求理所当然地遭到了拒绝，努尔哈赤最终释放了硕托。

此事并未因此而结束，努尔哈赤开始调查代善给予两个前妻之子的待遇问题。在这一点上，代善确实心里有鬼，所以，当努尔哈赤亲自询问他给予硕托的部民和资产情况时，他不敢正面回答，反而说硕托与自己的小妾通奸。努尔哈赤当即亲自审问证人，事实证明硕托是被诬陷的，而且岳托、硕托所领有的部民和资产均比其他的异母弟弟要少。这一点令努尔哈赤深恶痛绝，因为他小时候曾深受继母虐待，他本人在对待诸子时十分注意平等，对于幼年丧母的褚英、代善给予的待遇可说格外优厚。

因此，努尔哈赤怒斥代善说：“听见了吧，你就这么办差事？还有，你受小福晋的迷惑，虐待前福晋生的岳托、硕托，甚至要处死硕托，把财物都给小福晋生的儿子。你不看看我是怎么对你们的，你、莽古尔泰、皇太极都是我的前福晋生的，我把最多的财物、最好的侍臣兵将都分给你们，何不想想我不是对你更亲近吗？你怎么就被后妻蒙蔽得虐待已长大成人的儿子呢？我喜欢的福晋的儿子，给的反倒很少，给多尔衮的不及你一成，你怎么不想想？你以后是不是还要听小福晋的话，再杀兄弟子侄呢？你为什么就不能像我一样将优良的部民赐给岳托、硕托呢？”

接下来，努尔哈赤说的话就涉及国政：“既然敢杀亲生儿子，你以后又将如何对待其他兄弟？存有杀亲生儿子和诸弟之心的人，又有何资格当一国之君？”

努尔哈赤这番话与对废长子褚英之前说得极为相似，但有一个细节值得注意，努尔哈赤想废代善太子之位时，已不似废褚英那样没有任何异议了，因为他的年龄越来越大，废立之间需要经过很多周折，所以能维持现状更好。

当努尔哈赤申斥代善时，只有莽古尔泰明确表示站在父汗一方，其余诸贝勒大臣均持观望态度。努尔哈赤对此非常不满，令阿敏、皇太极和五大臣之一的扈尔汉等明确表态。他说："如果认为我和莽古尔泰是错的，皇太极、阿敏、扈尔汉你们就当场起誓。尔等如果发誓，莽古尔泰自会认错。如果尔等不发誓，你们为何还坐在代善那边？快做决定！"这样一来，他们三人才站到努尔哈赤一边。接着，努尔哈赤向代善宣布："革去你和硕贝勒的封号，回家去吧。"说完，他生气地走了。至此，代善失去了太子之位。

代善回到家后郁闷了好几天，后悔事事都听继福晋的。他一怒之下，就把小福晋给杀了，然后求侍卫禀告努尔哈赤：已处死迷惑人心的继福晋，要痛改前非，请父汗免罪。努尔哈赤的气消了一些，就让代善来见，恢复了代善的和硕贝勒封号，但同时也夺去代善的一个旗，只让他统领正红旗，镶红旗改由岳托统领。

因诸贝勒都曾同意废除代善的太子之位，为缓和代善与诸贝勒间的矛盾，努尔哈赤又立阿敏、莽古尔泰、皇太极、岳托、济尔哈朗、阿济格、多铎、多尔衮及代善贝勒为"和硕额真"。同时指出，以后成为"汗"的人，会接受八和硕贝勒给予的制约，"食其贡献"；在政务上，汗不得恣行妄为。"汗承天命执政，任何一位和硕额真若欲为恶，扰乱政务，其余七位和硕额真集会议处，该辱则辱之，该杀则杀之。"如果一个生活道德谨严、为政勤奋公正之人，即使是一国之君想出于"一己私怨"而欲罢黜或贬降此人，"其他七旗之人对汗可以不让步"。

这表明，在经历了预立褚英、代善嗣子两次失败后，努尔哈赤的初衷有了重大改变，产生了确立和硕贝勒共治国政体制的最初模式。

天启二年（天命七年，1622 年）三月，努尔哈赤在盛京正式确定了和硕贝勒共治国政制度，规定一国之君从和硕贝勒中产生，和硕贝勒有推举、罢免、更择君主的权力。因此，大贝勒代善和其他和硕贝勒站到了同一起跑线上，又具有了在努尔哈赤驾崩后成为一国之君的资格。

天启元年（天命六年，1621 年）秋后的一天午后，努尔哈赤与其堂兄、侍卫队长阿敦坐在府里闲聊。他知道阿敦足智多谋，看问题深刻，便悄声问道："有人说江山易打不易守，你看如今的大明王朝，朱元璋的不肖子孙把国家弄成什么样了！再看一下咱们大金国，若不能选出合适的王位继承人，还不是一样吗？"阿敦细声慢气地说："大汗不是正在实行四王轮流执政吗？"努尔哈赤说："是啊！依你之见，在诸子中，可以接替王位的应该是谁？"阿敦表现得不知所措："立储之事，是国之根本大计，我一个无足轻重之人怎敢妄议，何况知子莫若父啊！"努尔哈赤知道他在推诿，又催道："你我兄弟，说私话，不必避嫌。你是旁观者，说不定知人更准。"阿敦无奈，只得说出自己的意见。不过，他说得含而不露，有意让努尔哈赤自己去琢磨，他说："大汗本是明智之君，当然应该把汗位传给值得信赖之人。但大金正在征战，必须文武齐备才行。"努尔哈赤会意地笑道："诸贝勒中，文武兼备的人能有几个？一人而已。"阿敦知道努尔哈赤已经心中有数了，便回道："这汗王之位，尤其是征战之中的汗位，要由硬汉子继承，在大汗的成年王子之中，非他莫属。"

事实上，努尔哈赤早把皇太极列为心目中的人选，但一时很难做出决定。过了几天，大臣何和礼来坐，努尔哈赤又问这位老臣："在代善与皇太极两人之中，你喜欢谁？"何和礼一怔，但很快明白了努尔哈赤的意图。他想了想，答道："请恕臣直言，大汗这两个儿子都不是理想的人选，一个过于憨直软弱，一个又过于精明强硬。其实，人选还有一个，他既有代善的忠直，又有皇太极的聪慧，刚柔相济，尽管年龄幼小，却已表现出终成大器之才，大汗可能尚未注意到他！"努尔哈赤笑道："在小贝勒中，恐怕只有十四贝勒多尔衮吧？"何和礼也笑道："看来大汗已经有自己的打算了。大汗当前以八王共同议政作为过渡阶段，也不失一个好办法，但终究需要立一国之君的。女真没有立嫡以长的传统，储君自然要挑一个最合适的。"

努尔哈赤连连点头："多尔衮的确聪颖过人，才情皆备，我很喜欢。所以，就算他的额娘被贬，我也一直把他留在身边，只是他年龄小了一些。"

何和礼第一次说出了努尔哈赤的心里话，反倒让他更不好决策了。

迁都沈阳后，皇太极的争位行动愈演愈烈。据朝鲜史料记载，皇太极"恃其父之偏爱，潜怀弑兄之计"。努尔哈赤的堂兄阿敦曾偷偷告诉代善，皇太极等"将欲图汝，事机在迫，须备之"。代善便跑到努尔哈赤跟前哭诉说："儿臣有罪，惹父汗生气，恐怕将来几位大贝勒要不容我了。"努尔哈赤惊问道："你怎么有这种说法？"憨直的代善说："是阿敦告诉我的。"说完，他把阿敦的话学了一遍。努尔哈赤立刻传来三个大贝勒，当堂对质，阿敏、莽古尔泰、皇太极都说没有这件事。努尔哈赤问他们敢不敢发誓，三人当场立誓："如果有不敬大贝勒的言辞，愿身首异处，万箭穿心，上天明鉴！"

努尔哈赤知道阿敦几年来担任侍卫，十分谨慎小心，但他此时不得不违心地对四大贝勒说："阿敦挑拨你们兄弟不和，心肠险恶，罪不可赦。"随即传令侍卫将阿敦革职囚禁，阿敦的正黄旗额真的职务由扬古利接替。

有鉴于此，努尔哈赤决定召集儿孙子侄，拜堂子，对天盟誓，不许子孙"开杀戮之端"。随大汗进入堂子的有四大贝勒代善、阿敏、莽古尔泰、皇太极及五个小贝勒，即德格类、济尔哈朗、阿济格、岳托和杜度。努尔哈赤令他们跪地叩拜上天，各立"誓书"：

蒙天地垂佑，我国与强敌争衡，将辉发、乌拉、哈达、叶赫，同一语音的人，俱收为我有。征仇国大明，得其抚顺、清河、开原、铁岭、辽阳等城池，又破其四路大军，皆是天地默助。今祷上下神祇：朕子孙中纵有不善之人，天可灭之，勿令刑伤，以免开杀戮之端。如有残忍之人，不待天诛，遂兴操戈之念，天地岂能不知？若有，亦当夺其算。昆弟中若有作乱的，明知道他而不加伤害，应怀礼仪之心，教化开导他的愚昧。这样能天地保佑，延及子孙百世。所祷此事，伏愿神祇，不咎既往，唯鉴将来。

这一誓书维持了贝勒们四五年的和平，暗涌潜流都掩盖在“共治”的口号之下。

努尔哈赤生病后，觉得自己年事已高，而选立嗣君的计划一次又一次地失败，内心烦恼不已。当初，为了加强汗权，巩固自己的地位，他果断地处死了弟弟舒尔哈齐和长子褚英（即史书上说的“幽弟杀子”）。经过这两场斗争，他更加集中了自己的权力，但也及时纠正了首次立储的错误，淡化权位之争，以誓词来约束子孙们大开杀戒。

但是，有汗位，就有激烈的争夺；有争夺，就有残酷的杀戮。这种明争暗斗仍在诸贝勒之中进行，贝勒们都在猜测：这幕后的黑手是谁？哪个最想也最有实力胜出？

按道理来说，努尔哈赤的儿子都有机会继承大金帝国的汗位，但事实并非如此。首先可以排除的是努尔哈赤的第三子阿拜、第四子汤古代、第六子塔拜、第七子阿巴泰、第九子巴布泰、第十子德格类等人，原因很简单也很明显，那就是努尔哈赤在万历四十三年（1615 年）组建满洲八旗时，并没有使这几个儿子成为旗主，也没有让他们领多少牛录。可见努尔哈赤对他们并没有多大好感，至少在政治上对他们没抱多大希望。因此，他们自然失去了继承大金帝国汗位的机会。

有段时间，努尔哈赤有意重用八子皇太极，因为他有智谋，作战勇敢，善于运用权术。代善被废太子之后，到底由谁承继汗位，努尔哈赤的心目中有两个人选，即皇太极和多尔衮。但无论让谁顺利登上汗位，都不是轻而易举的事情。

一直以来，努尔哈赤对阿巴亥的偏宠是显而易见的。阿巴亥的三个儿子阿济格、多尔衮、多铎皆子以母为贵，受到努尔哈赤的格外赏识与重视，成为大金帝国炙手可热、权势倾天的人物。身强力壮、善于骑射的阿济格，十四五岁就已驰骋沙场，为大金帝国的建立与壮大立下了汗马功劳。出于对阿巴亥的宠爱，万历四十四年（1616 年），努尔哈赤在赫图阿拉城建立大金帝国时，封阿济格为英王。在创立八旗制度后，努尔哈赤又毫不犹豫地将正白旗赐给阿济格，阿济格不费吹灰之力就成了正白旗的旗主。多尔衮体弱多病，一直留在努尔哈赤身边，虽然没有成为旗主，但领五十六牛录，很令人羡慕和嫉妒。有人猜测，很可能努尔哈赤想以后让多尔衮担任正黄旗旗主。当时，多铎才三岁，连话都说不清楚，更不用说驰骋疆场了，但努尔哈赤将镶白旗分给他（暂由努尔哈赤代管），多铎作为名义上的旗主。只要他一长大，就能够从名义上的旗主变成名副其实的旗主。许多兄长都向多铎投来羡慕的眼光，但更多的兄长眼神中还带着嫉妒与仇视，恨不得把多铎乱刀砍死，让他死无全尸。

四大贝勒都看出了努尔哈赤的偏心，特别是对大金帝国汗位垂涎三尺、势在必得的莽古尔泰与皇太极。褚英被诛后，“四大贝勒各拥重兵，觊觎大位”。其中，阿敏为努尔哈赤之侄，非直系，因而代善和莽古尔泰成了皇太极的主要对手。但莽古尔泰为了得到父汗的赏识与重用，对犯了错误的亲生母亲富察氏都下得了毒手，更不用说同父异母的兄弟了。皇太极对大金帝国的汗位策划已久，打败代善后，他大有舍我其谁的气势，绝对不会容忍有人跟自己争夺大金帝国的汗位。

皇太极洞察到努尔哈赤的意图后，便想趁阿济格、多尔衮、多铎三人还年轻，没有多大能耐的时候，先下手为强，打败他们。

但阿济格、多尔衮、多铎三人正因为年轻，根本不可能犯什么大错误。那么，如何名正言顺地打败他们呢？皇太极想，既然他们是子因母贵而贵，同样可以因母贱而贱。只要大妃阿巴亥失宠，也就等于除掉了阿济格、多尔衮、多铎三兄弟，所以，皇太极刀锋所指必然是大妃阿巴亥。

至于莽古尔泰，皇太极明白，虽然他不能称之为竞争对手，但他一直觊觎汗位，有做先锋的利用价值。

有一天，皇太极特意找来莽古尔泰，怂恿他说：“多尔衮虽然才十五岁，但他确实机灵得很，父汗不止一次说他‘聪颖异常’，他可是汗位最大的竞争者啊！如今父汗生病，又处六十八岁高龄，咱们不能不防！不过，父汗已经定了‘八王共治’的方案，到时候无人推举他，即使父汗说了，也不能让他当！”

莽古尔泰连忙问道：“若父汗有了遗言，让多尔衮为汗，又该怎么办?”

皇太极说：“你真是直得一点弯儿也没有，‘八王共治’不也是父汗定的吗？我们就以此为依据，再共同推举就是了！”

莽古尔泰立即应声说道：“行！你说怎么办，我一定跟着你。”

皇太极想了一下，又对他说：“眼下有件事急需你去办，任何人都不行，只有你最合适！”

莽古尔泰连忙问道：“到底什么事?”

皇太极走到莽古尔泰面前，在他耳边轻声地说了几句，最后叮嘱道：“这事你得立即去办！俗话说：防微杜渐，未雨绸缪，万万不能大意啊！”

皇太极在莽古尔泰耳边轻声说的，就是让他去当说客，游说四个小贝勒，为将来推举新汗做好舆论准备。

……

天启六年（天命十一年，1626 年）八月十二日傍晚，天低云重，风雨凄凄。在昏暗的夜幕下，载着努尔哈赤遗体的车队缓缓前行，马队在前，车队在后，千余人的八旗卫队浩浩荡荡地行进在荒凉的郊野上，气氛悲痛沉重。诸贝勒来的时候忐忑不安，心如刀绞，疲于奔命；离开的时候则撕心裂肺，痛不欲生，人困马乏。皇太极见到此情此景，眼泪不禁夺眶而出。谁说男儿有泪不轻弹，只因未到伤心处！

走了二十几里，天色已经暗了下来，代善让众人暂时休息一下。众人点燃营火照明，分成几拨围坐在一堆堆营火前，窃窃私语。火光映照在多尔衮伤心欲绝的年轻脸庞上，眼泪从他那暗淡的眼睛中溢出，顺着脸颊缓缓流下。最关心最爱护他的人走了，永远不会回来了。他再也不能够与父汗坐在广阔的郊野上，仰望星空，谈天说地了。

大妃阿巴亥走过来，坐在多尔衮的身旁，关切地问道：“在想什么呢？想你父汗？”

多尔衮抹了抹脸上残留的泪水，强打起精神说：“额娘，你怎么不休息一下？”

阿巴亥忧心忡忡地说：“我心里有一个天大的难题，又找不到人商量，我怎么休息得了？”

多尔衮说：“能告诉我吗？儿子当为额娘分忧！”

皇太极和莽古尔泰坐在营火旁，目不转睛地注视着多尔衮母子俩，想从他们的嘴唇中揣摩他们说话的内容。毕竟，父汗临死之前，只有阿巴亥和阿敏在场，父汗到底把汗位传给了谁，只有阿敏和阿巴亥才知道！

莽古尔泰疑惑地问皇太极：“大妃对你讲了吗？大汗到底有没有遗命，汗位又传给谁？”

皇太极自认为自己是最有资格也最有能力继承汗位的人选，但努尔哈赤到底会把汗位传给谁，谁也拿不准。他听了莽古尔泰的话，更是忐忑不安，恨不得扑上去活剥他的皮。但他却不能这么做，毕竟他要取得汗位，还要得到莽古尔泰等人的支持。因此，他强作镇定地说：“父汗确实有遗命，不过大妃说，如今大家都在外面，为防有变，等回到盛京之后，她会在所有王公大臣面前，当众宣布父汗的遗命。”

代善不满地说：“连我们四大贝勒都不能知道吗？说不定她在暗中搞什么鬼。”

作为知道努尔哈赤遗嘱的第二人，此刻，阿敏心想，反正当不了大金帝国的大汗，不如来个扇阴风点鬼火，挑拨努尔哈赤最亲近的人之间的关系，让他们自相残杀。父亲舒尔哈齐被杀，是他心中永远的痛，他要慢慢享受惩罚自己杀父仇人的快感。然而，现在的局势诡谲，不能过早表露自己的心迹和立场，不如坐山观虎斗，装作什么都不知道。

皇太极听了代善的埋怨，表面上沉着冷静，内心却焦灼万分。他正恼火时，大妃阿巴亥过来找他。皇太极满脸诧异，不知道她主动找自己有什么事，但他还是非常恭敬地行礼道："不知道额娘前来，所为何事？"

阿巴亥犹豫片刻，说："八阿哥，我有几句话，想跟你私下说！"

皇太极听了非常高兴，觉得阿巴亥此次前来有可能是告诉他父汗的遗命，而遗命就是让自己来继承大金帝国的汗位。人有自信本来没有什么错，但太过自信就有错了，轻则名誉扫地，重则人头落地。

阿巴亥对面露喜色的皇太极点点头，皇太极便兴致勃勃地跟着她走到一边去。

阿巴亥与皇太极先套了套近乎，说："八阿哥，虽然我们名为母子，但却没有什么相互理解和支持的机会……"

阿巴亥本想继续说些客套话，但皇太极平时就傲慢无礼惯了，除了他自己，谁都不放在眼里，现在，他最想知道的是父汗到底让谁继承大金帝国的汗位，其他的事情对他来说都无足轻重。因此，他迫不及待地打断阿巴亥的话："额娘有话，就开门见山地说吧！"

阿巴亥一看皇太极那副傲慢无礼、自以为是的模样，气就不打一处来。她毫不犹豫地说："大汗归天之前，留下遗命说，要将大金帝国的汗位传给多尔衮！"

阿巴亥的话如晴天霹雳，把皇太极从高山的顶峰推到万丈深渊，此刻他脑中一片空白，头晕目眩。

阿巴亥可不管皇太极的反应，继续说道："还有，大汗要大贝勒代善辅政，协助多尔衮治理大金帝国！"

皇太极用手狠狠地拍着额头，颤抖着说："父汗宁可再相信代善，也不相信我？不可能！"

阿巴亥见皇太极呆若木鸡，绝望哀号，便好言安慰道："我原以为大汗会把大金帝国的汗位传给你，没想到大汗心中早有安排。二贝勒可以作证。"阿巴亥的话就好比打了人家一巴掌，然后再给人吃颗甜枣。可惜皇太极根本就不吃这一套，此时的他双拳紧握，发出骨头碰撞的声响，指甲已经渗入肉中，鲜血从手中溢出。他双眼放着寒光，就像一头发怒的公牛，加上他本身的相貌，简直恐怖到了极点。

过了好一会儿，皇太极才强忍着内心的不满，从牙缝中挤出几个字："回到盛京后，我把所有贝勒大臣都召来，你再当众宣布父汗的遗命吧！"

阿巴亥突然话锋一转："不，不一定……"她只是想给皇太极打一下预防针。

现在的关键是在阿敏身上，皇太极最后的希望也在阿敏身上。他整理了一下衣装，又摸了摸腰间的佩剑，走到阿敏身边。阿敏正在努尔哈赤的灵柩边坐着，抬头看见皇太极怒气冲冲地瞪着自己，忙起身问道："四贝勒有什么事吗？"

"找你商量大事！"皇太极开门见山地说。

聪明透顶的阿敏早已明白了几分，看来这次终于要做出最后的选择了。

皇太极一把抓住阿敏，把他拉到一边，问道："听说父汗的遗命是让多尔衮继承大金帝国的汗位，由大贝勒代善辅政，是吗？"

"你是怎么知道的！"阿敏感到很诧异，努尔哈赤的遗命只有大妃阿巴亥和自己知道，显然大妃已经把遗嘱告诉皇太极了。大妃为什么要这样做呢？是想让皇太极死心，还是想试探一下皇太极的反应？阿敏的脑子飞速转动着，最后得出结论：大妃心存疑惧，信心不足。第一，努尔哈赤走得匆忙，还没有向八王传递他让多尔衮继位的意图，也没来得及把正黄旗交给多尔衮。第二，虽然阿济格领正白旗，多铎也是镶白旗的名义旗主，但毕竟都年幼，且阿济格也不是很看得起多尔衮，三兄弟还不可能形成合力。第三，自己一向跟皇太极走得近，关键时刻卖给他一个人情，对自己绝对不会有害处。于是，他决定见风使舵，看看皇太极的态度。

皇太极脸色苍白，但他马上镇静下来说："大妃已经亲口对我说，这确实是父汗的遗命。汗位已定，你们准备什么时间宣布？"皇太极来了个欲擒故纵，想试探一下阿敏，看他是怎么打算的。

阿敏忙说："我看，还是与八王一起商量后再宣布为好。"

皇太极一听，已经知道阿敏的立场了。如果实行八王商议，遗命就不那么重要了。他见事情还有回旋的余地，便立即行动起来。

八月十二日初更后，努尔哈赤的灵柩运抵盛京。

盛京城里，汗王寝宫正厅内外，黑压压地站满了以皇太极、莽古尔泰等人为首的众贝勒及爱新觉罗家族的人。大家脸色都非常凝重、庄严，给人一种非常压抑的哀伤气氛。

四大贝勒领着努尔哈赤的儿孙们，气势逼人地走入寝宫。代善沉默不语地站着，好像走进的不是寝宫而是战场，每个人都神色紧张，一副如临大敌的模样。

大妃阿巴亥的贴身侍女迎了上去，怯怯地问道："诸位贝勒，你们这是……"

"代善大贝勒率领大小贝勒以及大汗诸子孙，前来觐见大妃，你去请大妃出来。"阿敏确实聪明，连做坏事都眼不眨心不跳，好像自己做这些事情都是名正言顺的。更要命的是，他做坏事从来不留痕迹，而且善于利用他人。

代善怒视着阿敏，恨不得冲上去扒他的皮，抽他的筋，吸他的血，吃他的肉，啃他的骨。代善是被另三个大贝勒要挟而来，而且让他这个大贝勒当罪人。但阿敏丝毫没有胆怯害怕的样子，反而冷哼了一声。

"不用请了！"阿巴亥边说边从内室走出来，"你们……是来听取大汗遗命的吧！"她故作镇定，声音却有些许颤抖。

"不，我们是来'宣布'大汗遗命的！"阿敏理直气壮地说。

"你说什么？"阿巴亥简直不敢相信自己的耳朵，大汗的遗命在自己手里，他们还有什么遗命可以宣布？

"父汗有遗命，难道大妃不想听吗？"莽古尔泰声色俱厉地说。

阿巴亥脸色微变，尽管她预感到事情不妙，但没想到他们这么快就来"逼宫"，根本不管努尔哈赤还尸骨未寒。她深吸了一口气，稳住情绪，目光如电，四下一扫，没有发现自己的两个小儿子在场，便知道大事不好。她有些担心地问道：“多尔衮、多铎呢？他们怎么不在？”

“现在我们要谈的事情，二位小贝勒不宜在场。”代善无奈地说。

“说吧，什么事？”阿巴亥明白是福不是祸，是祸躲不过，干脆镇定下来，直奔主题。

阿敏和莽古尔泰都不想当恶人，转头逼视代善，让他来宣布。即使以后东窗事发，也有代善顶着。由于阿敏、莽古尔泰掌握了八旗中的二旗，实力摆在那里，代善明知前面是火坑，也只得硬着头皮跳下去了：“父汗遗命……”他心里一阵紧张，一句话还没有说完，就已经满脸通红了！

阿巴亥目光如炬，注视着代善。代善不敢正视她的目光，慌忙低下头。这时，阿敏与莽古尔泰紧紧地盯着他，他没有办法，继续说道：“大汗……要皇太极继承汗位……并且要额娘……为他殉葬！”

阿巴亥听了脑中一片空白，身体颤抖，腿脚发软，险些坐在地上。她咬着银牙，努力驱散死亡之神的恐吓，挣扎着勉强让自己思考，慢慢去理解四大贝勒的“良苦用心”。

当晚，皇太极将代善请到府里，又请来阿敏和莽古尔泰，在酒桌上谈妥了登基典礼事宜。

莽古尔泰说：“遗诏上关于大妃与两个小妃殉葬之事，什么时间进行？”

“立刻！”皇太极坚定地说。

几个侍卫立即去“请”小妃德因泽、阿济根。大妃阿巴亥就不用请了。当她从惊愕中清醒过来，马上就明白发生了什么事。她知道自己犯了一个很低级的错误，但已经来不及纠正了。她不再想什么，让侍女给自己化了浓妆，默默地等待着。

过了一会儿，贝勒们来了，阿巴亥的眼泪终于止不住地落下来，她哭着对贝勒们说：“我自十二岁起就侍奉先汗，二十六年来，享受丰衣美食，荣华富贵。如今，我也不忍心离开先汗，愿意相从汗于黄泉之下。唯一的遗愿是，我的两个小儿子多尔衮、多铎年纪尚幼，请诸位王子善待他们，不要使我揪心于地下。”

诸贝勒也哭着回答道：“对这两个幼弟，我等若不恩养，就是忘父不孝，岂有不恩养之理!”

八月十二日亥时末，大妃乌拉那拉氏阿巴亥凄凄惨惨地自尽身亡，年仅三十七岁。

八月十三日卯时，代善宣布皇太极继位称汗，改元天聪。

中国一代铁血汗王、清朝第一帝爱新觉罗·努尔哈赤于崇祯二年（天聪三年，1629 年）二月正式安葬于沈阳城东二十里的天柱山（福陵），初谥武皇帝，后改谥高皇帝。

皇太极继承了后金国汗王位，使后金进入一个新的发展时期。崇祯九年（崇德元年，1636 年），皇太极去汗王称号，改称皇帝，改国号大金为大清，改族名女真为满洲。